누구든 좋으니 이 책을 읽고 기적이 과연 존재하지 않나 보라. 이 책에는 공정한 시각을 가진 사람이라면 누구나 인정할 수밖에 없는 '증거'들이 가득하다. '하나님이 실제로 계시고, 또한 오늘 우리 가운데서 일하신다는 게 사실일까?' 하는 의문이 든다면 이 책을 추천한다.

에릭 메택시스
《디트리히 본회퍼》 저자

기적을 다룬 명작이다. 하나님의 기적이 지금도 계속된다는 유력한 논증으로 회의론을 논박하는, 탄탄하고 설득력 있는 책이다.

조쉬 맥도웰
《누가 예수를 종교라 하는가》 공저자

역시 리 스트로벨은 훌륭한 지성, 차분한 논리, 명쾌한 산문과 설득력 있는 이야기로 복잡한 주제를 풀어낼 줄 안다. 이번에는 기적이라는 매혹적 주제를 다룬다. 기적의 가능성과 의미, 우리 삶에 미치는 영향을 공정하게 탐색한 이 책은 회의론자든 신자든 지성적으로 솔직한 사람이라면 누구에게나 유익할 것이다.

릭 워렌
《목적이 이끄는 삶》 저자

하나님이 세상에 행하시는 기적을 유쾌하고 속도감 있게 변증했다. 기적의 긍정적 증거뿐 아니라 회의론자의 반론까지 포함하여 균형을 이룬다. 또 현대의 치유 사례만 아니라 예수의 생애와 관련된 역사적 사건, 창조의 기적도 함께 다룬다. 아울러 기적이 꼭 필요한 상황이었지만 끝내 일어나지 않은 사례도 회피하지 않는다. 감동적이면서도 설득력 있는 책이다.

윌리엄 레인 크레이그
탈봇신학교 철학 연구교수, 휴스턴침례대학교 철학 교수

손에서 내려놓을 수 없었다! 사실관계 제시가 탁월하고, 독자를 끌어들이는 문체가 압권이다. 이보다 더 고무적인 책을 다시 접할 수 없을 것만 같다. 하나님은 지금도 기적을 행하느라 바쁘시다. 스트로벨이 그 사실을 의심의 여지가 없도록 매우 합리적으로 예증해 준다.

크레이그 J. 헤이즌
바이올라대학교 기독교 변증학 석사과정 학과장

리 스트로벨은 저널리스트 특유의 재능과 진실성으로 최고의 자료와 사례와 증거를 추적하여 기적을 변호한다. 기적의 사실성을 설득력 있게 논증하되 응답되지 않은 기도 같은 껄끄러운 논제도 피해 가지 않는다. 사고를 자극하고 마음에 감동을 준다. 신자나 회의론자 모두가 반드시 읽어야 할 책이다.

션 맥도웰
《누가 예수를 종교라 하는가》 공저자

리 스트로벨은 자신의 정직한 탐색에 우리를 길동무로 반기며 다시 홈런을 날린다. 기적이 궁금하다면 이 책으로 시작하라!

크레이그 S. 키너
애즈베리신학대학원 성경학 교수

이 책 자체가 기적이다. 그만큼 기적의 사실성을 놀랍도록 설득력 있게 논증했다. 대다수 사람이 틀림없이 몰랐을 과학적 연구도 속속 소개한다. 초자연 세계에 관심 있는 사람이라면 누구나 읽어야 한다. 기적이 과학과 모순된다는 주장을 무너뜨리는 책이다.

로저 E. 올슨
베일러대학교 내 조지 W. 트루엣신학대학원 기독신학 및 윤리학 석좌교수

참 좋은 책이다! 리 스트로벨과 함께 떠나는 독서 여정은 현대의 기적을 입증하는 희열을 지나 하나님의 침묵에 대한 고뇌로 넘어간다. 그는 까다로운 의문도 다 다룰 뿐 아니라 〈스켑틱〉지 발행인에게서 기적에 대한 최고의 반론까지 듣는다. 당신이 진정한 신자든, 증거에 마음이 열려 있는 본격 회의론자든 이 탁월한 책이 깨달음과 도전을 줄 것이다.

프랭크 튜렉
《진리의 기독교》 공저자

리 스트로벨은 여러 차례에 걸친 흥미로운 인터뷰에서 기적의 문제를 특유의 재능과 읽기 쉬운 문체로 상술했다. 그가 분명히 밝혔듯이 예부터 일어난 무수한 기적을 모두 하나님을 뺀 가설로 설명할 수 있다면 그것이야말로 기적일 것이다. 적극 추천한다!

벤 위더링턴 3세
애즈베리신학대학원 박사과정 신약학 교수

리 스트로벨의 이번 최신작에는 의학적으로 확인된 신기한 신유 사례와 하나님이 보통 사람들의 삶에 초자연적으로 개입하여 변화시키신 사례가 가득하다. 늘 그렇듯이 스트로벨은 회의론자에게는 많은 생각할 거리를, 그리스도인에게는 많은 확신의 근거를 내놓는다. 특히 끝내 기적이 일어나지 않은 경우를 다룬 마지막 장은 압권이다. 이 책은 틀림없이 당신의 기도를 바꾸어 놓을 것이다. 아예 삶 자체를 바꾸어 놓을지도 모른다.

그렉 쿠클
《기독교는 왜》 저자

리 스트로벨은 회의론자의 논지에 정면으로 맞서 그 모두를 체계적으로 논파한다. 거기서 그치지 않고, 실제로 발생하는 기적과 그 밖에 우리 삶에서 이루어지는 하나님의 개입을 설득력 있게 논증한다. 그는 또 집요하게 따라붙는 질문을 하나도 피해 가지 않는다. 하나님은 우리에게 닥쳐오는 문제를 초자연적으로 다 해결해 주거나 인간의 고난을 이생에서 다 없애 주지는 않으시는데, 스트로벨이 설명한 이유를 들으면 위로가 된다. 이 책은 갈급한 신자를 흡족하게 해 주는 정도가 아니라, 주관적이고 체험적이고 일화적인 면부터 객관적이고 이성적이고 신학적인 면까지 주제의 범위를 총망라하여 다루었다.

데이비드 림보
《법정에서 만난 예수》 저자

리 스트로벨이 또 해냈다. 이 책의 주제와 증거와 문체는 그가 이루어 낸 신학과 변증의 해트트릭이다. 첫째, 주제 자체가 대담무쌍한 용기가 필요하다. 기적은 믿음과 불신을 두고 논쟁할 때 빠지지 않고 등장하는 고질적인 난제다. 둘째, 그는 오늘의 세상에 벌어지는 기적의 증거를 찬반 양쪽 다 정면으로 응시하는데, 모든 사례들이 너무도 놀랍다. 끝으로, 리의 문체는 역사적, 과학적, 성경적 자료로 논지를 전개해 나간다. 일반 대중이 읽기 쉬울 뿐 아니라 심지어 신학과 철학의 튼실한 알맹이로 밑을 떠받친다. 이번에도 리 스트로벨은 철저히 내실을 기했다.

로버트 B. 슬로운
휴스턴침례대학교 총장

리 스트로벨의 이번 신간은 오래전부터 변증학계에 꼭 필요했던 자료다. 청년층 다수가 기독교를 배척하는 이유는 초자연 세계에 대한 강한 편견 때문이다. 그런 편견이 강의실은 물론 문화 전반에 아주 편만해 있다. 스트로벨은 치밀한 연구, 흥미진진한 일대일 인터뷰, 설득력 있는 변증적 결론으로 유명한데, 이 책에도 그 세 요소를 유감없이 발휘했다. 하나님에 대한, 그리고 그분이 세상에 개입하실 가능성에 대한 참신한 연구들도 소개된다. 자연주의적 편견이 학계를 지배한 지 너무 오래되었다. 이 책은 사람들이 그 편견을 넘어서는 데 확실한 도움이 될 것이다.

알렉스 맥팔랜드
노스그린빌대학교 변증학 및 기독교 세계관 학과장

기적이 없다면 기독교는 자체의 주장을 감당하지 못해 무너질 수밖에 없다. 이번에도 리는 탐사 기자의 호기심, 언론사 법률 전문 부장의 기량, 과학자의 지성, 목회자의 가슴으로 기적을 논증한다. 회의론자를 설복시키고, 반신반의하는 사람에게 힘을 돋우며, 신앙인을 담대하게 해 줄 것이다.

진 아펠
이스트사이트크리스천교회 담임목사

리 스트로벨은 현대의 기적이라는 문제를 지성적으로 탐사한다. 이때 기독교인과 비기독교인을 양쪽 다 인터뷰함으로써 균형을 놓치지 않는다. 지금도 우리 하나님이 세상에 역사하시므로 이 책을 기쁘게 추천한다. 그분은 비신자에게는 늘 당신의 능력을 나타내 보여 주시고, 예수를 따르는 사람에게는 믿음을 굳건하게 해 주신다.

에드 스태저
휘튼대학 석좌교수

예수님은 고향에서 가르치실 때 '그들이 믿지 않음으로 말미암아 거기서 많은 능력[기적]을 행하지 아니하셨다'(마 13:58 참조). 성경에서 가장 민망한 구절이다. 혹시 오늘날 나와 당신의 삶 역시 그렇지 않은가? 믿음을 넓히기에 아주 좋은 감동적인 책이다. 당신의 삶에 기적을 행하실 하나님을 향한 기대감을 높여 줄 것이다.

마크 미텔버그
《믿음이 무엇인지 이제 알았습니다》 저자

지난 세월, 나는 기적을 믿는 믿음을 용의주도하게 표명할 길이 없었다. 성장기에 대체로 무신론적 자연주의를 품었기 때문이기도 하다. 나는 사실 일단 불신부터 하고서 질문을 던지는 편이다. 이 책을 읽고 보니 지금껏 나는 일관성 있는 관점으로 기적을 보지 못했고, 이해하려 했으나 지리멸렬하게 겉돌 뿐이었다. 리 스트로벨은 무신론적 회의론, 목격자의 증언, 역사적 증거, 과학적 검증 가능성, 환상과 꿈, 복음주의의 난점, 응답받지 못한 기도 등 다양한 관점에서 기적을 탐구한다. 여러 각도가 만나 부딪치며 서로 충돌하지만, 스트로벨 특유의 담백한 위트가 수시로 곁들여져 이해하기가 쉽다. 자연계 속에 행하시는 하나님의 기적에 의문을 품은 적이 있다면 바로 당신을 위한 책이다.

메리 조 샤프
컨피던트 크리스채너티(Confident Christianity) 대표

The Case for Miracles
: A Journalist Investigates Evidence for the Supernatural

© 2018 by Lee Strobel
Originally published in English as *The Case for Miracles: A Journalist Investigates Evidence for the Supernatural*
by Zondervan, Nashville, TN, U.S.A.
All rights reserved.

This Korean translation edition © 2018 by Duranno Ministry, Seoul, Republic of Korea
Published by arrangement with The Zondervan Corporation L.L.C., a division of HarperCollins
Christian Publishing, Inc. through rMaeng2, Seoul, Republic of Korea

기적인가 우연인가

지은이 | 리 스트로벨
옮긴이 | 윤종석
초판 발행 | 2018. 10. 17
6쇄 발행 | 2024. 10. 17
등록번호 | 제1988-000080호
등록된 곳 | 서울특별시 용산구 서빙고로65길 38
발행처 | 사단법인 두란노서원
영업부 | 02)2078-3333 FAX | 080-749-3705
출판부 | 02)2078-3330

책값은 뒤표지에 있습니다.
ISBN 978-89-531-3249-8 03230

독자의 의견을 기다립니다.
tpress@duranno.com   www.duranno.com

두란노서원은 바울 사도가 3차 전도 여행 때 에베소에서 성령 받은 제자들을 따로 세워 하나님의 말씀으로 양육
하던 장소입니다. 사도행전 19장 8-20절의 정신에 따라 첫째 목회자를 돕는 사역과 평신도를 훈련시키는 사역,
둘째 세계선교TIM와 문서선교 단행본·잡지 사역, 셋째 예수문화 및 경배와 찬양 사역, 그리고 가정·상담 사역 등을 감
당하고 있습니다. 1980년 12월 22일에 창립된 두란노서원은 주님 오실 때까지 이 사역들을 계속할 것입니다.

하나님의 초자연적 개입을 파헤치다

기적인가
우연인가

리 스트로벨 지음

윤종석 옮김

두란노

기적의 소녀
에마 진 미텔버그(Emma Jean Mittelberg)를
위하여

CONTENTS

Part 4 **가장 극적인
두 가지 기적 앞에 멈춰 서다**

내 길잡이는 이성이어야 하는데 기적을 생각하면 이성이 반항한다.
내가 보기에 그리스도는 자신이 기적을 행했다거나
자신에게 그런 능력이 있다고 주장한 적이 없는 듯 보인다. ……
초자연 세계란 없다.[1]
토머스 A. 에디슨(Thomas A. Edison)

———————

흔히들 말하는 기적은 초자연적 사건이 아니라
다소 보기 드문 자연적 사건의 범주에 속한다.
다시 말해서 기적이란
행여 일어난다 해도 뜻밖의 엄청난 행운일 뿐이다.[2]
리처드 도킨스(Richard Dawkins)

———————

초자연적 존재가 절대 개입하지 않아야만 성립되는 과학 법칙이라면
그것은 과학 법칙이 아니다.[3]
스티븐 호킹(Stephen Hawking)

———————

온 우주에 너무 거대한 글자로 쓰여 있어 우리 중 더러는
보지 못하는 이야기가 있는데, 사실은 그 똑같은 이야기를
소문자로 바꾸어 말하는 게 바로 기적이다.[4]
C. S. 루이스(C. S. Lewis)

[비신자]는 자신이 맞닥뜨린 기적이 반박 불가한 사실이어도 그 사실을 인정하느니 차라리 자신의 오감을 불신한다.[5]

표도르 도스토옙스키(Fyodor Dostoyevsky)

하나님은 자연법에 구애받지 않으신다. …… 애초에 규칙을 정하신 그분이 친히 그 질서 속에 외부로부터 새로운 사건을 끼워 넣으실 수 있다. 과학에 막혀 못하실 일이 아니다.[6]

존 레녹스(John Lennox)

기적이 존재할진대, 기적 자체를 위해서가 아니라 우리를 위해 존재한다. 우리에게 어떤 초월적 존재를 가리켜 보이기 위해 존재하는 것이다.[7]

에릭 메택시스(Eric Metaxas)

너희는 표적과 기사를 보지 못하면 도무지 믿지 아니하리라.

예수, 요한복음 4장 48절

기적의 가장 신기한 점은 기적이 실제로 일어난다는 사실이다.[8]

G. K. 체스터튼(G. K. Chesterton)

기적을 기대하거나 구해 본 적 있는가

약국이나 병원과는 거리가 먼 적도(赤道) 아프리카에서 한 여자
가 출산 중에 사망했다. 남겨진 두 살배기 딸은 영문을 모른 채 엄
마를 찾으며 울었다. 무엇보다 때 이르게 세상에 나온 아기가 한밤
의 추위를 견뎌 낼 수 있을지 의문이었다. 신생아의 목숨이 위태로
웠다. 갓난아기에게 절실한 온기를 유지하려고 한 조력자가 보온
병에 물을 채웠는데 하필 그때 고무가 터져 버렸다. 그 마을에 보온
병이라곤 그게 마지막이었다.

북아일랜드 출신 의료선교사 헬렌 로즈비어(Helen Roseveare) 박사
는 고아원 아이들에게 이 상황을 놓고 함께 기도하자고 했다. 그런
데 아이들 중에서도 믿음이 충만한 열 살 소녀 루스(Ruth)의 기도는
조금 도가 지나친 듯 보였다.

"하나님, 우리한테 보온병을 꼭 보내 주세요. 내일이면 너무 늦

어요, 하나님. 아기가 죽을 거예요. 그러니까 오늘 오후에 꼭 보내 주세요." 이 간청만으로는 담대함이 부족하다는 듯 루스는 이렇게 덧붙였다. "보내시는 김에 여자아이에게 줄 인형도 꼭 보내 주세요. 그래서 하나님이 자기를 정말로 사랑하신다는 걸 알게 해 주세요."

다음은 나중에 로즈비어가 책에서 밝힌 당시 심정이다. "순간 당황스러웠다. 이 기도에 내가 정직하게 '아멘' 할 수 있을까? 하나님이 그렇게까지 하실 수 있다고 믿지 못했다. 물론 그분이 못하실 일이 없다는 것을 안다. 성경에 그렇게 나와 있으니까 말이다. 하지만 그래도 한계가 있는 것 아닌가?"

보온병이 생기려면 고국에서 소포가 오는 길밖에 없었는데, 그곳에 산 지 4년이 다 되도록 그녀는 소포를 받아 본 적이 없었다. "게다가 설령 소포를 보낸다 해도 누가 적도에 살고 있는 나에게 보온병을 보내겠는가!" 그녀는 이렇게 회고했다.

두어 시간이 지났을 때, 차가 한 대 오더니 10킬로그램짜리 꾸러미를 놓고 갔다. 아이들과 함께 포장을 풀어 보니, 아이들 옷가지와 나환자용 붕대와 약간의 음식물이 담겨 있었다. 그런데 그것이 끝이 아니었다. "다시 손을 넣었는데 감촉이…… 설마! 잡아서 꺼내 보니 정말 새 보온병이었다! 눈물이 났다. 나는 차마 하나님께 이것까지 보내 달라고 간구하지 못했다. 그분이 하실 수 있다고 정말 믿지 못했다." 로즈비어는 자신의 책에 이렇게 고백했다.

그때 어린 루스가 앞으로 다가와 큰 소리로 말했다. "보온병을 보내신 하나님이라면 틀림없이 인형도 보내셨을 거예요!"

루스가 상자 속을 더듬으니 과연 맨 밑바닥에 예쁜 인형 하나가 있었다. 루스가 물었다. "엄마, 저도 함께 가서 그 여자아이에게 이 인형을 줘도 될까요? 그러면 예수님이 자기를 정말로 사랑하심을 알게 될 거예요."

그 소포는 로즈비어가 예전에 섬기던 교회 주일학교 반에서 5개월 전에 부친 것이었다. 하나님의 감화로 그 주일학교의 한 교사가 보온병을 넣었고, 인형은 한 여자아이가 넣은 것이었다.[1]

그저 운명의 장난이었을까? 미화된 이야기일까? 아니면 혹시 기적이었을까?

〰

두에인 밀러(Duane Miller)는 자신이 섬기는 작은 교회에서 설교하고, 예배하고, 찬송을 부르는 일이 최고의 즐거움이었다. 텍사스주 브레넘에서 교회를 이끄는 일은 그의 생계 수단만이 아니라 생의 열정이자 소명이었고, 이 일에서 그는 기쁨을 얻고 만족함을 누렸다.

그러던 어느 일요일 아침, 깨어나 보니 감기에 걸렸는지 목 안이 사포처럼 까끌까끌하고 목소리도 잘 나오지 않았다. 한 음절을 발음하기도 고통스러웠다. 시간이 지나자 다른 감기 증세는 차도가 있었지만 기관지는 계속 따끔거리면서 들릴락 말락 한 쉰 소리밖에 나지 않았다. 마치 누가 목이라도 조르는 듯 목구멍이 좁아진 느낌이었다.

기적인가
우연인가

그렇게 밀러는 목소리를 잃었다. 더는 설교할 수 없어 목사직을 사임하고 이후에 그는 문서를 조사하는 공무원 일을 구했다. 하지만 얼마 안 가 그 직장마저 잃었다. 말을 하지 못하니 조사 결과를 법정에서 증언할 수 없었기 때문이다. 보험회사도 더는 치료비를 지급하지 않아 병원비가 수천 달러나 쌓였다.

나중에 그는 이렇게 회상했다. "난생처음 나 자신이 전혀 쓸모없게 느껴졌다. 내 수입과 미래와 건강과 행복을 위해 아무것도 할 수 있는 게 없었다. 무섭고도 겸허해지는 경험이었다."

3년 동안 무려 63명의 의사가 그를 진찰했다. 전 세계의 유수한 이비인후과 전문의들이 모인 스위스 심포지엄에서 그의 증상을 정밀 검토하기까지 했다. 독감 바이러스에 성대 신경이 파괴되었다는 진단이 나왔다. 밀러는 회복 가능성이 있는지 물었고, '전혀 가망이 없다'는 답이 돌아왔다.

전에 밀러가 맡았던 휴스턴제일침례교회의 성경공부 모임은 굳이 사양하는 그에게 한사코 강연을 부탁했다. 목이 쉬어 잘 나오지 않는 소리는 특수 마이크로 증폭시켰다. 그와 그의 가르침을 워낙 좋아했기에 귀에 거슬리는 쉿소리쯤 기꺼이 감내한 것이다. 얄궂게도 그날 본문은 시편 103편이었다. 본문 3절에 보면 하나님이 "네 모든 병을 고치시며"라는 말씀이 나온다. "입으로는 '저는 여전히 치유의 하나님을 믿습니다'라고 말하면서도 내 마음은 절규하고 있었다. '그런데 왜 저는 안 고쳐 주십니까, 주님?'" 나중에 밀러가 당시 심정을 고백한 말이다.

"네 생명을 파멸에서 속량하시고"라는 다음 구절로 넘어가서 그는 성경공부 모임 구성원들에게 이렇게 말했다. "저나 여러분도 과거에 몇 번쯤은 이런 **파멸**을 경험한 적이 있지요."

파멸이라는 단어를 말하자마자 목이 답답하던 기분이 사라졌다. 그의 회고에 따르면, "3년 만에 처음으로 호흡이 자유로워졌다. 좌중에서 깜짝 놀라는 소리가 났고, 그 순간 나도 목소리가 되살아났음을 깨달았다. 내 말소리가 똑똑히 들렸다!"

놀란 청중은 소리쳐 웃고 환호하며 박수를 보냈고, 그의 아내는 눈물을 흘렸다. 밀러는 되찾은 생생한 목소리로 "어떻게 된 건지 저도 신기하네요"라며 말을 더듬었다.

밀러가 회복되던 극적인 순간은 테이프에 그대로 녹음되어 선풍적 반향을 일으켰다. 의료진이 몇 번을 다시 검진해 봐도 그의 목은 아무런 문제도 없었다는 듯 멀쩡했다. 흉터 조직마저 거짓말처럼 싹 사라졌다. 한 의사는 "회복된 목소리도 우연일 리는 없으나 거기까지는 혹시 우연으로 친다 해도 흉터조차 남지 않았다는 것은 도저히 의학적으로 설명이 불가능한 일입니다"라고 말했다.

현재 밀러는 텍사스주 시더크릭레이크 지역을 섬기는 피너클교회 목사다. 댈러스의 한 라디오 방송국에서 매일 프로그램을 진행하기도 한다. 되찾은 자신의 목소리로 사람들에게 살아 계신 하나님을 알리는 것이다. 그는 하나님이 지금도 기적을 행하신다고 확신한다. "하나님은 내 삶을 회복시키신 정도가 아니라 증폭시키셨다"라고 그는 고백한다.[2] 음성이 회복되던 순간의 녹음테이프를 그의 웹사이트에서 들을 수 있다.³ 이것은 하나님의 초자연적 행위인가? 아니면 일종의 자연 치유인가? 하필 치유에 대한 성경 구절을 인용할 때 그저 우연히 그런 일이 벌어졌을 뿐인가?

〰〰〰

2015년 어느 늦은 밤, 간호사가 되려고 공부 중이던 스물다섯 살의 엄마 제니퍼 그로스벡(Jennifer Groesbeck)은 유타주의 어두운 고속도로를 차로 달려 집으로 가는 중이었다. 갑자기 그녀의 차가 콘크리트 장벽을 들이받고 빙 돌며 도로를 이탈했다. 빨간색 닷지 세단은 전복된 채 얼음장처럼 차가운 강물에 일부 잠겼다. 도로에서 보이지 않는 위치였다.

열네 시간 후에 한 낚시꾼이 사고 현장을 발견하고 경찰에 신고했다. 경찰관 넷이 도착해 보니 차창으로 팔 하나가 삐죽 나와 있었다. 하지만 사고 현장이 워낙 처참했던 터라 살아 있을 거라고는 생각지 못했다. 그때 힘없이 부르는 여자 목소리가 들렸다.

"도와주세요. 우리 이 안에 있어요!"

작았지만 분명 똑똑히 알아들을 수 있었다.

한 경찰관이 큰 소리로 외쳤다.

"조금만 버티세요! 지금 접근하는 중입니다!"

생존자가 있다는 생각에 경찰관들은 차를 더 힘껏 밀어야겠다는 의욕과 기운이 불끈 솟았다. 빙점에 가까운 물속에 첨벙 뛰어드

21

니 수심이 목까지 찼다. 물먹은 차체를 넷이서 온 힘을 다해 밀어 올려 옆으로 뉘었다.

사태를 파악한 그들은 충격에 빠졌다. 제니퍼 그로스벡은 부딪친 충격으로 이미 사망한 상태였다. 그런데 뒷좌석에 생후 18개월 된 여아가 의식을 잃은 채 그 추위 속에서 밤새도록 카시트에 거꾸로 매달려 있었다. 아이의 금발머리 끝에서 수면까지의 거리는 몇 센티미터에 불과했다. 그들은 인간 사슬을 만들어 아이를 무사히 구조했다. 아이는 잠시 입원했다가 나중에 건강한 몸으로 퇴원했다.

그 목소리는 어디서 난 것일까? 충격으로 숨이 끊긴 지 오래인 엄마의 소리는 아니었다. 의식을 잃은 아이의 소리도 아니었다. 게다가 한 경찰관에 따르면 분명히 여자 목소리였다.

경찰관 타일러 베도스(Tyler Beddoes)는 언론에 말하기를, 동료들과 함께 듣지만 않았어도 그 일을 믿지 않았을 거라고 했다. "그 부분이 통 이해가 안 갑니다. 본래 내가 종교적인 사람도 아니고요. 분명히 뭔가 있었는데 설명하기가 난감하거든요. 그 소리가 어디서 어떻게 났는지 모르겠단 말입니다."

많은 사람이 주저 없이 이를 기적이라 불렀다. 하지만 혹시 다른 설명도 가능할까? 나무 사이로 불어오는 바람 소리를 경찰관들이 잘못 들었는지도 모른다. 죽은 엄마가 그들의 기운을 북돋우려고 딱 그 순간에 잠깐 소생했는지도 모른다. 아니면 위기 앞에서 감각이 예민해진 그들의 지나친 상상이 만들어 낸 산물이었는지도 모른다. 정말 기적이었을까? 회의적인 경찰관 베도스마저도 잘은

기적인가
우연인가

몰라도 정황으로 보아 "충분히 그런 생각이 들 만하다"라고 인정했다.[4]

~~~

영국의 한 강당에 사람이 천 명도 더 모였다. 조명이 환하고 오르간에서 옛날 복음성가가 울려 퍼진다. 신유 전도자는 방언을 하면서 귀신을 쫓아낸다. 그가 이마에 손을 대는 사람마다 즉시 뒤로 쓰러진다. 장내에 기대감과 도취감이 가득 차 있다.

은밀한 지식의 말씀에 반응이라도 하듯 전도자가 병이 나은 사람들을 불러내기 시작한다. 금세 사람들이 줄을 서서 자신의 병이 기적처럼 사라졌다고 간증한다. 근시가 치료되었다는 사람도 있다. 만성 이명이 덜해졌다는 사람도 있다. 삐었던 발목에 갑자기 원기가 완전히 되돌아와 통증 없이 다시 걸을 수 있다는 사람도 있다. 은사주의 계열의 신유 예배 같은 느낌이 나는 밤이다. 다만 한 가지 큰 차이가 있다면 이 신유 전도자가 '무신론자'라는 사실이다.

데런 브라운(Derren Brown)은 한때 그리스도인이었으나 지금은 영국에서 유명한 마술사다. 크리스천 시사평론가 저스틴 브라이어리(Justin Brierley)에 따르면 "브라운은 '심령술사'로서 독보적 존재다. 그는 암시와 독심술과 최면과 단골 속임수를 섞어 써서 사람들이 신과 기적 그리고 기도의 능력을 믿게 하는 재주가 있다."

브라운은 어렸을 때 예수를 믿는다고 고백했고 오순절교회에 다녔다. 그러나 방언을 하도록 조종당하는 기분이 들어 이내 환멸에 빠졌다. 최면에 관심 갖지 말라던 크리스천 친구들의 말에도 반감이 일었다. 자신이 동성애자라는 사실을 공개적으로 밝힌 결정 때문에도 힘든 시간을 보냈고, 무엇보다 점점 거세지는 '예수 부활에 대한 그의 불신'이 그를 몹시 괴롭게 했다.

무대에서 '미러클' 쇼를 공연할 때마다 브라운은 자극적인 분위기를 연출한다. "멍석만 잘 깔아 주면 허리 통증이 없어졌다고 말할 사람은 나오게 마련이다. 내가 이마에 손을 대면 사람들이 저절로 바닥에 쓰러지기도 한다. 기대감이 있기 때문이다. 이런 행사에 참여한 신자들이 으레 보이는 반응이 있다. 그래서 나는 청중에게 그런 동영상을 앞서 보여 준다. 무대에 올라올 때쯤이면 스스로들 알아서 반응을 보인다."

브라운은 자신이 사람들의 신앙을 뜯어말리려는 게 아니라고 강변한다. 그러면서 19세기 독일 철학가 아르투르 쇼펜하우어(Arthur Schopenhauer)의 말을 인용한다. 삶의 의미를 찾는 데 도움만 된다면 기독교도 민속 신화로써 유익할 수 있다는 것이다. 브라운은 "단 기독교가 잘 통하여 실효를 거두려면 진짜처럼 제시되어야 한다"라고 말한 뒤 이렇게 시인했다. "물론 기독교가 진짜라고 믿는 사람에게는 이 말이 아주 주제넘게 들릴 수 있다."[5]

이런 '가짜 기적' 때문에 다른 기적에 대한 주장마저 신빙성이 떨어질까? 아니면 이런 분위기는 대다수 신유가 이루어지는 방식과는 다르므로, 브라운의 쇼는 기적의 진정성 여부와는 무관할까?

최근에 예전 직장 동료와 대화할 기회가 있었다. 〈시카고 트리뷴〉(Chicago Tribune) 법률 전문 부장으로 일하던 그때만 해도 나는 무신론자였다.

그는 이렇게 말했다. "자네가 언론 일을 그만두고 사람들에게 예수를 전하고 다닐 줄은 꿈에도 몰랐네. 저 아래 빵집 샌드위치가 맛있다고 내가 몇 번을 말해도 자네는 그 식당에 대한 후기를 여남은 개쯤 읽고 또 식약청에서 인증한 화학성분 분석까지 확인하기 전에는 절대로 믿지 않았거든."

물론 그의 말에는 심한 과장이 섞여 있긴 하지만, 의심을 타고난 내 성격이 저널리즘과 법학 쪽 배경 때문에 더 증폭되었던 건 사실이다. 냉소적 회의론이 분위기를 지배하던 신문사 보도국이야말로 내게는 최적의 환경이었다. 그런 내가 결국 그런 회의적 태도에 떠밀려 예수를 믿게 되었으니 아이러니다.

당시 아내 레슬리(Leslie)가 예수를 믿게 되는 바람에 나는 기독교의 역사적 기반을 조사하지 않을 수 없었다. 내 전략적 반론으로 끝내 기독교를 완파하고 아내를 '이단'에서 구해 내리라는 자신감이 있었다. 그러나 당황스럽게도 온갖 과학 자료(우주론과 물리학에서부터 생화학과 인간의 의식에 이르기까지)를 파헤쳐 보니 도리어 초자연적 창조주가 존재한다는 확신이 들었다. 게다가 나사렛 예수가 죽음에서 부활했다는 역사적 증거도 충분하여, 하나님의 유일한 아들이라는 그분의 정체성을 확증해 주었다.

기독교가 진리라는 냉엄한 결론 앞에서 나는 그리스도를 믿고 받아들일 수밖에 없었고, 나중에는 언론계를 떠나 남은 생을 다해 사람들에게 그분이 우리를 속죄하려고 죽으셨다는 이야기를 전하고 있다. 그러나 내 회의적 본성이 다 사라진 건 아니었다. 나는 기적을 믿었을까? 물론이다. 부활을 비롯한 많은 기적이 복음서에 기록된 대로 실화라고 확신했다. 하지만 하나님이 '지금도' 기적을 행하시는가의 문제는 아직 남아 있었다.

팀 켈러(Timothy Keller)는 이렇게 말했다. "창조주 하나님이 존재하신다면 기적을 조금도 비논리적이라 할 수 없다. 이 모든 복잡하고 광대한 우주를 창조하실 만큼 크신 하나님이 존재하실진대 한낱 기적이 무에 그리 이해하지 못할 일인가?"[6] 나도 그와 같은 생각이었다. 어떤 그리스도인들은 열두 사도가 죽고 신약 정경이 완성된 후로는 표적과 기사가 폐지되었다며 이제 기적을 구해서는 안 된다고 믿는다. 이를 신학적으로 은사폐지론이라 하는데 나는 이 부류에 들지 않았다.[7]

게다가 내 삶에 신비롭게 역사하시는 하나님을 이미 경험한 적도 있었다. 한 예로 어느 날 기도 중에 우리 교회의 한 젊은 여자 성도에게 익명의 보증수표로 500달러를 보내야겠다는 감화를 받았다. 그녀는 학대당하던 삶과 재정적 쪼들림에서 다시 일어나려 애쓰던 중이었다. 아내도 기도해 보고 똑같은 감화를 느꼈다. 그 액수는 당시 우리가 가진 돈 전부였으므로 우리가 스스로 그런 생각을 해냈을 리는 만무했다. 그뿐만 아니라 월요일까지는 도착하도록 수표를 우편으로 부쳐야 한다는 특별한 부담까지 느껴졌다.

아직 우편물이 배달되기 전인 월요일 오전에 그 성도에게서 전화가 왔다. 그녀는 당황한 말투로 간곡히 부탁했다. "저를 위해 기도해 주세요. 토요일 오후에 차가 고장 났는데 고치려면 500달러 가까이 든대요. 돈이 없어서 어떻게 해야 될지 모르겠어요!"

"알겠습니다." 나는 가슴 가득한 안도감을 애써 감추며 말했다. "아내와 함께 기도하겠습니다."

그날 오후 그녀는 익명의 사람에게서 수표를 받았고, 우리 부부는 누군가의 기도 응답에 쓰임받는 기쁨을 맛보았다. 우연의 일치였을까? 이런 신기한 사건이 우리 신앙생활에 딱 한 번뿐이었다면 그럴 수도 있으리라. 하지만 내가 아는 하나님은 늘 그런 식으로 우리 기도를 들으시고 초자연적으로 응답하신다.

어디까지 구해야 할까

시카고 근교 윌로크릭교회에 하나님의 치유를 구하는 사람들을 위한 월례 기도회가 있었는데, 내가 초보 교역자였을 때 담당 목사를 대신하여 기도회를 인도해 달라는 부탁을 받은 적이 있다. 예배당에 100명가량이 모였다. 야고보서 5장 14절을 실천하는 시간이었다. "너희 중에 병든 자가 있느냐 그는 교회의 장로들을 청할 것이요 그들은 주의 이름으로 기름을 바르며 그를 위하여 기도할지니라."

참석자 전원을 위한 전체 기도까지가 내 역할이었고, 기름을 바르는 개인 기도는 장로들 몇이 대기하고 있다가 나중에 원하는 사람들에게 해 주었다.

솔직히 상반된 감정이 들었다. 웬만한 기도는 쉽게 나왔다. 의료진에게 지혜를 주시고, 환자들을 위로해 주시며, 고통을 덜어 주시고, 소망과 믿음을 더하시고, 수술하는 손을 주관해 달라는 등의 기도였다. 물론 이것도 다 중요했다. 그러나 문제는 막상 하나님께 치유를 구할 때였다. 어느 정도나 담대해야 할까? 얼마나 강경한 표현으로 구해야 할까? '하나님께 치유해 달라고 간절히 매달렸다가 아무 일도 일어나지 않으면 어떻게 하지?' 내심 그런 두려움이 있었다. "주님 뜻대로 하옵소서"라고 기도를 마무리하면 책임 회피일까?

결국 나는 아는 대로 최대한 진실하게 그리고 한껏 믿음을 동원해 기도했다. 모든 참석자의 건강을 초자연적으로 회복시켜 달라고 하나님께 솔직히 구했다. 그러나 속으로는 그분이 정말 이생에서 그들의 병을 낫게 하실지 의문이었다. 더욱이 이 일에 나의 목사로서의 신임이 걸려 있다고 생각하니 이기적인 마음에 애가 탔다.

두에인 밀러는 몇 년 동안 나오지 않던 목소리가 설교하다가 순식간에 회복되었지만, 사실 그런 기적을 경험하는 사람이 하나라면 천국에 갈 때까지 병이 낫지 않는 사람은 수두룩하다. 밀러의 목소리가 기적같이 치료되던 그날, 서른두 살 나이에 뇌종양을 앓는 환자도 그 자리에 있었다. 그는 두 아이의 아버지였는데 온 교

기적인가
우연인가

회 식구들의 간절한 기도에도 불구하고 그날로부터 2주 후 세상을 떠났다.[8]

일부 오순절교인들의 입장에 나는 동의할 수 없다. 그들은 이사야 53장 5절, "그가 채찍에 맞으므로 우리는 나음을 받았도다"를 인용하여 누구든지 예수를 충분히 믿기만 하면 이생에서도 반드시 몸이 낫는다고 주장한다. 물론 그 반대도 성립된다. 병이 낫지 않으면 무조건 본인의 믿음이 부족한 탓이라고 한다. 나로서는 지지할 수 없는 입장이다.

두에인 밀러도 그런 극적이고 초자연적인 역사(役事)의 대상으로 자신이 뽑힌 이유가 누구 못지않게 당혹스럽기만 했다. 그래서 이렇게 말했다. "나는 '하나님께 치유받기 위한 10대 준비 원칙'을 내놓을 게 없다. 내 믿음이나 반응이나 순종 때문이 아니었다. 전혀 내가 얻어 낸 게 아니다. 나는 그저 그분의 과분한 은총을 입었을 뿐이다."[9]

기적인가, 우연인가

마침 러시아워라서 휴스턴 시내는 도로마다 차들로 미어터졌다. 내 차는 그 대열에 끼어 어느 고층 건물에서 열릴 회의에 참석하기 위해 거북이걸음을 했다. 그런데 이게 웬일인가. 도착해 보니 출입문 바로 옆 주차 공간이 비어 있었다. 기적이라는 생각이 들었다. 기적일 수도 있고 아닐 수도 있다. 사실 우리는 이 단어를 아무

데나 너무 헤프게 쓴다.

인터넷 검색창에 "기적"을 친 다음 "뉴스"에 들어가 보면 매번 각종 기사가 뜬다. 오늘만 하더라도 "다리에서 버려졌다 보트 선장에게 구조된 **기적**의 고양이," "워터가의 **기적**: 충돌 사고를 목격하고 인명을 구조한 의사," "테니스공만 하게 태어난 **기적**의 아기 무사히 집으로" 등의 헤드라인이 나온다. "부진한 기록을 끌어올리려면 **기적**이 필요하다"는 풋볼 선수도 있고, 시합 중에 다이빙대에 머리를 찧고도 살아나 "**기적**의 사나이"라는 별명을 얻은 다이빙 선수도 있다.

기적을 어떻게 정의하면 가장 좋을까? 많은 철학자와 신학자가 기적을 다양하게 기술했다. 아우구스티누스(Augustinus)는 기적이란 "경탄하는 이들의 희망과 능력을 벗어나는 모든 어렵거나 비상해 보이는 일"이라고 시적으로 표현했다. 스코틀랜드 철학자 데이비드 흄(David Hume)은 "기적은 자연법에 위배된다"는 회의론을 폈다. 옥스퍼드의 리처드 스윈번(Richard Swinburne)은 사실적으로 기적을 "신이 행하시는 종교적 의미의 비범한 사건"이라 칭했다.[10]

개인적으로 나는 웨스턴워싱턴대학교 철학 명예교수인 리처드 L. 퍼틸(Richard L. Purtill)의 정의가 마음에 든다. "기적이란, (1) 역사 속에 활동해 오신 하나님을 보여 줄 목적으로 (2) 평소의 자연 질서에 (3) 한시적으로 (4) 예외가 되게 (5) 하나님의 능력으로 실행하시는 사건이다."[11]

이 정의의 예증으로 퍼틸은 심장병 때문에 니트로글리세린 알

기적인가
우연인가

약을 처방받았던 자신의 일화를 소개했다. 약사의 말이 그의 뇌리를 떠나지 않았다. 두 알을 연달아 먹어도 통증이 걷히지 않거든 한 알을 더 먹되 즉시 구급차를 부르라고 했다. 얼마 후에 그는 가슴 통증으로 잠이 깼다. 알약을 차례로 두 번 먹어도 효과가 없어 한 알을 더 먹었다. 아내가 병원에 데려다주려 했으나 그는 119에 전화해 달라고 했다. 전화를 받고 바로 달려와 준 구급 의료대원 덕에 그는 목숨을 건졌다.

회복된 후에 여행을 갔는데 갑자기 타이어가 펑크가 났다. 타이어를 갈아 끼우던 중에 그의 심장이 멎었고, 그는 고속도로에 드러누운 채로 의식을 잃었다. 지나가던 운전자 둘이 멈추어 섰는데 마침 둘 다 심폐소생술을 할 줄 알았다. 한 사람이 심폐소생술을 하는 동안 다른 한 사람이 구급 의료대원을 불렀다. 심장이 다시 뛰면서 퍼틸은 이번에도 목숨을 건졌다.

그런 결과를 주신 하나님께 감사한다면서도 퍼틸은 힘주어 말했다. "이 두 사건에 초자연적이라 할 만한 원인은 없다. 약사의 주의 사항, 나를 도와준 사람들이 받았던 훈련, 의술 전반 등은 다 초자연적 설명이 필요 없어 보인다."

따라서 그렇게 목숨을 건진 일을 그는 기적이라 여기지 않는다. 다만 그리스도인으로서, "하나님이 평범한 사건의 흐름 속에 그분의 섭리를 훤히 보이게 숨겨 놓으셨다"라고 믿는다.[12]

이렇듯 우리가 무심코 '기적'으로 분류하는 어떤 사건은 사실 행운의 '우연'이나 하나님이 일상 절차를 통해 하시는 일에 더 가까워 보인다. 양쪽을 어떻게 구분할 수 있을까? 내 경우, 기이하거나 비범하고 놀라운 무언가를 봤을 때 거기에 영적 의미가 함축되어 있고 별도의 자료나 사건으로 확증되면, 그때 머릿속에 '기적'을 알리는 종이 울린다. 중병이 종종 자연적으로 치유될 때도 있긴 하지만, 대개는 잠시 좋아질 뿐 말끔하게 낫지는 않는다. 그런데 치유 기도를 드리는 순간 중병이 즉각 그리고 완전히 떠난다면, 그때는 내 눈금이 '기적'의 범주 쪽으로 기운다.

9,400만 번 이상의 기적들

무신론자들이 기적의 가능성을 부인하는 것은 놀랄 일이 아니다. 하지만 그중 다수가 기적이라는 개념을 아주 노골적으로 적대시하는 모습에는 경악을 금할 수가 없다.

〈애틀랜틱〉(The Atlantic)의 자유 기고가 노아 벌라스키(Noah Berlatsky)는 이렇게 말했다. "신흥 무신론자들과 그 길동무들에게 …… 회의론은 전도 활동이 되었다. 구석에 앉아 조용히 불신하는 것만으로는 부족하다. 합리주의라는 예리한 칼끝으로 자신들의 불신을 퍼뜨려야만 한다. 개화된 제국의 정복자처럼 회의론자도 당신을 거추장스러운 전통과 미신에서 해방시키려 한다. 당신이 해방을 원하든 말든 그건 아무 상관이 없다."[13]

고인이 된 무신론자 크리스토퍼 히친스(Christopher Hitchens)는 기적이 실제로 벌어진다고 공언하는 모든 사람을 상당한 재치와 말재

주로 모욕했다. 그리스도인들과 토론할 때면 그는 이렇게 묻곤 했다. "예수가 동정녀에게서 태어났다고 정말 믿으십니까? 예수의 부활을 정말 믿으십니까?"

그리스도인이 그렇다고 답하면 히친스는 과장된 몸짓으로 이렇게 선언하곤 했다. "신사 숙녀 여러분, 저의 토론 상대께서 이제 막 보여 주셨듯이 과학은 그의 세계관에 아무것도 한 일이 없습니다."

웨스턴미시간대학교 철학과장 티머시 맥그루(Timothy McGrew)는 이렇게 말했다. "상대를 과학의 적으로 비치게 하는 건 매우 교활한 수법이다. 히친스는 그런 기회를 놓치지 않고 극적 효과를 노렸다. 하지만 극적 효과가 늘 탄탄한 논리는 아니다."[14]

그렇다면 대다수 미국인은 기적을 어떻게 볼까? 책을 쓰려고 자료를 조사하는 단계에서 호기심에 못 이겨 바나 리서치(Barna Research)에 의뢰하여 과학적인 전국 여론조사를 실시해 보았다.[15] 그 결과를 여기에 처음으로 공개한다.

흥미롭게도 미국 성인의 절반(51퍼센트)은 성경에 기록된 기적들이 실제로 일어났다고 믿는다고 답했다. 오늘날에도 기적이 가능한지를 묻는 문항에 미국인 셋 중 둘(67퍼센트)은 그렇다고 답했고, 아니라는 답은 15퍼센트에 그쳤다. 베이비부머 세대(73퍼센트)보다 젊은 층(61퍼센트)에서 긍정의 답이 낮게 나왔다. 아울러 현대의 기적을 믿는 비율은 민주당원(61퍼센트)보다 공화당원(74퍼센트) 쪽이 높았다.

현대의 기적을 불가능하게 여기는 부류의 회의론이 어디서 기인하는지 궁금했다. 그중 44퍼센트는 초자연 세계를 믿지 않았고,

20퍼센트는 현대 과학을 증거로 들며 기적의 가능성을 배제시켰다.

무엇보다 나는 하나님의 기적이 없이는 설명이 불가한 일을 경험한 사람이 얼마나 되는지 알고 싶었다. 조사 결과 미국 성인 다섯 중 거의 둘(38퍼센트)은 그런 경험이 있다고 답했다. 하나님이 개인적으로 자신에게 한 번이라도 기적을 베푸셨다고 확신하는 미국인이 자그마치 9,479만 2천 명이나 된다는 뜻이다.[16] 그 정도면 어마어마한 수치다! 실제로 '우연'인 경우도 틀림없이 많겠지만, 그걸 다 뺀다 해도 초자연적이라 할 만한 사건의 횟수는 여전히 놀라울 정도다.

그런데 그 비율은 교육 수준과 반비례한다. 하나님의 개입을 경험했다고 답한 비율이 고졸자는 41퍼센트인데 비해 대졸자는 29퍼센트다. 소득 수준도 마찬가지여서 부유층일수록 회의적인 태도가 강하다. 인종별로 보면 라틴계와 흑인은 이런 경험을 긍정한 비율이 절반을 넘지만 백인은 3분의 1 수준이다. 복음주의 그리스도인의 경우 당연히 그 수치가 거의 78퍼센트로 치솟는다. 그중에는 하나님을 신기하게 체험하지 않았다면 아예 신자가 되지 않았을 사람도 많을 것이다.

회의론자 해리엇 홀(Harriet Hall)은 초자연적 체험담이 "미개하고 못 배운 부류에 더 흔하다"고 일축하지만,[17] 2004년에 실시한 한 조사에 따르면 미국 의사의 55퍼센트가 환자에게서 기적이 아니면 설명이 불가능한 결과들을 보았다.[18] 의학으로 고등교육을 받고 일선에서 환자와 부상자를 치료하는 전문 직종에서 나온 수치다. 조

기적인가
우연인가

사에 응한 의사 1,100명 중 4분의 3은 기적이 지금도 일어날 수 있다고 확신한다. 미국 전체 인구의 경우보다 오히려 높은 비율이다. 그러니 의사 열 중 여섯이 담당 환자들을 위해 일일이 기도한다는 말은 어쩌면 당연한 일이다.[19]

다시 길을 떠나며

그러나 관건은 초자연적 사건을 믿는 근거가 착오, 오해, 속임수, 전설, 풍문, 희망 사항, 확증 편향, 위약 효과 등이냐 아니면 실재냐는 것이다. 다시 말해서 기적을 행하시는 하나님이 정말 존재하는가? 고금의 모든 초자연적 사건에 그분의 지문을 남기셨는가? 나아가 지금 **당신의** 삶에도 개입하실 여지가 있는가?

바로 그걸 알아보려고 이 책의 집필에 나섰다. 물론 나는 독실한 그리스도인이고 내가 무엇을 믿는지도 다들 잘 안다. 그러나 기적의 증거가 얼마나 탄탄한지 정말 시험해 보고 싶었다.

"또 떠나는군요."

여행 가방에 옷가지를 챙기는 나를 보며 중얼거리는 아내의 얼굴에는 다정한 웃음이 묻어 있었다. 그렇다. 나는 유수한 권위자들을 대면하여 조사하고자 다시 길을 떠난다. 평생에 걸쳐 쌓은 그들의 경험과 전문 지식을 활용하려는 것이다. 여태까지 쓴 책도 대부분 그런 방식으로 전문가들을 찾아가 대질하여 진실을 캐냈다.

마이클 셔머(Michael Shermer) 박사와의 인터뷰보다 더 좋은 출발점은 없겠다는 생각이 들었다. 그는 미국에서 가장 유명한 회의론자로 〈스켑틱〉(*Skeptic*)을 창간하여 지금까지 발행인을 맡고 있다. 셔머에게 질문을 던지려는 내 목표는 단순했다. 그가 기적 반대론을 최대한 탄탄하게 제시해 주기를 바랐다. 기적을 믿는 게 합리적일진대 당연히 그의 모든 반론에 답할 수 있어야 하지 않겠는가.

물론 최종 판결은 결국 당신 몫으로 남겨 둘 것이다.

생각 정리

1. 어떻게 이 책을 읽게 되었는가? 기적을 다룬 책을 고르게 한 무슨 경험이나 궁금증이 있었는가? 이 주제에 왜 흥미가 생겼는지 말해 보라.

2.

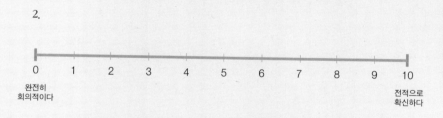

0   1   2   3   4   5   6   7   8   9   10

완전히
회의적이다   전적으로
확신하다

기적에 대한 당신의 현재 입장은 어디쯤에 해당하는지 체크해 보라.

왜 그 숫자로 정했는가? '전적인 확신'으로 가려면 무엇이 필요하겠는가?

3. 머리말을 시작하면서 아주 특이한 몇몇 사례를 간략히 소개했다. 그중 정말 기적으로 믿어지는 사건이 있는가? 있다면 무엇이며, 왜 그러한가?

4. 예수의 기적들이 신약의 사복음서(마태복음, 마가복음, 누가복음, 요한복음)에 기록된 대로 실제로 일어났다고 믿는가? 그분의 초자연적 행위 가운데 특히 더 믿기 어려운 게 있는가? 자세히 말해 보라.

5. 하나님이 당신 삶에 개입하셨다고밖에 설명할 수 없는 일을 경험한 적이 있는가? 왜 그 일을 초자연적이라 보는가? 그 기적을 경험할 때 기분이 어땠는가? 그 뒤로 하나님을 보는 시각이 바뀌었는가? 바뀌었다면 어떻게 바뀌었는가?

6. 특이한 우연의 일치와 진짜 기적을 어떻게 구분하겠는가?

무엇보다 기적의 하나님께 감사드린다.
그분은 자아에 도취되어 살아가던 술고래 신문 기자에게
새 생명은 물론 새로운 목적까지 주셨다.
바로 예수 안에 소망이 있음을 세상에 알리는 일이다.
나야말로 기적을 입증하는 증거물 1호라는
생각을 떨칠 수 없다.

THE CASE FOR MIRACLES

Part 1

우연의
산물일 뿐,
기적은 없다?

회의론자가 된 그리스도인

절실했던 순간,
바라던 기적은 일어나지 않았다

(마이클 셔머 박사와 인터뷰)

평소의 내가 드나들 만한 곳은 아니었다. 헌신된 그리스도인인 내가 〈스켑틱〉지 사무실의 회의 탁자에 앉아 있었으니 말이다. 사무실은 로스앤젤레스 조금 북쪽의 주거 지역에 위치한 방 두 칸짜리 목조 주택 안에 있었다.

사이비 과학과 미신, 비이성적 맹신 타파를 부르짖는 〈스켑틱〉 표지들이 액자에 담겨 벽에 쭉 걸려 있었고, 빨간 벽돌로 된 벽난로 위에는 다윈과 아인슈타인 흉상이 놓여 있었다. 발 디딜 틈 없이 실내를 가득 메운 책장마다 온갖 책이며 멋진 장식품이 빼곡했다. 죄

책감의 98.9퍼센트 감소를 보장한다며 "네 죄를 씻으라"고 찍힌 비누도 있었고, 유타주를 여행하며 사 왔다는 맥주병에는 "일부다처제 맥주: 하나로 말 것인가?"라는 상표가 붙어 있었다.

어떤 의미에서 나는 '교회를 대적하는' 과학과 이성을 숭배하는 신전에 와 있었다. 어쨌거나 많은 회의론자가 보기에 그곳은 하나님을 믿는 신앙의 정당성을 몰아내는 자리였다. 한때의 나라면 이자유사상 잡지에 기고했을 법도 하다. 하지만 그건 내가 무신론자였던 먼 옛날 일이다. 그때 나는 1세기 중동 목자들의 가르침을 신봉하는 기독교인 놀리기를 최고의 낙인 양 즐겼다. 그 시절이었다면 이곳 회의론의 성지를 즐겁게 순례했으리라.

지금의 나는 과학과 역사, 나아가 이성 자체가 기독교 세계관을 뒷받침한다고 확신한다. 나의 무신론은 속속들이 전복당했다. 기적까지는 아니었다 해도 의외였고 결정적이었다. 그리고 오늘 나는 현재의 나와는 상극인 사람을 대면하러 이 사무실에 왔다. 그의 여정은 나와는 정반대로 신앙에서 회의로 바뀌었다. 예수를 전하던 사람이 불신의 변증가가 되었다. 그는 이제 회의론자 중의 회의론자다.

기다린 지 몇 분쯤 지나자 왜소한 체구의 사내가 방 안으로 들어왔다. 61세의 마이클 셔머였다. 스무 명 남짓의 친구들과 목요일마다 정기적으로 모여 자전거를 탄다고 했다. 무게가 7킬로그램도 되지 않는 독일산 탄소섬유 자전거로 오늘은 80킬로미터를 탔으며, 이 모임까지 합해서 매주 320킬로미터 전후로 자전거를 탄다고 했다. "약간 중독성이 있어요." 그는 씩 웃으며 시인했다.

위아래로 검은색 티셔츠와 바지를 입고 샌들을 신은 셔머는 내 옆자리에 자리를 잡더니 노트북 컴퓨터를 열었다. 악수하는 손이 따뜻했고 나까지 따라 웃게 만드는 미소를 지녔다. 흰머리에 이마가 약간 벗어지긴 했지만 십 대 아이처럼 에너지와 열정이 넘쳤다.

셔머는 어느 모로 보나 전형적인 캘리포니아 사람 같다. 운동 마니아인가? 그렇다. 자전거 타기에 관한 책을 두 권이나 출간했다. 식단에 신중을 기하는가? 그렇다. 닭고기나 생선은 일주일에 한 번밖에 먹지 않는다. "붉은 고기는 거의 먹지 않고요." 전기 차를 타는가? 물론이다. "주유소에 가 본 지 1년도 넘었습니다." 그의 정치 성향은 사회 문제에는 진보, 재정 문제에는 보수다.

1941년에 지어진 이 30평짜리 집은 한때 셔머의 살림집이었으며 높은 목제 울타리가 둘러 있다. 지금은 발행부수가 3만 5천 부인 잡지 〈스켑틱〉과 1992년에 그가 비영리 단체로 설립한 스켑틱협회 (Skeptic Society)의 본산이다. 직원 네 명이 여기서 일하며 차고를 우편물실로 쓴다. 캐나다에 사는 다른 직원 둘은 〈스켑틱〉 어린이판을 간행한다.

셔머의 좁은 사무실에는 "신은 존재하는가?," "과학과 종교는 양립할 수 있는가?" 등 그의 다양한 토론회를 홍보하는 포스터가 쭉 붙어 있다. 벽에 걸린 사진들을 보니, 그가 옥스퍼드의 무신론자 리처드 도킨스, 하버드의 진화생물학자 스티븐 제이 굴드(Stephen Jay Gould)와 나란히 웃고 있다. 우리도 잠시 함께 웃으며 셀카를 찍었고,

나중에 그는 그 사진을 트위터에 올렸다. 하지만 사무실 벽에까지 붙이지는 않을 것이다.

이상하지만 진리이기도 한 것?

나는 셔머에게 그를 찾아온 두 가지 이유를 밝혔다. 첫째, 그는 종교를 경계하면서도 대체로 조롱조를 삼가는 사람이었고, 나는 그런 그의 평판을 존중했다. 그는 호전적인 일부 반신론자와는 달랐다. 그의 친구 도킨스는 그 호전적인 부류에 속한다. 도킨스는 동료 무신론자들에게 종교적 신념과 성례를 "조롱하고 경멸하라"고 부추겼다.[1] 반면에 셔머는 네덜란드 철학자 바뤼흐 스피노자(Baruch De Spinoza)의 접근법을 좋아한다. 1667년에 스피노자는 "나는 인간의 행동을 비웃거나 슬퍼하거나 경멸하는 대신 이해하려고 부단히 노력해 왔다"라고 말했다.[2]

둘째, 내가 물색한 사람은 기적에 대한 최고의 반론을 제시하되 감정이 아닌 연구 자료와 이성적 논증으로 뒷받침해 줄 인물이었다. 나는 그에게 부탁했다. "당신의 최고 역량을 보여 주시기 바랍니다."

인터뷰에 들어가기에 앞서 어깨 너머를 흘긋 보니 권투 장갑 한 쌍이 못에 걸려 있었다. '좋은 신호로군.' 기적에 대한 최강의 반격으로 그가 나를 한 방 제대로 쳐 주기를 진심으로 바랐다.

나는 그와 변론하러 온 게 아님을 처음부터 분명히 밝혔다. 논쟁하려고 캘리포니아까지 비행기를 타고 간 게 아니었다. 나는 경청하고 배우고 대화하고 의견을 나누고 싶었다. 신앙인과 신앙 없는 사람이 마주앉아 이성적으로 대화하지 못할 이유가 없지 않은가? 속성상 한낱 이성을 초월하는 주제라 할지라도 말이다. 게다가 나는 셔머의 이야기를 그에게서 직접 듣고 싶었다. 나와는 정반대 길을 걸어온 사람에게서 내가 배울 만한 교훈은 무엇일까?

회의론자로서 마이클 셔머보다 더 적임자를 찾을 수는 없었다. 그의 이력만 열거하는 데도 족히 30쪽은 필요하다. 그는 페퍼다인 대학교에서 심리학과 생물학으로 학사, 캘리포니아주립대학교에서 실험심리학으로 석사, 클레어몬트대학원에서 과학사로 박사 학위를 받았다. 학위 논문은 19세기 영국 진화사상가 앨프리드 러셀 월리스(Alfred Russel Wallace)에 대해 썼는데, 월리스는 1861년에 "가장 신성한 진리의 …… 거의 전부를 아예 불신하는 사람"으로 자처한 바 있다.[3]

셔머는 〈사이언티픽 아메리칸〉(Scientific American) 칼럼니스트로 "회의론자: 이성적 눈으로 세상을 보다"라는 기치 아래 글을 쓴다. 캘리포니아주 오렌지 소재 채프먼대학교에서 비판적 사고를 가르치는데, 강의 제목도 "회의론 개론"이다. How We Believe(믿음의 방식), The Science of Good and Evil(선악의 과학), 《왜 다윈이 중요한가》(Why Darwin Matters, 바다출판사 역간), 《믿음의 탄생》(The Believing Brain, 지식갤러리 역간), 《도덕의 궤적》(The Moral Arc, 바다출판사 역간), 가장 최근에 나온 Heavens on Earth(지상천국) 등 여남은 권의 저서가 있다.

그는 또 하버드대학교(총 3회), 예일대학교, 매사추세츠공과대학교(MIT) 등 단과대학과 종합대학 100여 곳에서 강연했다. 대중지와 학술지에 널리 기고 활동도 하는데 일례로 *Journal of Thought*(사상 저널) 2002년 가을호에 "멀쩡한 뇌의 개방적 사고법"이 실렸다. 수많은 텔레비전 프로그램에 출연했으며, 폭스패밀리 채널에서 방영된 〈미지의 세계 탐험〉의 제작 겸 공동 진행을 맡기도 했다. 그의 테드(TED) 강연 중에는 "왜 사람들은 이상한 것을 믿는가"라는 제목도 있다. 그 강연 제목을 읽노라니 쿡 웃음이 났다. 회의론자의 귀에 창조주 신이 인간의 일상사에 개입한다는 개념보다 더 이상하게 들릴 말은 정말 별로 없다.

그러나 문제는 그 "이상한 것"이 진리이기도 한지 여부다.[4]

그도 한때는 그리스도인이었다

마이클 셔머는 고등학교 졸업반 때 요한복음 3장 16절, "하나님이 세상을 이처럼 사랑하사 독생자를 주셨으니 이는 그를 믿는 자마다 멸망하지 않고 영생을 얻게 하려 하심이라"라는 말씀을 읽고 예수를 자신의 구주와 주님으로 믿었다. 처음 믿던 그 순간 바깥에서 이리 울음소리가 들렸다.

"우리는 그게 모종의 징조인가 했답니다." 셔머가 입가에 살짝 미소를 머금고 내게 말했다. "사탄이 영혼을 하나 더 잃고 비통해했는지도 모르지요."

1971년 어느 토요일 밤이었다. 독실한 그리스도인이자 그의 친구인 조지(George)가 캘리포니아 남부 샌게브리얼 산지의 집에서 셔머를 믿음으로 이끌었다. 당시 셔머의 동기가 순수하지만은 않았을 수도 있다. 회심하면 조지의 여동생 조이스(Joyce)와 사귀기가 더 쉬우리라 생각했으니 말이다. 그래도 그는 충분히 진심이었고, 이 믿음의 첫걸음은 시간이 갈수록 더 견고해졌다.

셔머는 자신의 신앙 여정을 쭉 들려주었다. 다리를 꼰 자세로 의자에 깊숙이 앉아 마치 최근의 일인 양 편하게 회고했다. 반면에 나는 한마디라도 놓칠세라 그와 조금이라도 더 가까이 앉으려고 의자 끝에 걸터앉아 집중하여 귀를 기울였다. 열심히 예수를 따르던 그가 이제는 유명한 영적 회의론자가 되었으니 말이다.

"이튿날 조지네 식구들은 나를 글렌데일의 어느 장로교회에 데려갔습니다. 목사가 진짜 지식인이라서 마음에 들었습니다. 끝날 때 그가 '구원받고 싶은 사람은 앞으로 나오십시오'라고 하더군요. '좋다! 나가자!' 하고 생각했습니다. 교회에서 그렇게 하면 내 믿음이 더 공식화될 테니까요."

"믿는 집안에서 자라셨습니까?"

"아니요, 내가 네 살 때 부모님이 이혼했는데 부모님이든 계부모님이든 신자는 하나도 없었습니다. 물론 거듭났다는 내 말을 다들 약간 이상하게 여겼지요. 동생의 말마따나 예수쟁이가 됐으니까요."

"무슨 뜻이지요?"

"100퍼센트 푹 빠졌다는 말입니다. 창고라는 곳으로 성경공부를 하러 다녔습니다. 기독 청소년들과 청년들이 수요일 밤마다 거기서 모였거든요. 70년대 아니랄까 봐 다들 장발에 목걸이를 차고 기타 반주에 맞추어 예수 노래를 불렀습니다. 내 목걸이는 소위 예수 물고기라는 익투스였지요. 헬라어 머리글자로 '예수 그리스도 하나님의 아들 구주'라는 뜻이잖아요. 아예 보여 드리지요."

그는 노트북 컴퓨터의 자판을 몇 번 두드려 화면에 사진을 한 장 띄웠다. 스물한 살 되던 생일날 그가 검게 그을린 모습으로 웃통을 벗고 씩 웃으며 할머니와 함께 햇볕 아래 앉아 있었다. 목에 그 목걸이를 걸고서 말이다.

"기독교의 패러다임으로 보면 무슨 일이든 다 내게 의미가 통했습니다. 긍정적인 일이 벌어지면 내 선행에 하나님이 보상하셨거나 혹은 그리스도의 사랑이 내게로 온 것이었고, 나쁜 일이 벌어지면 하나님이 신비로운 방식으로 일하시는 거였지요. 깔끔하고 정연했습니다. 모든 게 척척 들어맞았고 버릴 게 하나도 없었으니까요."

"자신이 영적으로 성장하고 있다고 느껴졌나요?"

"물론이지요."

그는 가족들과 친구들에게 자신의 신앙을 말했고, 심지어 모르는 사람에게도 열심히 복음을 전했다. 무신론자 친구들은 그런 그를 질색했으나 서머는 기독교가 진리일진대 남에게도 알리는 게 자신의 의무라고 믿었다. 그게 불편한 경험이라 할지라도 말이다.

"하나님이 가깝게 느껴졌습니까?" 내가 물었다.

"그럼요."

"삶에 그분의 임재도 느껴졌고요?"

"범사에 그랬습니다. 모든 일에 기도했어요. 근무지인 YMCA에서 주차 공간을 찾는 일부터 시작해서 진로 결정, 여자 친구 문제 등 그야말로 모든 일에 말입니다."

"그때 만약 내가 당신을 설득하여 신앙을 버리게 하려 했다면 어떻게 반응했을 것 같습니까?"

그는 잠시 생각하더니 대답했다.

"당신은 성공하지 못했을 겁니다."

서머는 그리스도의 교회라는 교단 산하의 페퍼다인대학교에 들어갔다. 거기서 매주 두 번의 채플 시간, 신구약이나 예수의 생애나 C. S. 루이스의 작품 같은 과목들, 뜻맞는 그리스도인들과의 공동생활 등을 즐겼다. 장래에 신학을 공부할 생각이었다.

"종교학 교수가 되고 싶었습니다. 그러면 신학이라는 지성 세계에 들어가 대학의 종신 교수직까지 얻을 테니까요. 가르치고 읽고 사고하는 일을 돈 받고 하는 셈이지요. 지성의 삶에 마음이 끌렸습니다."

"그런데 왜 막혔습니까?"

그는 웃음을 터뜨렸다. "교수가 되려면 박사 학위가 필요한데 학위를 받으려면 히브리어와 헬라어, 아람어, 라틴어를 배워야 했거든요. 스페인어 수업도 겨우 따라가기 바쁜 내가 말입니다. 나는 외국어 체질이 아닙니다. 그래서 심리학으로 바꿨습니다. 평소 과학을 좋아해서 그쪽에도 관심에 있었거든요. 어쨌든 졸업할 때까지는 쭉 그리스도인이었습니다."

"그 후에는요?"

"그 후에는…… 서서히 신앙을 잃었습니다."

"어떻게 말입니까?" 나는 자세를 곧추세우며 물었다.

"나 스스로 점차 떠났습니다. 다들 대개 그럴 겁니다. 논리로는 신앙을 등지게 할 수는 없다고 봅니다. '애초에 논리로 시작하지 않은 일이면 논리로 그만두게 할 수 없다'는 말도 있잖아요. 다분히 맞는 말입니다. 늘 그렇지는 않겠지만 내 경우는 그랬습니다."

어쩌다 신앙을 떠났을까

셔머가 신앙에서 멀어지기 시작한 때는 실험심리학을 공부하던 대학원 시절이었다. 그러나 사실은 신앙생활 초기에 시작된 문제들이 여러 단계를 거쳐 절정에 달했다.

실제로 그는 "처음부터 내 회심에 문제가 있었습니다"라고 시인했다. 예컨대 다른 동기가 뒤섞여 있었고(친구 여동생에 대한 관심), 모르는 사람들에게 예수를 전하기도 불편했고, 정상적 성욕이 극심한 갈등과 좌절을 불러일으켰다. 내면 깊은 곳에 문제가 있음을 자신도 알았다고 한다.[5]

고등학교 때 셔머는 한 친구에게 자신이 새로 찾은 신앙을 말했는데, 그때 친구의 반응에 혼란스러워졌다. 그가 기대한 것은 따뜻한 환영이었다. 그런데 여호와의 증인에 속한 친구는 "장로교회에서 나도 예수를 만났다"는 그의 말에 기겁하며 이렇게 내뱉었다. "안 돼, 거기는 잘못된 교회야!"

셔머의 말이다. "그때부터 이런 의문이 들더군요. 어떻게 다른 종교도 나만큼이나 진리가 자기네 쪽에 있다고 철석같이 확신할 수 있을까?"

그는 어느 목사를 찾아가 신학적 문제를 논했다. "우리에게 자유 의지가 있다면 하나님의 지식이나 능력이 그만큼 유한하다는 뜻인가요?" 페퍼다인대학교의 한 교수와는 악의 문제로 씨름했다. "하나님이 절대적으로 선하시고 전능하시다면 왜 악한 일이 벌어지는 겁니까?"

셔머는 "지금까지도 나는 악의 문제에 대해 납득할 만한 답을 들어 보지 못했습니다. 자유 의지의 문제와 마찬가지로, 대부분의 답이 복잡한 궤변, 논리 전환, 단어의 말뜻에 관한 재치 있는 말장난이지요"라고 결론지었다.

글렌데일대학에서 그는 철학 교수에게 어느 인기 있는 기독교 서적을 읽어 보도록 권유했다. 성경의 예언들이 예수의 임박한 재림을 가리켜 보인다는 내용의 책이었다. 그런데 교수는 예수께 무릎을 꿇기는커녕 그 책을 신랄하게 반박하는 글을 두 장에 걸쳐 빽빽이 적어 보내 왔다. 그 편지를 셔머는 지금도 갖고 있다.

학부를 졸업한 후 그는 기독교 공동체를 떠났다. "대학원에서는 종교가 아예 논외였습니다. 아무도 그런 데 신경 쓰지 않았지요. 대신 자기 방식대로 성공해서 행복하게 사는 사람들이 보였습니다. 게다가 인류학, 사회학, 사회심리학을 공부해 보니 종교적 신념이 문화의 산물임을 분명히 알겠더군요. 예를 들어 미국에 태어난 사람은 기독교인이 될 소지가 높지만 인도에 태어난 사람은 아마도 힌두교도가 될 겁니다. 그러니 어느 종교가 옳은지 어떻게 분간할 수 있습니까? 그때부터 기독교에 대한 관심을 잃고 과학에 더 매료되었습니다. 머잖아 과학이 내 신념 체계가 되고 진화가 내 교리가 되었지요."

"그러다 익투스 목걸이도 벗은 건가요?" 내가 물었다.

"예, 얼마 지나자 그걸 차고 있는 게 위선처럼 느껴지더군요. 내가 정말 그렇게 믿는다는 확신이 더는 없었으니까요. 그렇다고 홧김에 벗어던진 건 아닙니다. 이제부터 무신론자라고 떠벌이지도 않았고요. 그냥 조용히 벗었습니다. 솔직히 아무도 알아차리거나 신경 쓰지도 않더군요."

다시 그는 컴퓨터 화면에 사진을 불러냈다. "대학원 때 사진입니다. 막 신앙을 떠나던 때였지요. 보세요. 물고기 목걸이가 없지요?"

"무슨 목걸이로 대신했습니까?"

"나중에 금색 달러 표시를 찼습니다. 그때 내가 소설 《아틀라스》(Atlas Shrugged)에 푹 빠져 있었거든요. 지금은 아무것도 차지 않습니다. 중립이랄까요."

그의 신앙 경험은 아직 끝나지 않았다. 하나님과 맺어질 수 있는 기회가 마지막으로 한 번 더 있었다. 심각한 위기의 한복판에서 그는 진심으로 기적을 간구했으나 끝내 기적은 일어나지 않았다.

일어나지 않은 기적

비극이 신앙을 되살릴 때도 있다. C. S. 루이스의 말마따나 고통은 영적으로 귀먹은 사람을 깨우는 하나님의 메가폰일 수 있다.[6] 그러나 눈물로 간구해도 기적의 기도 응답은 없고 침묵만 계속된다면 어떻게 될까? 기적이 일어나지 않으면 그 여세에 몰려 신앙을 잃을 수도 있다. 마이클 셔머도 그런 경우였다.

"대학 시절 모린(Maureen)이라는 여자 친구와 교제했습니다. 알래스카 출신의 아름답고 훌륭한 아가씨였지요. 페퍼다인에서 만난 우리는 내가 대학원을 졸업한 후에도 계속 사귀었습니다. 모린은 어느 재고 조사 회사에 다녔습니다. 회사들이 문 닫는 시간인 밤중에 출장을 다니며 재고를 조사해 주는 업무였지요. 그러던 어느 밤 일을 마치고 돌아오다 인적이 드문 고속도로에서 모린이 몰던 밴이 갑자기 길을 벗어나 몇 바퀴 굴렀습니다. 안전벨트를 매지 않았던 모린은 그 사고로 등이 부러지고 말았습니다."

나는 움찔했다. 가슴이 미어졌다. 캄캄한 계곡 바닥에 내동댕이쳐진 밴, 비명과 신음과 혼란과 사이렌 소리, 달라진 삶, 꺾인 꿈, 어긋난 미래. 잔혹하고 섬뜩한 광경이다. 들것에 실려 온 부상자가 당신이 사랑하는 사람이라면 더 말할 것도 없다.

"그 소식을 어떻게 들었습니까?" 내가 물었다.

"새벽 5시쯤에 모린에게서 전화가 왔어요. 무슨 일이냐고 했더니 병원이라는 겁니다. 목소리가 아주 멀쩡해서 의아했지요. 어떻게 된 거냐고 물으니 자기도 모르겠다며 몸을 움직일 수 없다고 하더군요."

하반신이 마비된 모린은 롱비치기념병원에서 6개월을 지냈다. "40킬로미터쯤 떨어진 병원에 자전거로 거의 매일 병문안을 다녔습니다. 얼마나 화가 났는지 모릅니다. 이런 훌륭한 여자에게 왜 그런 일이 일어나는 겁니까?"

나라면 그런 상황에서 어떻게 했을지 알겠다. 그리스도인이니 기도했을 것이다. 그러나 셔머는 이미 예수 목걸이를 벗은 후였다. 아직 믿음이 조금이라도 남아 있었을까?

"그녀를 치유해 달라고 하나님께 기도했습니까?" 내가 물었다.

"물론입니다. 응급실에서 밤을 새던 어느 날이었지요. 신앙을 거의 등진 상태였지만 그래도 하나님께 고쳐 달라고 빌어 보기는 해야겠다 싶었습니다. 하나님을 시험한 건 아니고, 그냥 모린이 너무 가엾어서 뭐든 해 본 거지요."

"어떻게 기도했습니까?"

"무릎 꿇고 고개를 숙였습니다. 옛날처럼 사뭇 진지했고요. 모린을 봐서라도 나의 회의를 덮어 달라고, 그녀에게 생명을 불어넣어 치유해 달라고 하나님께 구했습니다. 그 순간 최선을 다해 믿었습니다. 믿고 싶었습니다. 능력과 사랑의 하나님이 계시고 우주 어딘가에 정의라는 게 조금이라도 있다면, 당연히 그분이 이 소중하고 자상하고 인정 많은 친구를 도와주지 않겠습니까?"

셔머의 다음 말을 기다렸으나 잠시 침묵이 흘렀다.

"어떻게 됐나요?"

그는 고개를 저으며 답했다. "아무 일도 일어나지 않았습니다."

한참 가만히 있다가 다시 물었다. "그래서 어떻게 하셨습니까?"

그는 어깨를 으쓱해 보이며 말했다. "별로 놀라지도 않았습니다. 이렇게 생각하고 말았지요. '어차피 신은 없을 테니까. 그냥 이런 일이 벌어진 거지. 이게 악의 속성이야. 왜 착한 사람들에게 나쁜 일이 벌어지냐고? 그러지 말란 법이라도 있나? 열역학 제2법칙이잖아. 세상이 그런 곳이라고.'"

"그렇게 당신의 신앙은 마지막 결정타를 맞은 건가요?"

"예, 그걸로 끝이었다고 봐야지요. '젠장!' 뭐 그러고 말았습니다."

"하나님께 화가 났습니까?"

"존재하지도 않는 신에게 화날 게 뭐 있습니까? 그냥 벌어지는 일인데요. 선과 악, 그거 아주 제멋대로입니다."

"그러니까 당신은 우주에 아무런 목적이 없다고 보는 거군요." 내 말은 질문이라기보다 서술에 가까웠다. 리처드 도킨스의 유명한 선언이 떠올랐다. "근본적으로 설계나 목적이나 선악은 존재하지 않고, 오직 맹목적이고 무자비한 냉담함뿐이다. 그래서 눈에 보이는 우주의 속성은 정확히 우리가 의당 예상하는 대로다."[7]

서머의 답은 이랬다. "더 높은 목적은 없습니다. 우리가 하기 나름입니다. 우리 스스로 목적을 만들어 내야 합니다. 우주의 의미는 그뿐입니다."

나는 노트를 내려다보다가 여백에 이렇게 적었다.

기적에 관한 책이 신빙성 있으려면
일어나지 않은 기적도 반드시 다루어야 한다.

그리고 거기에 밑줄을 그었다. 두 번이나.[8]

생각 정리

1. 당신의 영적 여정을 가만히 돌아보라. 어린 시절 당신의 신앙에 영향을 미친 요인들은 무엇인가? 세월이 가면서 믿음의 내용이 어떻게 변했는가? 현재 당신의 영적 관점은 어떠한가?

2. 회의론자 마이클 셔머는 자신이 전에 교제했던 여자 친구가 사고로 장애를 입은 가슴 아픈 이야기를 들려주었다. 치유해 달라고 기도했지만 응답되지 않았다고 했다. 당신이라면 비슷한 상황에서 어떻게 반응했겠는가?

3. 토머스 페인(Thomas Paine)은 이렇게 썼다. "자연이 순리를 이탈할 소지와 인간이 거짓말할 소지 중 어느 쪽이 더 높은가? 순리를 이탈한 자연은 우리 시대에 본 적이 없으나 거짓말일 경우가 수백만 번이었다고 믿을 근거는 충분하다. 따라서 사람들이 기적이라고 말할 때도 거짓말일 경우가 최소한 수백만 배는 더 많다."[9] 이 말에 동의하는가 혹은 동의하지 않는가? 이유를 말해 보라.

4. 기적이 실제로 계속 있어 왔다고 당신이 확신하려면 어떤 증거가 필요한가?

5. 마이클 셔머는 몇 가지 의문 때문에 신앙이 힘들었다고 말했다. 당신도 기독교를 온전히 받아들이기에 망설여지는 걸림돌이 있는가?

No 2.

자연주의적 선입견

기적, 자연법에 위배되므로
일어날 리 없다?

(마이클 셔머 박사와 인터뷰)

나는 마이클 셔머가 신앙을 버린 경위를 듣고 나서 잠시 숨을 골랐다. 그 일의 정서적 위력이 느껴졌다. 장애를 입은 여자 친구를 치유해 달라고 하나님께 간구하는 셔머의 모습이 머릿속에서 쉬 떠날 듯싶지 않았다. 그럴수록 그의 경험을 더 깊이 파고들고 싶었다.

'왜'라는 질문을 꼭 추적할 참이었다. '왜 그는 기적을 믿는 게 **비논리적**이라고 확신하는가?' 그 주제로 들어가 셔머의 믿음과 불신이 현재 어떤 상태인지 규명하고 싶었다. 그래서 물었다.

60

나 ——— 스스로를 어떻게 분류하겠습니까? 당신은 무신론자입니까, 불가지론자입니까?

셔머 ——— 강경 무신론자는 아닙니다. "나는 신이 없음을 안다"고는 말하지 않습니다. 그걸 어떻게 확실히 알 수 있습니까? 온건 무신론자는 "나는 신에 대한 믿음이 없다"고 말합니다. 그게 내가 살아가는 방식입니다. 1869년에 토머스 헨리 헉슬리(Thomas Henry Huxley)가 만들어 낸 **불가지론자**라는 말은 신의 존재를 알 수 없다는 의미였습니다.[1] 나도 그의 생각에 동조합니다. 헉슬리처럼 나도 신의 존재 문제는 해결될 수 없다고 말하곤 합니다.

하지만 나는 회의론자라는 말을 선호합니다. 만약 신이 존재한다면 나는 아주 놀랄 겁니다. 설령 전지전능해 보이는 어떤 최고 고등의 존재를 내가 만난다 해도 그게 그냥 지성적 외계인이 아닌지 어떻게 압니까? 과학과 첨단기술이 계속 이런 식으로 발전한다면 미래의 인간은 능력과 지식이 아주 막강해져서 신과 구별하기가 어려울지도 모릅니다.

나 ——— (하지만 회의론은 좀 애매한 단어다. 그래서 물었다.) 분명히 당신도 모든 일에 다 회의적이지는 않겠지요. 그렇다면 당신이 정의하는 회의론이란 무엇입니까?

셔머 ——— 모든 주장에 **과학적으로** 접근하는 겁니다. 입증 책임은 주장하는 사람 쪽에 있습니다. 어떤 약이 잘 듣는다는 내

61

말만 듣고 식약청에서 약을 승인해 주지는 않습니다. 입증 책임은 식약청이 아닌 내 쪽에서 있지요. 다른 모든 주장도 마찬가지입니다.

나 ——— 전에 당신은 이런 질문을 제기한 적이 있지요. "진리이기를 바라는 내용과 실제의 진리를 어떻게 구분할 수 있는가?" 그러면서 그 답은 과학이라고 말했습니다.[2] 틀림없이 당신도 과학을 진리에 이르는 유일한 길로 보지는 않을 겁니다. 그렇다면 믿을 만한 실체 쪽으로 우리를 이끄는 데 과학이 어떤 역할을 할 수 있습니까?

셔머 ——— 모든 지식을 윤색하는 심리적, 정서적 요인이 있는데 이를테면 일화 중심의 사고, 직관, 집단 사고, 권위주의적 사고 등입니다. 17세기 프랜시스 베이컨(Francis Bacon) 이후의 과학은 이런 인지 편향(cognitive bias)을 극복해 온 역사였습니다. 그런 방법들은 다 도무지 믿을 만한 게 못 됩니다.

나 ——— 과학도 완벽한 건 아니지요.

셔머 ——— 물론입니다. 하지만 가장 믿을 만한 방법입니다. 왜 그럴까요? 과학은 공동의 과정이기 때문입니다. 해당 분야 전문가들의 평가를 거쳐야 하거든요. 실험마다 사방에 지켜보는 눈초리가 있습니다. 다른 실험을 통해 결과를 확인하거나 이의 제기를 합니다.

나 ——— 감시 기능이 있다는 말이군요.

셔머 ——— 그렇습니다. 과학이 완벽하지 않기 때문에 그런 게 필요합니다. 확증 편향(confirmation bias), 사후 과잉 확신 편향 (hindsight bias), 희망 사항 등이 다 우리에게 영향을 미칠 수 있습니다. 물속에 잠긴 노가 굴절되어 보이고, 지구의 자전은 느껴지지 않으며, 해는 마치 떠오르는 것 같지요. 이렇듯 우리의 직관은 틀릴 때가 많습니다. 과학에 속임수나 황당한 오류가 있긴 하지만 거의 매번 다른 과학자들이 밝혀냅니다.

나는 셔머에게 시카고대학교의 과학자 제리 코인(Jerry Coyne)의 말에 동의하는지 물었다. 무신론자인 코인은 "기적이 원칙상 불가능하다고 말하는 과학자는 편협하다"라고 말한 뒤 이렇게 덧붙였다. "기적을 정말 확신하려면 증거가 필요하다. 대규모의 증거가 문서로 충분히 입증되어야 한다. 복수의 믿을 만한 자료를 통해 그대로 재현되거나 별도로 확증되어야 한다." 그러나 그의 결론은 "종교적 기적 중에 이런 기준의 근처에라도 가는 예는 전무하다"는 것이다.[3]

셔머 ___ 동의합니다. 나는 시공을 벗어난 초자연적인 무엇이 이 세상에 개입한다고 보지 않습니다. 하지만 만일 그런 게 있다면 그 결과를 측정할 수 있어야 합니다. 작용한 힘이 무엇인지도요. 게다가 그게 우리 환경에 들어왔다면 이미 초자연계가 아니라 자연계에 속합니다.

나   (고개를 갸우뚱하면서) 그러니까 당신은 기적처럼 보이는 사건에 대한 조사도 배제하지 않는군요.

셔머   물론입니다. 최대한 확인하고 시험해 봐야지요. 증거를 대라는 겁니다. 코인의 말마따나 원칙상 기적을 배제할 수는 없습니다. 하지만 어떤 기적이든 그 증거가 충분할지는 의문입니다.

특이 현상일 뿐이다?

나는 셔머에게 철학자 리처드 L. 퍼틸이 정리한 기적의 정의를 제시했다. "기적이란, 역사 속에 활동해 오신 하나님을 보여 줄 목적으로 평소의 자연 질서에 한시적으로 예외가 되게 하나님의 능력으로 실행하시는 사건이다."[4]

셔머   (고개를 끄덕이면서) 거기서부터 시작해 봅시다. 단, 명심할 게 있습니다. 사람들은 다른 일에도 기적이라는 단어를 많이 씁니다. 예컨대 감탄사가 절로 나는 매우 이례적인 사건에도 그 말을 쓰지요. 1980년 올림픽에서 온갖 역경을 딛고 우승한 미국 아이스하키 팀처럼 말입니다. 다들 "빙판의 기적"이라고 했잖아요.[5]

이처럼 말로는 기적이라 해도 그냥 매우 보기 드문 사건에 불과할 때가 많습니다. 어떤 사건이 일어날 확률이 100만

기적인가
우연인가

분의 일이라면 기적처럼 보일 수 있으나, 사실은 발생 빈도가 꽤 잦습니다. 나라 인구가 3억이 넘으면 이상한 일들이 정말 벌어집니다. 저녁 뉴스에 날 법한 사건도 얼마든지 있지요.

나   하지만 단지 보기 드문 게 아니라 퍼틸의 정의에 딱 들어 맞는 사건들도 있습니다. 예를 들어 당신이 진행한 라디오 프로그램에서 어떤 목사가 여러 사례를 제시했지요. 그가 예수의 이름으로 기도해 주어 사람들의 병이 나았던 사례들 말입니다. 그는 그 사람들의 치유받은 날짜와 그 일의 증인들과 검진 결과까지 밝혔습니다. 이런 사례가 왜 당신에게는 설득력이 없는 거지요?

셔머   우선 검진 결과를 내가 직접 본 적이 없습니다. 병이 나았다는 일화들을 들어 보면 항상 어차피 저절로 일어났을 법한 일로 보입니다. 종양이 나았다고요? 실제로 암도 가끔씩 자연 치료가 됩니다. 흔한 일은 아니지만 그렇다고 기적일까요? 나라면 통계상의 특이 현상이라고 말하겠습니다. 자연의 일부니까 기적이라 할 수 없습니다.

게다가 신기한 회복은 위약(placebo) 효과로도 나타납니다. 가짜 치료를 받거나 약효가 없어도 사람들의 병세가 호전되는 겁니다. 이는 자신이 나을 거라고 믿거나 낫기를 바라기 때문입니다. 주관적 통증의 강도를 숫자로 표시하라고 해 보면 압니다. "오늘은 편두통이 어느 정도입니까?

9라고요? 그럼 약을 쓰거나 기도해 봅시다." 그러고 나면 통증이 6으로 떨어집니다. 정말 약이나 기도 때문일까요? 그야 모르지요. 그렇게 바라서였을 수도 있습니다. 하지만 솔직히 말해서 에이즈 환자가 그런 식으로 치료되지는 않습니다.

나   당신에게 설득력 있게 다가오려면 무엇이 필요할까요?

셔머   (잠시 생각하다가) 아프가니스탄이나 이라크에서 귀국한 상이 군인들이 있지요. 그중에는 팔다리를 잃은 사람도 많습니다. 가족들이 그들을 위해 예수께 기도하지만 여태 팔다리가 도로 돋아난 사람은 하나도 없습니다. 하나님이 왜 그 일은 못 하십니까? 어떤 양서류는 지체가 새로 자라나는데 왜 하나님은 그럴 수 없는 거지요?

나   그러니까 당신은 전혀 모호한 구석이 없는 공공연하고 명명백백한 예를 원하는군요.

셔머   예, 팔다리가 도로 돋아난다면 내 시선을 끌 겁니다. 그게 암 치료보다 더 설득력 있지요. 당연히 저녁 뉴스에도 날 거고요. 물론 무슨 환각이나 마술이 아닌지 확인해야겠지만, 그게 아니라는 전제하에 이렇게 말하겠습니다. "하나님, 여기 팔다리를 잃은 사람이 방에 가득합니다. 한 번 해 보시지요!"

(그의 말에 따르면, 치유나 기타 기적에 대한 일화의 문제점은 말 그대로 그게 일화에 불과하다는 것이다.) 확증이나 물리적 증거가 없다면

일화가 열 개라 해서 하나보다 나을 바 없고 100개라 해서 열보다 나을 바 없습니다. 다 과학적으로 조사해 보아야 합니다. 그런데 조사해 보면 결과가 어떨까요? 과학적으로 입증되지 않습니다. STEP라고 있는데 물론 당신도 아시겠지요?

하버드의대의 후원으로 실시된 "STEP"(중보기도의 치료 효과 연구)는 10년 동안 240만 달러를 들여 6개 병원 1,802명의 심장우회수술 환자를 대상으로 기도의 효과를 측정한 임상 실험이다.[6]

심장우회수술을 받는 환자를 세 집단으로 나누었다. 집단 1을 위해서는 중보기도를 해 주었고, 집단 2를 위해서는 하지 않았으나 양쪽 누구에게도 이 사실을 알리지는 않았다. 집단 3에게는 미리 알린 뒤에 기도해 주었다. 그러고 나서 연구진은 수술 합병증의 발생 횟수를 추적했다.

셔머＿＿＿ 결과는 시사하는 바가 아주 컸습니다. 기도를 받은 환자나 받지 않은 환자나 합병증 발생률에 차이가 없었습니다. 전혀 없어 숫자로 0이었지요. 오히려 자기를 위해 기도해 준다는 사실을 알고 있던 집단에게 합병증이 더 많았습니다. 기도에 대한 사상 최고의 연구에서 나온 결과입니다. 이렇듯 일화를 벗어나 과학적 방법을 써 보면 기적의 증거란 없습니다.

나   (손을 들어 그를 제지하며) 그렇지만 기도에 대한 이런 식의 연
구에는 내재적 문제가 있습니다. 예컨대 자신을 위한 기
도나 가족과 친구의 중보기도까지 통제할 수는 없거든요.

셔머   그건 맞습니다. 하지만 이게 사상 최고의 연구임은 당신
도 인정해야 하는데, 소위 신의 개입이라는 일화들이 이
연구로 뒷받침되지 않습니다. 게다가 연구비를 지원한 템
플턴재단은 어디까지나 종교와 신앙에 우호적인 기관입
니다. (내 쪽으로 몸짓하며) 리, 당신 쪽에 불리한 겁니다.

나   그래도 기적은 평소의 자연 질서에 한시적으로 예외가 됩
니다. 일회적 사건이지요. 그래서 과학적으로 조사하기가
어려운 것 아닙니까?

셔머   예, 어렵습니다. 하지만 "어떻게 된 일인지 모르겠다"는
말도 얼마든지 괜찮습니다. 인체는 복잡하기 이를 데 없
습니다. 특정한 일이 왜 벌어졌는지 모른다고 해서 초자
연적이거나 불가사의한 기적이 벌어졌다는 뜻은 아닙니
다. 그냥 모른다는 뜻이지요.

흄의 기적 반대론, 압도적이다?

1734년에 데이비드 흄은 23세의 나이에 파격적 행보를 감행했
다. 진로를 포기하고 고국 스코틀랜드를 떠나 프랑스로 가서 진지
한 사고로 집필에 매진했다. 3년 후에 그는 자신의 3부작 《인간이

란 무엇인가》(*A Treatise of Human Nature*, 동서문화사 역간)를 들고 돌아왔다.

그러나 그 책은 흄의 바람만큼 관심을 끌지 못했다. 오히려 그가 나중에 개탄했듯이 그 책은 "사산아로 출간되었고 열성파들의 입방아에 오를 정도의 주목조차 받지 못했다."[7]

더 오랜 세월 연구하고 고쳐 써서 마침내 흄은 영향력 있는 철학자, 경제학자, 역사가가 되었다. 아마 신앙과 기적에 대한 회의론으로 가장 유명할 것이다. 현재 그는 "영어로 저술 활동을 한 가장 비중 있는 철학자 중 하나"로 평가받는다.[8]

"지혜로운 사람은 증거에 비례하여 믿는다"라고 단언한 사람이 바로 흄이다. 서머는 "회의론의 구호로 이보다 더 좋은 말은 없을 것이다"라며 그 말을 지지하곤 했다.[9]

흄은 1748년에 집필한 《인간의 이해력에 관한 탐구》(*Enquiries Concerning the Human Understanding and Concerning the Principles of Morals*, 지식을만드는지식 역간)의 10장에서 기적이라는 주제를 다루었다. 기적은 자연법의 위반인데 자연법은 항상 고정불변하다는 게 흄의 입장이었다. 그러니 증거가 아무리 많아도 그는 신의 개입이라 수긍할 수 없었다. 오히려 기적보다는 다른 모든 설명이 그에게는 더 이치에 맞았다. 흄의 단언에 따르면, 공적으로 발생하여 충분히 사실로 입증되었고 성품과 평판에 흠결 없는 사람들이 목격하고 보고했던 기적은 역사상 전무하다.[10]

학자 그레이엄 H. 트웰프트리(Graham H. Twelftree)가 지적했듯이 흄이 제시한 다양한 논증을 여러 가지로 해석할 수 있다. 우선 그가 기적을 아예 불가능하게 여겼다는 해석이 있다. 기적의 증거보다 그 반대 증거가 늘 더 많다는 해석도 있다. 그런가 하면 기적의 주장을 입증할 증거 기준이 너무 높아 충족될 수 없으며, 그래서 기적이 불합리해진다는 해석도 있다. 어느 경우든 흄은 당돌하게도 자신의 기적 반대론이 미신적 망상을 막는 영원한 검사 기준이 될 거라고 예언했다.[11]

셔머에게 개인적으로 기적을 회의하는 이유를 물으면 그는 늘 흄을 거론한다. "흄의 고전적 논증은 지금도 성립됩니다. 자연법이 일시 정지되기가 더 쉽습니까, 아니면 기적의 사연을 말하는 사람이 착각했거나 속았을 가능성이 더 큽니까? 인식의 오류는 흔히 있는 일입니다. 사람들은 없는 일도 지어냅니다. 누구나 그런 경험이 많이 있지요. 망상이나 환각이나 착오일 수 있습니다. 무엇이 됐든 기적보다는 그런 것일 가망이 높습니다."

"그러니까 당신은 흄의 사고에 설득력이 있다고 보는군요?" 내가 물었다.

"물론이지요. 기적에 맞선 그의 반론이야말로 내가 보기에 다분히 **압도적 논증**입니다. 나머지는 다 각주에 불과합니다."

"그리스도인들이 기적을 믿는 이유가 뭐라고 보십니까? 귀가 얇아서일까요?"

"교육이나 지능과는 무관합니다. 나도 그리스도인이었을 때는 작은 일만 일어나도 하나님이 하신 일이라고 생각하곤 했어요. 그 틀에 들어맞지 않는 내용은 늘 무시했지요. 이게 확증 편향입니다.

기적인가
우연인가

이미 믿는 내용을 확증해 줄 증거만 찾고, 반대 증거는 무시하는 겁니다. 기대의 위력은 막강합니다. 한 무리의 사람들을 데리고 런던의 낡은 극장 안을 지나가면서 '여기는 귀신이 자주 나오는 곳입니다'라고 말해 보십시오. 다른 무리에게는 '극장을 개조하는 중인데 언제 보입니까?'라고 물어보십시오. 두 그룹이 똑같은 소음을 듣거나 똑같은 그림자를 보더라도 해석이 전혀 다를 겁니다. 기대하는 바가 서로 다르기 때문입니다."

"그런 식의 기대가 교회의 신유 집회에서도 사람들에게 영향을 미친다고 보십니까?"

"물론이지요! 심리적으로 크게 작용할 수 있습니다. 나는 오순절 교단의 지도자들이 사기를 친다고 보지는 않습니다. 정말 하나님의 능력이 역사한다고들 믿겠지요. 하지만 병세가 나아지기를 기대하는 사람은 그대로 될 때가 많습니다. 위약 효과지요. 한동안은 건강이 좋아졌다고 느껴집니다. 하지만 소위 신유로 나은 상태가 영구적이라고 입증된 문서는 거의 없습니다."

"신앙을 어떻게 정의하십니까?"

"증거 없이 뭔가를 믿는 겁니다. 증거가 있다면 믿음일 리도 없고요. 세균이 병을 퍼뜨린다든지 HIV(인간면역결핍바이러스)가 에이즈를 유발한다는 이론에는 굳이 믿음이 필요 없습니다. 충분한 증거가 있으니 그냥 받아들이는 거지요. 그래서 충분한 증거도 없이 뭔가를 믿으면 신앙의 범주에 속한다는 겁니다."

문득 그에게 지적해 주고 싶은 사실이 있었다. 성경적 신앙이 내딛는 걸음은 증거가 가리키는 방향과 동일하며, 실제로 합리적이고 논리적이다. 그러나 지금은 변론할 때가 아니었다. 그의 기적 반대론에는 아직 다루어야 할 논제가 더 남아 있었다.

생각 정리

1. 당신은 신앙을 어떻게 정의하겠는가? 일부 회의론자는 증거가 없거나 심지어 반대 증거가 있는데도 믿는 게 신앙이라고 말한다. 대다수 그리스도인의 정의에 따르면, 신앙이 내딛는 걸음은 증거가 가리키는 방향과 동일하다. 이 중 당신이 공감하는 정의는 무엇인가? 당신은 신앙을 무엇이라고 정의하겠는가?

2. 회의론자 마이클 셔머는 스코틀랜드 철학자 데이비드 흄의 기적 반대론이 결정적이라고 보았다. 본문에서 읽은 내용에 비추어 당신은 흄의 입장이 얼마나 탄탄하다고 보는가?

3. 무신론자 제리 코인은 이렇게 말했다. "기적을 정말 확신하려면 증거가 필요하다. 대규모의 증거가 문서로 충분히 입증되어야 한다. 복수의 믿을 만한 자료를 통해 그대로 재현되거나 별도로 확증되어야 한다." 그러면서 "종교적 기적 중에 이런 기준의 근처에라도 가는 예는 전무하다"라고 결론지었다. 당신은 그의 말에 동의하는가, 동의하지 않는가? 이유는 무엇인가?

4. 셔머는 절단된 팔다리가 도로 돋아난다면 하나님이 그 사람을 치유해 주셨다고 확신하겠다고 말했다. 이는 믿음의 기준점으로 삼기에 합당한가? 왜 합당하다고 생각하는가 혹은 왜 합당하지 않다고 생각하는가?

5. 하나님께 병을 치유받았다고 믿는 사람에게 심리적 요인이나 정서적 요인이 어떻게 작용했을 수 있는가? 심리적 혹은 정서적 요인으로 설명되지 않으려면 어떤 식의 기적이 필요하겠는가?

No 3.

신화와 기적

성경 속 기적 사건들,
실화인가 신화인가

(마이클 셔머 박사와 인터뷰)

성경에 기록한 나사렛 예수의 기적은 대략 36회다. 그러나 요한 복음에 따르면 그분이 행하신 이 모든 기사(奇事)는 일부에 지나지 않는다.[1]

저명한 신약학 교수 그레이엄 H. 트웰프트리는 "복음서를 거의 아무 데나 펴도 기적과 초자연적 사건을 대면하지 않을 수 없다"라고 했다.[2] 예수를 연구한 진보 학자 마커스 J. 보그(Marcus J. Borg)도 "기적이 현대인의 지성에 어렵게 다가오긴 하지만 예수가 병을 고치고 귀신을 쫓아냈다는 점만은 역사에 근거하여 사실상 논쟁의

75

여지가 없다"라고 말했다.[3]

　나는 마이클 셔머와 계속 대화하면서 성경 속의 그런 기적들을 탐색하고 싶었다. 내 몸은 캘리포니아까지 장시간 비행기를 타고 오느라 굳어 있었다. 그래서 자리에서 일어나 크고 길게 기지개를 켠 다음 다시 의자에 편히 기대앉았다.

　"이제 예수님 이야기를 해 봅시다"라는 내 말에 셔머는 바라던 일이라는 듯 고개를 끄덕였다.

나　　　신약에 기록된 그분이 행하신 기적의 신빙성을 어떻게 평가하십니까?

셔머　　전달상의 문제가 일부 있다고 봅니다.

나　　　(몸짓으로 설명을 청하며) 어떤 부분이 그런가요?

셔머　　글쎄요, 기록된 내용이 얼마나 정확할까요? 부활한 예수를 500명의 목격자가 보았다고들 하는데, 과연 500편의 원전이 있습니까? 없지요. 단 하나의 원전에 500명이 보았다고 적혀 있을 뿐입니다. 이것은 500편의 개별적 원전과는 다릅니다. 그 하나의 원전이 마치 말 전달 놀이처럼 계속 후대로 전수되어 왔을 텐데 이걸 어떻게 믿겠습니까? 게다가 사건 발생 시점에서 수십 년이 지나서야 글로 기록되었는데, 그것도 남에게 포교하려는 동기에서였지요.

　　　　(그는 이제부터 시작이라는 듯 자세를 똑바로 고쳐 앉았다.) 게다가 이를 기록한 사람들은 역사적 정확성에 대한 생각이 오늘의

우리와 달랐습니다. 고대에는 사기(史記)의 관건이 실제 사건을 기록하는 게 아니라 취지를 전달하는 데 있었습니다. 그러니까 정작 예수가 순서대로 말하고 행동한 내용은 그들에게 별로 중요하지 않았어요. 세부 사항에 그토록 차이가 많은 이유도 그래서입니다.

분명히 복음서는 짜깁기와 편집과 수정을 거쳐 다듬어졌습니다. 사실은 성경 전체가 그렇지요. 세월이 가면서 특정한 기적 이야기들이 진화하고 발전한 이유를 이로써 설명할 수 있습니다. 기독교 신앙을 많은 종교 중 하나가 아니라 유일한 참 종교로 공고히 하려다 보니 그게 점점 더 중요해진 겁니다.

교회는 400년이 지나서야 "여기까지만 정경이고 나머지 외경은 다 실격이다"라고 말했습니다. 하지만 왜지요? 도마복음은 왜 틀렸습니까?[4] 그 밖의 다른 책들은요? 내가 보기에는 다 똑같거든요.

나 _____ (몸을 뒤로 젖히고 물을 한 모금 마시며 다음 질문을 숙고한 뒤 물었다.) 신약의 저자들이 오시리스나 미트라 이야기 같은 다른 신화와 신비 종교의 영향을 받았다고 보십니까?[5]

셔머 _____ 예, 지중해 세계의 각종 신화가 문화 전반에 퍼져 있었다고 봅니다. 그게 대대로 구전된 겁니다.

나 _____ 복음서의 의도가 실제 역사를 전하는 게 아니었다면, 그럼 무엇이 목적이었을까요?

셔머 요나와 고래의 이야기를 보십시오. 사람이 고래 배 속에서 살 수 있느냐 없느냐는 접어 둡시다. 이야기 취지는 그게 아니라 구원과 새 출발입니다. 이게 다 설교고 신화거든요. 사실성 여부를 따지면 취지를 놓칩니다. 무엇을 말하려느냐가 진짜 관건입니다. 그리스도인들의 경우 '이 이야기는 내 삶의 비극과 고통에 대처하는 데 도움이 되므로 매우 유익하다'가 되겠지요. 바로 그게 이야기의 취지입니다. 말이 난 김에 말이지만 무신론자들도 취지를 놓치기는 마찬가지입니다. '실제로 있었던 일인가? 이 허튼소리의 정체를 폭로하자. 이건 쓰레기다'에 집중하기 때문입니다. 내 생각에 모두가 전체 그림, 즉 신화적 특성을 놓치고 있어요. 신화는 중요합니다.

나 당신은 예수가 실존 인물이었다고 보십니까?

그렇게 물으면서 나는 2014년 중에 한 번 그 주제를 다루었던 〈스켑틱〉지 커버스토리를 떠올렸다. 마지못해 내린 듯한 결론은 이랬다. 신약을 무시하고 1세기의 역사가 티투스 플라비우스 요세푸스(Titus Flavius Josephus)의 두 사기만 보더라도 예수가 "조금이마나" 역사적 실존 인물로 간주되었다는 것이다. 그래 놓고는 이렇게 말을 뒤집었다. "그래도 결국 역사적 예수는 워낙 신화적 특성으로 점철되어 있어 그의 역사성에는 논쟁의 여지가 있다."[6]

기적인가
우연인가

셔머   예, 예수가 실존 인물이었음은 나도 인정합니다.

나   그분에 대해 우리가 확실히 알 수 있는 내용이 많을까?

셔머   그분의 생애를 다룬 자세한 내용은 매우 빈약합니다. 예컨대 어린 시절을 어떻게 보냈습니까?

나   (답변 대신 이렇게 되물었다.) 그리스도인이 중시하는 사건 중 하나는 부활입니다. 사도 바울은 고린도전서 15장 17절에 부활이 사실이 아니라면 기독교는 무너진다고 했습니다.[7] 내가 보기에 이것이야말로 회의론자들이 조사해 볼 만한 역사적 이슈입니다. 예수는 실존했을까요? 정말 처형되었을까요? 그 후에 예수가 사람들과 대면한 신빙성 있는 사례가 있을까요? 이 세 가지 사실에서 결론이 나오지 않겠습니까?

셔머   나도 그분이 실존했고 십자가에 달렸다고 봅니다. 하지만 그다음부터는 존재론적 비약입니다. 부활의 기적이 정말 있었을까요? 알다시피 사랑하는 사람을 잃고 나면 가끔 고인의 모습이 보이거나 목소리가 들릴 때가 있습니다. 본인의 바람 때문이지요. 고인이 그리운 겁니다. 수십 년을 함께 지냈던 사람이니 문득 저쪽 방에서 목소리가 들려옵니다. "물론 저세상 사람이지. 하지만 분명히 음성이 들렸거든." 부활도 아마 그런 경우일 겁니다. 수십 년간 생각하고 글을 쓰고 말하는 과정에서 일부 꾸며낸 이야기가 등장했을 수도 있고요. 그나저나 신이 부활했다는 이야기들은 당시에 드물지 않게 어디에나 떠돌았습니다. 세월이 흐르면서 얼마든지 그게 차용되었을 수 있지요. 게다가 유대교의 문제도 있습니다.

나 무슨 뜻이지요?

셔머 문화적으로 기독교는 유대교와 형제간입니다. 똑같은 하나님을 믿고 성경도 똑같이 믿는 부분이 많잖아요. 그런데 왜 유대 민족은 예수의 부활 이야기를 받아들이지 않습니까? 생각이 짧아서입니까? 증거를 제대로 따져 보지 않아서입니까? 그들은 정말 똑똑한 사람들입니다. 무슬림마저도 부활을 인정하지 않습니다. 알라가 여호와와 동일한 신이라면서도 그들은 전혀 예수를 하나님의 아들로 보지 않습니다. 그들에게 그건 오류 정도가 아니라 신성모독입니다.

그분이 부활 후에 나타났다는 기사들은 왜 서로 다릅니까? 어째서 일치하지 않습니까? 역시 세부 사항은 별로 중요하지 않기 때문입니다. 내가 보기에 죽음과 부활의 요지는 멸망과 구원입니다. 새 출발이고 재건입니다. 내 생각에 메시지는 우리 스스로 여기에 천국을 건설해야 한다는 겁니다. 하나님 나라는 지금 여기에 있습니다. 바로 우리입니다. 우리 마음속에 있습니다. 자신과 가족과 친구들과 사회를 위해 우리 스스로 더 나은 삶을 건설해야 합니다. 죽음 이후의 세상에서가 아니라 **지금 이 땅에서** 말

기적인가
우연인가

입니다.

나   그런 취지로 고안해 낸 은유적 가르침이 바로 부활이라는 말이군요.

셔머   그럴 수 있습니다.

나   당신이 생각하는 예수는 누구입니까?

셔머   시대를 훌쩍 앞서간 도덕 스승이었을 겁니다. 여성 문제에 개방적인 편이었고요. 부처와 모세와 예수와 마호메트는 다 위대한 도덕 스승으로 다른 시대에 다른 역할을 했습니다. 그중 누구도 다른 누구보다 낫지 않으며, 아무도 신이 아닙니다. 초자연적 교리는 무슬림에게도 있습니다. 마호메트가 백마 타고 날아서 천국으로 갔다는 거지요. 죽은 사람의 부활만큼이나 황당무계한 소리입니다. 둘 다 똑같이 개연성이 없습니다. 어느 쪽이 옳습니까? 12억의 무슬림이 왜 틀렸다는 거지요?

나   하지만 예수가 단지 도덕 스승이라면 왜 처형되었을까요?

셔머   세금 잘 내고 시저를 신으로 인정하기만 하면 로마 제국은 대체로 관용적이었습니다. 내 생각에 예수의 문제는 거기에도 일부 있었습니다. 시저를 신으로 인정하지 않은 겁니다. 당시는 사람들이 별의별 이유로 도처에서 처형되던 때입니다. 근대 문명 이전의 사람들은 으레 그랬지요. (그는 말을 잠시 끊었다.) 고금의 다양한 문화 속에 메시아 신화가 끈질기게 이어져 내려오지 않았습니까? 메시아가 다시 와서 구원을 베푼다는 믿음이야말로 고달픈 인간 조건에 대한 몇 안 되는 대응 중 하나입니다. 허구의 이야기일지라도 깊은 의미가 담겨 있으니까요. 바로 희망과 목적에 대한 갈구입니다. 다시 기회가 와서 이 세상에 새 나라가 이루어지기를 바라는 겁니다. (고개를 저으며) 무슨 가상의 사후 세계가 아닙니다.

최초의 기적, 천지 창조

모든 기적의 시조(始祖)는 무(無)에서 우주가 창조된 일이다. "태초에 하나님이 천지를 창조하시니라"라고 선언한 창세기 1장 1절이 사실일진대, 그보다 덜한 기적들도 그만큼 더 신빙성이 커진다. 다시 말해서 우주 전체와 시간까지도 하나님이 명해서 생겨났다면 물 위를 걷는 일이나 부활쯤이야 식은 죽 먹기가 된다.

나   그리스도인들은 우주론을 하나님이 존재하신다는 증거로 봅니다. 우주의 존재에 시작점이 있었다는 건 과학의 입장이기도 합니다. 그렇다면 만물을 능히 존재하게 할 수 있었던 그것은 무엇일까요? 그게 무엇이든 간에 틀림없이 능력과 지식을 갖춘 무형의 존재, 시간을 초월한 영원한 존재일 겁니다. 그런데 이 모두는 하나님의 속성입니다. 이 논증에 무슨 문제라도 있습니까?

셔머   우선 그 하나님이 구체적으로 누구인지 아무것도 단정할 수 없습니다. 불특정의 여러 신들일 수도 있고 우리가 모르는 어떤 신일 수도 있지요. 반드시 여호와인 건 아니라는 말입니다.

나   그야 그렇지만 어차피 논증 하나로 모든 게 입증될 수야 없지요.

셔머   요점은 이겁니다. 빅뱅의 원인을 두고 과학계에도 일치된 의견이 없습니다. 빅뱅 이전에는 또 무엇이 있었을까요? 다중우주(multiple universe)가 있었을 수도 있고, 블랙홀의 붕괴로 어떤 특이성이 생성되어 빅뱅을 유발했을 수도 있습니다. 현재로서는 모른다는 게 답입니다. 이를 두고 하나님이 행하신 기적이라고 추론한다면 그건 기원의 문제에 전혀 답이 못 됩니다. '그 하나님이 어디서 기원했는가' 하는 문제가 여전히 남거든요.

나   그리스도인들은 이렇게 말합니다. 정의상, 하나님이 존재하시는 데는 원인이 필요 없다고 말입니다.

셔머   그렇다면 우주의 존재에도 원인이 필요 없다는 말은 왜 안 됩니까? 소급을 빅뱅에서 멈추고 그 이전의 정보는 유실되었다고 말하면 왜 안 됩니까? 답은 모릅니다. 아무도 모릅니다. 그리스도인들은 한 단계 더 소급하여 "하나님이 하신 일이다"라고 하는데, 그럼 나도 거기서 더 소급하여 "하나님은 어디서 왔는가? 누가 그분을 창조했는가?"

라고 묻겠습니다. '신의 창조자,' 즉 신들을 만드는 신은 왜 있으면 안 됩니까? 이 세상을 창조한 지적인 설계자를 그보다 더 뛰어난 지적인 설계자가 창조했을 수도 있잖아요. 인과(因果) 사슬을 어디선가 중단해야 한다고들 말하지만, 아닙니다. 그럴 필요가 없습니다.

그는 잠시 멈추어 물 한 잔을 벌컥벌컥 마신 뒤 "사실 유신론자들의 논증이 아주 뛰어난 분야 중 하나가 이겁니다"라고 시인하여 나를 놀라게 했다. 그러더니 이렇게 덧붙였다. "하지만 어떻게 된 일인지는 결국 단정할 수 없습니다. 그냥 모른다고 말해도 괜찮습니다."

나　　　우주의 미세 조정은 어떻습니까? 그리스도인들은 우주의 작동을 지배하는 눈금 수치들이 한 치의 오차도 없이 정확히 맞추어져 있음을 강조합니다. 창조주로 가장 잘 설명된다고 확신하는 겁니다. 이게 왜 당신에게는 설득력이 없는 거지요?

셔머　　좋은 논증입니다. 하지만 다중우주가 존재한다면 어떻게 하겠습니까? 그러면 우리는 우연히 지금의 이 우주에 있는 거고, 이곳의 자연법들 때문에 우리 같은 사람들이 생겨나 이런 질문도 던지는 거지요.

나　　　다중우주론의 개념에 그만한 근거가 있다고 보십니까?

셔머　　　 내 물리학자 친구들이 그러는데, 이는 우주의 발전 방식에 근거한 예측이라 합니다. 무수히 많은 우주에 임의의 자연법들과 상수들이 있다면, 조만간 생명체가 살 수 있는 우주도 하나쯤 생겨날 겁니다. 그게 바로 우리의 우주지요. 우주의 복권에 맞은 겁니다. 물론 다중우주가 있는지 여부는 모릅니다. 하지만 "하나님이 하신 일이다"라고 말하는 쪽보다는 그게 더 개연성 있는 설명입니다.

나　　　 그건 '모든 빈틈을 과학으로 메우려는' 논증의 일종이 아닙니까? "지금은 모르지만 언젠가는 과학이 말해 주리라고 믿는다"는 식으로 말입니다.

셔머　　　 그냥 빈틈이 있다는 겁니다. 끝내 모를 수도 있어요. 지금만 아니라 앞으로도 영영 정보를 얻지 못할 수도 있습니다. 다중우주론의 문제점 하나는 기본적으로 우리가 다른 우주들과 소통할 수 없다는 점입니다. 그래서 과학적으로 확증하기는 아마 어려울 겁니다. (단호한 어조로) 그래도 나는 신으로 설명하려는 이론보다 이 가설을 선호합니다.

영성과 불멸성

　내가 알기로 마이클 셔머도 간혹 유머를 섞어서일망정 영성과 내세를 생각할 때가 있다. 트위터에 이런 글을 올린 적도 있다. "지옥행을 서두를 마음은 없지만 그곳의 삶도 재미있을지 모른다." 그는 무신론자인 유명인사 65인의 사진을 첨부한 뒤 이런 캡션을 달았다. "지옥을 두려워하지 말라. 지옥이 존재한다 해도 당신과 함께할 사람이 수두룩하다."[8]

나   영성은 당신에게 어떤 의미입니까?

셔머   내게 영성이란 과학이 열어 준 우주의 관문입니다. 심원한 시간이 존재합니다. 우주, 지구, 인간이란 종(種) 등의 거의 불가해한 나이 말입니다. 숫자가 어마어마하잖아요. 우주의 규모는 또 어떻고요. 나는 윌슨산 천문대를 비롯해서 세계의 큰 천문대에 갈 때마다 경외감에 젖습니다. 그거라면 성당들도 마찬가지고요.

나   (그 말은 뜻밖이었다.) 성당이라니요?

셔머   예, 성당에서도 똑같이 경외감을 느낍니다. 내 아내가 독일 쾰른 출신인데 쾰른성당은 대단하지요. (그가 말한 성베드로대성당은 높이 157미터의 장엄한 기념비적 고딕양식 건물에 쌍둥이 첨탑이 솟아 있다.) 안에 들어가 서 있으면 정말 놀라워요. 갈 때마다 우리는 촛불을 켭니다.

나   (나는 잔뜩 호기심이 일었다.) 촛불을 켠다고요? 정말입니까? 왜요?

셔머   우주와 이 세상과 이생을 존중하는 마음이지요. 물론 아내와 나누는 사랑에 대해서도 그렇고요. 결국 그게 다니까요. 그 이상은 존재하지 않습니다.

기적인가
우연인가

나 _____ 죽음의 문제로 고민할 때가 있습니까?

셔머 _____ 별로요.

나 _____ 죽음에 초연할 수 있습니까? 솔직히?

셔머 _____ 죽음이 두렵다거나 하지는 않습니다.

나 _____ 모종의 불멸성을 바라십니까?

셔머 _____ 물론이지요. 아침마다 일어나서 "아, 영원히 살았으면 좋겠다"라고 말하는 건 아니지만 그래도 그런 생각을 할 때가 있습니다.

나 _____ 천국이라는 개념을 어떻게 생각하십니까?

셔머 _____ (인상을 찌푸리면서 힘주어 말했다.) 따분하지요! 영원한 천국이라니? 어쩌라고요? 거기서 뭘 합니까? 테니스 코트는 있을까요? 피곤한 간섭처럼 들립니다. 회의론자인 크리스토퍼 히친스도 말했지만, 전지(全知)한 존재와 함께 산다면 꼭 천상의 독재국가 같을 겁니다. 독재자가 내 생각을 속속들이 다 알 테니까요. 하지만 생각은 나만의 사적인 영역이거든요! 생각해 보면 문제투성이입니다. 나는 어디에 있게 될까요? 하루 종일 무엇을 할까요? 무한한 사랑이란 게 도대체 무슨 뜻입니까? 유한한 존재가 무한과 영원을 상상한다는 게 실로 언어도단입니다. 나는 이렇게 문제 많은 천국이 실존할 리 없다고 봅니다.

나 _____ 심리적 이유나 도덕적 이유로 사람들이 신에 대한 회의론을 갈수록 더 굳히는 경우가 있을까요?

셔머   그럴 수 있겠지요. 아마 그럴 겁니다.

나   당신이 신의 존재를 믿으려면 무엇이 필요할까요?

셔머   글쎄요, 어려운 질문이네요. 죽은 뒤에도 내가 지각과 의식이 있는 상태로 실제로 어딘가에 존재한다면, 그때는 아차 싶겠네요.

나   (내 눈썹이 저절로 위로 올라갔다.) 그때는 너무 늦을지도 모르겠군요.

셔머   별로 걱정하지 않습니다. 전지전능하고 사랑이 넘친다는 수식어에 걸맞은 신이라면 내가 자기를 믿든 말든 전혀 개의치 않을 것 같거든요. 나는 행위를 중시하는 편입니다. 천국이 존재한다면 내 생각에 그곳에 들어가는 근거는 평소에 어떻게 행동하고 처신하며 남을 어떻게 대했는지가 될 겁니다. 하나님이 사법제도를 어떻게 정하셨든 간에 단순히 당근 아니면 채찍, 천국 아니면 지옥일 수는 없습니다. 그건 너무 원시적이거든요.

나   선행의 최저 기준이 평생을 다 바쳐 빈민을 섬기고 모든 걸 희생하며 완전히 이타적으로 사는 거라면 어떻게 하겠습니까? 그럼 당신은 기준에 부합할까요?

셔머   글쎄요……, 정말 그게 기준은 아닐 겁니다.

    무신론자였던 철학자 버트런드 러셀(Bertrand Russell)은 말하기를, 사후에 만일 하나님 앞에 선다면 그분께 왜 자신이 존재한다는 증거를 충분히 보여 주지 않았느냐고 따지겠다고 했다. 이 유명한 말을 언급하며 셔머에게 물었다.

나 _____ 죽은 뒤 만일 하나님을 대면한다면 뭐라고 말하겠습니까?

셔머 _____ 이렇게 말하겠습니다. "나는 당신이 준 두뇌로 이 문제를 심사숙고했습니다. 이렇게도 해 보고 저렇게도 해 보았습니다. 정말로 믿었다가 나중에는 믿지 않았습니다. 무엇을 기대하셨나요? 나는 당신이 부여한 도구들로 최선을 다했습니다. 자유 의지를 구사하여 선택했습니다. 이게 내가 선택한 길입니다. 남에게 대접받고 싶은 대로 나도 남을 대접하려 했습니다. 물론 부족할 때도 많았지만 가능한 한 늘 황금률을 적용하려 했습니다."

(나와 눈을 마주치며) 개인적으로 나는 선하신 하나님 그러니까 전능하고 사랑이 많으신 하나님이라면 그런 내게 무슨 벌을 내리리라고는 생각지 않습니다.

문이 열리는 순간

무신론자 시절에 나는 이따금씩 내 회의에 회의가 들곤 했다. 매사를 임의의 우연 탓으로 돌리는 게 너무 단순해 보였다. 어쩌면 눈에 보이는 것 이상이 있을지도 몰랐다. 설명하기 힘든 우연의 일치, 복잡하고 미묘한 자연에 대한 눈뜸, 솔직한 자기 성찰의 시간

등 무엇을 통해서든 가능성의 문이 열리는 순간이 있을 터였다. 기 적을 행하는 신이 존재할지도 모른다는 가능성 말이다.

나   그동안 당신의 회의론에 제기된 도전이 있었다면 무엇입 니까?

셔머   글쎄요. (그는 약간 주저하며 답했다.) 그런 사건이 하나 있었습 니다.

나   트랜지스터 라디오 사건 말인가요?

셔머   맞습니다. (그가 고개를 끄덕였다.)

나는 그 내용을 〈사이언티픽 아메리칸〉에 실린 그의 칼럼에서 보았다. "방금 목격한 사건이 어찌나 신비로운지 내 회의론이 흔들 렸다"라는 부제에 관심이 끌렸다.[9]

나   정말 신기하더군요.

셔머   예, 그 부제를 내가 붙인 건 아니지만 그 일로 소름 끼치게 놀랐던 것만은 사실입니다.

나   어떤 일이었습니까?

셔머의 말에 따르면, 그와 독일인 약혼녀 제니퍼(Jennifer)는 베벌 리힐즈 법원에서 결혼식을 올리고 축하연은 집에서 열기로 했다.

셔머　　제니퍼는 혼자라서 마음이 못내 허전했습니다. 편모와 할아버지 슬하에서 자라 할아버지를 아빠처럼 사랑했거든요. 열여섯 살 때 할아버지마저 돌아가셔서 식장에 그녀의 가족이나 친구는 아무도 없었습니다. 그래서 기분이 약간 우울했습니다. 제니퍼가 미국에 오기 전에 몇 가지 짐을 먼저 부쳤는데 그중에 1970년대의 트랜지스터 라디오가 있었습니다. 무척 애지중지하던 물건이었지요. 정원을 가꾸거나 그냥 함께 즐거운 시간을 보낼 때 할아버지와 둘이서 그걸로 음악을 듣곤 했답니다. 그 라디오를 그녀가 도착하기 전에 고치려 했는데 도통 방법이 없었습니다. 전지도 갈아 끼우고 배선도 점검하고 탁자에 탁 쳐 보기까지 했는데도 소용없더군요. 결국은 침실 안 낡은 팩스기 밑 책상 구석에 넣어 두었습니다. 몇 달째 그렇게 처박혀 있었지요.

결혼식 후에 일가족이 모였을 때 제니퍼는 속상해서 울며 말했어요. "잠깐 따로 있고 싶어요. 할아버지가 그리워요. 같이 계셨으면 참 좋았을 텐데."

그런데 우리가 뒤쪽 침실로 들어가니 그 순간 갑자기 음악 소리가 들려왔습니다. 아름답고 로맨틱한 고전 음악이었어요. 내 휴대전화를 여기다 두었나 하는 생각도 들었지만 전화기가 아니었습니다. 노트북 컴퓨터인가 싶었지만 그것도 아니었고요. 옆집에서 나는 소리도 아니었습니다. 소리는 책상 쪽에서 나는 것 같았어요. 제니퍼가 깜짝 놀란 표정으로 말하더군요. "설마 내가 생각하는 그건 아니겠지요?" 그러면서 그녀가 서랍을 열었는데 신기하게도 라디오가 켜져 있지 뭡니까. 마침 그때 타이밍도 완벽하게 세레나데가 흘러나오는데, 전에 제니퍼가 할아버지와 함께 듣던 때와 똑같았습니다. 둘 다 충격에 휩싸여 한동안 말을 잃었습니다. 제니퍼가 울먹이며 말했습니다. "할아버지가 여기 우리와 함께 계신 거예요. 나 혼자가 아니에요!"

감격스러운 사건이었습니다. 제니퍼는 자신이 할아버지와 연결되어 있는 기분이었지요. 가장 아쉬운 순간에 바로 그 방에 계신 것처럼 말입니다. 라디오는 이튿날 아침까지 밤새도록 소리를 내다가 그 뒤로 다시 꺼져 지금까지 더는 작동하지 않습니다. (서머의 회의론을 뒤흔든 요소는 사건의 기막힌 타이밍이었다.)

이 일을 어떻게 해석해야 할까요? 일종의 신적인 메시지였을까요? 그 중요한 날 다른 세상에 계신 할아버지가 다 괜찮다고 그녀를 다독여 준 걸까요? 아니면 전자제품의 우연한 틱이 현상일 뿐일까요? 설령 그렇다 해도 어떻게 설명이 됩니까? 왜 하필 정확히 때맞추어 그 짧은 기간에만 라디오가 작동한 겁니까? 정말 신기했습니다.

나   그 일로 당신에게 문이 열렸습니까?

기적인가
우연인가

셔머 약간요. 조금은 그랬을 겁니다. (한숨 끝에 이렇게 덧붙였다.) 나도 다는 모릅니다. 다 아는 사람은 없지요. 정말 다른 세상이 있을지도 모릅니다. 가능합니다. 하지만 이런 일로 입증되는 건 하나도 없습니다. 다만 **우주 앞에 겸손해야겠구나** 하는 생각이 들 뿐이지요."

나 내막을 알아내려고 수리점에 라디오를 가져갔습니까?

셔머 아니요, 이번에는 설명보다 경험 자체를 더 음미했습니다. 중요한 건 그 일이 제니퍼에게 미친 정서적 의미입니다. 그게 내가 기적에 대해 얻은 교훈이겠지요. 굳이 원인을 밝히지 않아도 됩니다. 그 일로 기분이 좋아졌다면 그대로 받으면 됩니다. 그걸로 충분합니다. 때로 사사건건 정답이 필요하다고 생각하는 게 우리 과학계입니다. 물론 그것도 좋지만 어떤 일은 끝내 설명이 안 되거든요. 그래도 괜찮습니다.

알고 보니 죽은 뒤에도 실존이 지속된다면, 그럼 나는 아주 기쁠 겁니다. 계속 의식이 있었으면 좋겠거든요. 평소에 삶을 즐기는 나인지라 생의 기한이 다 끝나면 대다수 사람처럼 슬플 겁니다. 삶은 지속될지도 모릅니다. 내 생각에 아마도 그렇지는 않겠지만, 뜻밖의 즐거운 반전도 괜찮겠지요. 거기에 신이 개입된다면 그 또한 괜찮고요.

생각 정리

1. 회의론자 마이클 셔머는 사복음서(마태복음, 마가복음, 누가복음, 요한복음)가 실제로 발생한 일을 기록한 게 아니라 도덕적 요지를 밝히려고 쓴 책이라고 주장한다. 당신은 이 말에 동의하는가 혹은 동의하지 않는가? 이유를 말해 보라.

2. 셔머가 의문을 제기했듯이 유대교는 성경의 많은 부분을 기독교와 공유하면서도 부활의 이야기를 받아들이지 않는다. 왜 그렇다고 보는가?

3. 하나님이 무(無)에서 우주를 만들어 내셨다면 이것이야말로 가장 극적인 기적일 것이다. 당신은 하나님이 우주를 창조하셨다고 확신하는가 혹은 그렇지 않다고 생각하는가? 이유를 말해 보라.

4. 기독교에서 말하는 천국은 서머가 보기에 "따분한" 곳이다. 당신도 그렇게 생각하는가? 아니라면 천국은 어떤 곳일 것 같은가?

5. 알고 보니 하나님이 존재한다면, 서머는 그분께 자신이 최대한 황금률을 지켰다고 말하겠다고 했다. 하나님은 여기에 어떻게 반응하실까? 이 문제를 다룬 성경 본문이 생각나는 게 있는가?

6. 서머가 들려준 흥미로운 이야기 속 트랜지스터 라디오는 하필 그 순간에 작동되었다. 당신이라면 이 사건을 어떻게 해석하겠는가? 단지 비범한 우연의 일치인가 아니면 그 이상인가?

THE CASE FOR MIRACLES

Part 2

하나님의
초자연적 개입,
기적은 있다?

비신앙에서 신앙으로

막연한 무신론자,
하나님의 임재에 압도되다

(크레이그 S. 키너 박사와 인터뷰)

각주 하나로 시작된 일이었다. 크레이그 S. 키너(Craig S. Keener) 박사는 방대한 사도행전 주석(전 4권으로 무려 4,500쪽에 달하니 과연 방대하다)을 집필하는 과정에서, 그 신약 문서에 나오는 초기 기독교 운동의 기적에 대해 각주를 쓰기 시작했다. 그가 지적했듯이 일부 현대인들은 기적의 가능성을 단호하게 부정하기 때문에 사도행전의 역사성을 무시한다. 인류의 일관된 경험으로 보건대 기적이란 아예 발생하지 않는다는 것이다. 하지만 이런 주장은 타당할까?

키너는 본격적으로 연구에 돌입해 각주를 써 내려갔다. 글은 점점 길어졌다. 밝혀지는 내용이 많아질수록 대중이 생각하는 것보다 기적이 빈번하게 일어나며, 많은 회의론자의 주장과 달리 문서로 잘 입증되어 있다는 확신이 깊어졌다. 그는 데이비드 흄의 기적 반대론과 씨름했다. 직접 아프리카에 가서 초자연적으로 보이는 신유 사례들을 조사했고, 성경을 섭렵했으며, 현대의 불가사의와 경이와 환상과 꿈의 사례들을 파헤쳤다.

그로부터 2년 후 출간된 그의 책 *Miracles: The Credibility of the New Testament Accounts*(기적: 신약 기록의 신빙성)는 철두철미한 학문적 작업이었다. 내용이 얼마나 포괄적인지 두 권 합쳐서 자그마치 1,172쪽이나 된다. 학자 벤 위더링턴 3세(Ben Witherington III)는 "고금을 막론하고 아마도 기적에 대한 최고의 책"이라 극찬했으며, 신약학 교수 크레이그 블롬버그(Craig Blomberg)는 이 말을 되받아 "신중을 기한 **아마도**라는 말은 불필요하다"라고 단언했다. 케임브리지대학교의 리처드 보컴(Richard Bauckham)은 "이제 데이비드 흄을 두려워할 자 누구인가?"라고 반문했다. 실로 대단한 각주다.

ᜃᜃᜃ

캘리포니아에서 회의론자 마이클 셔머와의 열띤 대화를 마치자마자 숙소로 돌아가는 길에 우리 집 서재 책장에 꽂혀 있는 키너의 그 책이 생각났다.

마이클 셔머는 초자연이라는 개념에 몇 가지 만만찮은 반론을 제기했다. 과연 기적이 발생했다고 확신할 수 있는지 여부도 문제 삼았다. 그는 때로 자만하다 싶을 정도로 자신감이 넘쳤다. 예수께서 행하셨다고 알려진 기적들을 복음서 저자들이 도덕을 가르치려고 꾸며낸 이야기라고 일축했다. 그가 정한 증거의 기준은 하도 높아서 그 어떤 명백한 기적도 거기에 부합할 수 없을 듯했다. 상대가 〈스켑틱〉 편집장이니 솔직히 그 정도는 예상했다. 그래도 그의 비판은 응답을 요했다.

친구를 통해 크레이그 키너의 이메일 주소를 알아내 인터뷰를 요청했다. 올빼미형답게 키너는 새벽 3시에 답장을 보내왔다. 머잖아 나는 켄터키주 렉싱턴행 비행기에 올랐다. 거기서 차로 20분 거리에 1,638가구가 사는, 신호등이 두 개뿐인 작은 도시 윌모어가 있다. 이 작은 도시에 물을 공급하는 급수탑 꼭대기에는 거대한 흰색 십자가가 우뚝 솟아 있다.

고대 세계를 통달한 학자

"나는 하나님이 기적을 늘 행하시는 건 아니라는 산 증거입니다." 낙엽 타는 냄새가 사방에 진동하는 동네에서 키너가 수수한 자택으로 나를 맞이하며 말했다. "여전히 근시인 데다 유전성 탈모증이 더 심해지고 있거든요!"

그는 아래층 자기 사무실로 나를 안내했다. 어질러진 책상을 둘러싼 스물아홉 개 서류 캐비닛마다 연구 논문이며 기타 문서가 가

지런히 들어차 있었다. 재미 삼아 직접 그리는 기발한 만화도 모아 놓았다. 옆에는 하체 운동기구가 놓여 있었다.

56세의 키너는 후리후리했다(운동을 취미의 하나로 꼽았다). 희끗한 머리와 수염을 바짝 깎았고, 청바지에 파란색 니트 셔츠 차림이었다. 함께 오후를 반나절쯤 지내고부터는 아예 구두를 벗어 던진 채 흰 양말만 신고 돌아다녔다. 가히 살인적이라 할 만큼 강도 높은 일정에도 불구하고 편안하고 붙임성 있는 성격이었다.

나는 둘이 찍은 사진을 트위터에 올리며 이런 글을 달았다. "취재 차 크레이그 키너를 인터뷰하며 참 좋은 시간을 보내고 있다. 대화 중에도 그는 새 책을 세 권이나 썼다." 비상한 작가로 워낙 정평이 난 그인지라 읽는 사람들도 분명히 키득키득 웃음이 났을 것이다.

박사 학위를 받고 나서 25년 동안 그는 책을 스물한 권이나 저술했다. 단순히 권수만의 다작도 아니다. 수상작인 네 권짜리 *Acts: An Exegetical Commentary*(사도행전: 해석 주해서)는 무려 300만 단어 분량에 목회자의 심정으로 학자의 통찰을 꽉 차게 담아냈다. 이 기념비적 작품에 학계는 깜짝 놀랐다. 휘튼대학의 게리 버지(Gary Burge)는 이렇게 말했다. "키너는 100년에 한 번이나 나올까 한 재능을 갖춘 학자다. 그 재능이 이 책에 십분 발휘되어 있다. **박식하다, 권위 있다, 웅대하다** 같은 단어가 떠오른다. …… 키너처럼 고대 세계를 통달한 학자는 어디에도 별로 없다."

예일신학대학원의 그레고리 E. 스털링(Gregory E. Sterling)도 이를 "현대 학계에서 사도행전을 가장 광범위하게 다룬 책"이라 평하며 환영했고, 애버딘대학교의 저명한 신약학 교수 I. 하워드 마셜(I. Howard Marshall)은 "주목할 만한 학문적 업적"이라 평했다. 또 이 책은 댈러스신학대학원의 대럴 L. 보크(Darrell L. Bock)에게는 "귀중한 보석," 스웨덴 룬드대학교의 사무엘 뷔쉬코그(Samuel Byrskog)에게는 "금광" 같은 책이다.

그 정도는 시작에 불과하다. 키너의 이력만 다 모아도 작은 책 한 권은 나온다. 휴스턴침례대학교 성경학자 크레이그 A. 에반스(Craig A. Evans)는 앞서 언급한 키너의 두 권짜리 책 *Miracles*(기적)를 "가히 기적이라는 주제에 관한 사상 최고의 책"이라고 극찬했다.

키너는 1991년에 신약과 기독교의 기원에 관한 논문으로 듀크대학교에서 철학박사 학위를 받았는데, 당시 인용한 참고문헌 목록만도 100쪽이 넘고 논문 전체는 500쪽에 달한다. 지금까지의 그의 모든 저서, 수상 경력, 학술지와 대중지에 실린 기사, 전 세계에서 한 강연을 다 열거하면 85쪽 분량이다.

그 밖의 저서를 몇 가지만 꼽자면 *The Historical Jesus of the Gospels*(복음서의 역사적 예수), 고대 문헌이 3만 회나 인용된 요한복음 주석, 〈크리스채너티 투데이〉가 선정한 '올해의 성경연구 도서상'을 받은 마태복음 주석, 이외에도 로마서 주석, 고린도전후서 주석, 《NIV 적용주석: 요한계시록》(솔로몬 역간) 등이 있다. 《IVP 성경 배경 주석: 신약》(IVP 역간)으로는 더 많은 상을 수상했다.

현재 애즈베리신학대학원 성경학 교수인 키너는 아내 메딘, 아프리카에서 입양한 19세 아들, 16세 딸과 함께 윌모어에 산다. 프랑

기적인가
우연인가

스어를 가르치는 메딘 박사는 한때 조국 콩고의 숲속에서 18개월 동안 비참하게 난민으로 살았다. 키너 부부의 이야기는 두 사람이 함께 쓴 *Impossible Love*(불가능한 사랑)에 자세히 소개되어 있다.

키너와 나는 자리에 마주보고 앉았다. 디지털 녹음기를 꺼내 놓고 우선 마이클 셔머와의 인터뷰부터 요약해 주었다. 내가 그 대화를 조목조목 되짚어 나가는 동안 키너는 깊은 관심을 기울였다. 나는 다음 말로 이야기를 맺었다. "셔머 박사는 대단한 여정을 지나왔더군요. 전에는 믿음을 고백하는 그리스도인이었는데 지금은 회의론자입니다."

그러자 키너가 눈썹을 추켜세우며 말했다.

"나랑은 정반대로군요."

하나님의 임재에 압도되다

키너는 프랑스 가톨릭 주교 장-밥티스트 마시용(Jean-Baptiste Massillon)의 이름을 딴 오하이오주 작은 마을에서 의류상과 예술가의 아들로 자랐다. 그는 조숙하다는 말의 사전적 정의에 꼭 들어맞는 아이였다. 열세 살 때 플라톤의 책을 읽으며 일찌감치 무신론자로 자처했다.

"아홉 살 때 어머니가 내게 내세를 믿느냐고 물었습니다. 아니라고 했더니 어머니도 안 믿는다면서 여론 조사를 인용했는데, 대다수 지식인은 내세를 믿지 않는다고 하더군요. 인정받은 느낌은 들었지만 딱히 삶의 의미나 목적도 없었습니다. 그런 세계관답게 말이지요.

플라톤의 책을 읽다가 영혼의 불멸성을 생각했습니다. 나라는 존재가 영원히 소멸되기는 싫었거든요. 하지만 하나님을 통해 영생을 얻을 수 있다 치더라도 그분이 왜 나를 사랑하겠나 하는 생각이 들더군요. 사랑할 줄 모르는 나를 말입니다. 내가 완전히 이기적인 존재임을 잘 알았거든요.

게다가 기독교는 신빙성이 없어 보였습니다. 이런 생각이 들었지요. '신이 존재함을 알기만 한다면 나는 그분께 전부 다 드릴 것이다. 그런데 이 나라 국민의 80퍼센트가 자칭 그리스도인이라면서 자신의 전부를 하나님께 드리지 않는다. 그저 이생이 전부인 양 살아간다.' 내가 보기에는 대다수 소위 그리스도인이 제대로 믿지 않았습니다."

"그러니까 당신은 십 대 때부터 이미 중요한 영적인 문제로 씨름했군요." 내가 말했다.

"맞습니다. 언젠가 이렇게 말하던 기억도 납니다. '거기 어디에 누군가 있다면(신이나 신들이 있다면) 제발 나한테 보여 주세요'"

"그래서 어떻게 됐습니까?"

"열다섯 살 때 라틴어 수업을 마치고 걸어서 집으로 가는데, 근본주의자인 침례교 신자 둘이 나를 모퉁이로 데려갔습니다. 죽으면 어디로 가겠느냐고 물으면서 성경에 구원받을 길이 있다는 겁니다. 한참 말상대를 해 주다가 내가 그랬지요. '얘들아, 맞장구는

기적인가
우연인가

그만 칠게. 너희는 성경 운운하는데 나는 성경을 믿지 않거든. 나는 무신론자잖아. 그러니까 성경 말고 다른 걸 내놓아야지.'"

"다른 걸 내놓던가요?"

"아무것도 없는 게 분명했습니다. 그래서 난해한 질문으로 한 방 먹였지요. '하나님이 있다면 공룡 뼈는 어디서 나왔냐?'"

나는 씩 웃음이 났다. "상대를 궁지에 빠뜨리려 한 거군요."

"기독교인들을 놀리는 게 즐거웠어요. 그중 하나가 그러더군요. '마귀가 우리를 속이려고 뼈를 거기에 둔 거야.' 나도 더는 못 참고 '말이 되는 소리를 해라. 나 간다' 그랬지요. 돌아서서 가는데 다른 하나가 소리를 지르더군요. '너는 지금 하나님을 향해서 마음을 완고하게 하는 거야! 그럴수록 회개하기가 더 어려워진다고! 그러다 결국 영원히 지옥에서 불탈 거야!'"

"이런! 대단한 관계 전도로군요." 내가 말했다.

"걔들은 관계 전도나 변증을 몰랐어요. 고생물학은 더더욱 몰랐고요. 그런데도 집에 돌아오는 길에 성령께서 내게 죄를 깨우쳐 주시는 게 느껴졌습니다. 성당 앞을 지나갈 때 첨탑 위의 십자가가 보이더군요. 삼위일체에 대해 알고 있었는데 그 하나님이 나를 내려다보지 않을까 하는 생각이 들었어요. 마침내 내 방에 들어가서는 혼자 속으로 공방을 벌였지요. '이게 옳을 리가 없다. 하지만 옳으면 어쩌지?' 바로 그때 느껴지는 게 있었습니다."

"그게 무엇입니까?"

"하나님의 임재였습니다. 바로 그 순간 바로 거기 내 방에서 말입니다. 하나님은 내가 늘 바라던 경험적 증거 대신 다른 걸 주셨습니다. 그분의 임재라는 증거였지요. 그러니까 내게 다가온 건 변증이 아닙니다. 머리로는 나중에 따라잡아야 했습니다. 나는 그저 손에 만져질 듯한 하나님의 임재에 압도되었습니다. 누군가 방 안에 나와 함께 계시는 것만 같았어요. 딱히 바라던 바도 아니었으니 내가 지어냈을 리는 없지요.”

나는 그의 이야기에 빨려들어 몸을 앞으로 기울이며 물었다. “어떻게 반응했습니까?”

“이렇게 말했습니다. ‘하나님, 아까 만난 아이들이 그러는데 예수께서 나를 위해 죽었다가 다시 살아나셨고 그게 구원의 길이래요. 그 말씀을 하시는 거라면 받아들이겠습니다. 하지만 어떻게 하는 건지 모르겠어요. 그러니까 저를 구원하시려면 하나님이 직접 하셔야 됩니다.”

“그래서 그분이 해 주셨나요?”

“갑자기 뭔가 급히 내 몸속을 훑고 지나가는 게 느껴졌습니다. 난생처음 경험하는 일이었지요. 벌떡 일어나면서 ‘이게 뭐지?’ 하는 순간, 하나님이 내 삶에 들어오셨음을 알았습니다. 그러면서 경이와 예배로 충만해졌습니다.”

이틀 후에 키너는 근처 교회를 찾았다. “너 구원받은 거 확실하니?”라고 묻는 목사에게 그는 “아니요, 제대로 했는지 모르겠어요”라고 답했다. 그러자 목사가 회개와 믿음의 기도를 드리도록 그를 이끌어 주었다.

키너가 말을 이었다. "그때도 동일하게 하나님의 엄위하고 위대하고 장엄하심에 압도되었습니다. 생전 몰랐던 기쁨 같은 걸 느꼈고요. 또 내 목적이 무엇인지, 궁극의 목적이 무엇인지 처음으로 깨달았습니다."

"그게 무엇입니까?"

"우리의 목적은 하나님께 있습니다. 바로 그분을 위하고 섬기고 예배하는 삶입니다." 그는 잠시 말을 끊었다가 또 하나의 개념을 강조했다. "모든 게 예수님을 중심으로 돌아가야 합니다."

확신으로 가는 길

머잖아 젊은 키너는 주일학교 아이들도 자기보다 성경을 더 많이 알고 있음을 깨달았다. 그래서 급히 따라잡기에 나섰고 결국 따라잡았다. 알고 보니 하루에 40장씩 읽으면 신약은 매주 한 번씩, 성경 전체는 매달 한 번씩 통독할 수 있었다. 그는 전국 우등생 장학금도 마다하고 성경대학에 들어갔다. 성경 전공으로 학사 학위를 받은 뒤 신학대학원에 진학하여 성경 원어 전공으로 석사 학위와 아울러 목회학석사도 취득했다. 그 후에 듀크에서 박사 학위를 받았다.

한때 회의론자였던 그의 머릿속에 애초부터 많은 의문이 들끓었으나 답은 처음에는 더디게 왔다. 그는 자신의 이의를 일일이 기록한 뒤 매번 하나님께 통찰과 지혜를 구하면서 체계적으로 답을 모색했다. 그의 믿음은 시간이 갈수록 확신에 차고 견고해졌다. 특히 학술서를 마음껏 접할 수 있게 된 뒤로 더했다. 믿음의 기초도 개인적으로 하나님을 체험한 데만 두지 않고 또한 역사와 과학과 철학에 입각했다.

그의 말이다. "똑똑한 진보 학자들이 왜 신앙의 근본을 문제 삼는지 궁금했습니다. 그들의 논증을 두루 읽어 보았는데, 문서상으로는 내가 논박할 수 있었거든요. 그래도 상대 쪽에 반론의 기회를 준다면 어떻게 될까 궁금했습니다. 그러다 마침내 그들과 대화할 기회가 왔는데, 내가 최선의 논증을 제시하면 그들이 반론을 펴곤 했습니다. 알고 보니 논박하기 쉬운 상대더군요. 그래서 이상했습니다. 이렇게도 허술한 입장을 그들이 어떻게 믿을 수 있었나 해서요."

"어쩌면 단순히 증거나 논증의 문제가 아니라 기적에 대한 부정적 선입견 때문이 아니었을까요?" 내가 떠보았다.

"그러고 보니 한때 그리스도인이었던 어떤 교수와 장시간 변론한 기억이 납니다. 도저히 설득당하지 않는 그를 보며 답답했습니다. 함께 있던 친구가 그러더군요. 내가 상대의 모든 말을 이미 논박했다고요. 그런데도 그 교수는 내가 증거를 제시하는 족족 다 무시했습니다. 결국 내가 물었지요. '죽은 사람이 당신 눈앞에 살아난다면 그때는 믿겠습니까?'"

"뭐라고 답하던가요?" 내가 물었다.

"그래도 안 믿겠답니다."

키너는 그 답변이 새삼 어이없다는 듯 잠시 멈추었다 말을 이었다. "그냥 고개를 절레절레 흔들고 말았습니다. 그는 내가 그리스도인이라는 이유로 생각이 좁다고 나를 비난했습니다. 그러면서 자신이야말로 아주 명백하게 초자연을 배격하는 선입견에 가로막혀 논증과 증거를 생각 한 번 해 보려 하지 않았습니다."

키너의 태도는 시종 이와 달랐다. 그래서 내가 말했다. "무신론자였을 때도 당신은 그때껏 생각해 보지 못했던 이견들을 잘 수용했던 것 같습니다."

"그랬다고 생각하고 싶네요." 그는 어깨를 으쓱해 보이며 말을 이었다. "누구나 새로운 증거에 입각하여 기꺼이 자신의 입장을 재평가해 보아야 하는 것 아닙니까?"

수십 년에 걸친 공부와 사고는 키너의 신앙을 더욱 굳게 해 주었을 뿐이다. 그 신앙이 처음에 그에게 어떻게 왔던가? 기적을 통해서가 아니었던가? 그렇다. 그의 방에서 있었던 초자연적 경험은 기적의 정의에 부합한다 할 수 있다. 하나님의 능력으로 일어난 사건이었고, 평소의 자연 질서에 한시적으로 예외가 되었으며, 역사 속에만 아니라 15세 소년의 마음과 삶 속에(바로 그때 그 자리에서) 그분이 활동하고 계심을 보여 주었다.

키너는 그 기적을 회의론자들에게 입증할 수 있을까? 어디까지나 이는 개인적 경험이었고 아무도 목격했거나 확인해 줄 사람이 없었다. 하지만 근본적으로 변화된 그의 성품과 가치관과 도덕성과 우선순위를 통해 번번이 확증되어 왔다. 그의 삶은 마음과 생각을 다해 하나님을 예배하는 데 드려졌다. 역사와 신학에 몰두하며 수십 년을 보낸 지금, 키너는 오늘의 세상 속에 실재하는 초자연 세계에 대해 가장 신뢰할 만한 학술서를 저술하는 사람이 되었다.

"기적을 연구하게 된 계기가 무엇입니까?" 내가 물었다.

"글쎄요, 내 사도행전 주석의 각주 하나로 시작된 일입니다. 머잖아 그 각주가 200쪽 분량으로 늘어나면서 따로 책으로 펴내기로 한 겁니다."

그래도 진짜 시발점은 40여 년 전 그의 방으로 거슬러 올라가지 않을까? 플라톤의 책을 읽고 길모퉁이에서 침례교도들과 변론했던 조숙한 십 대 아이에게 그날 황송하게도 아브라함과 이삭과 야곱의 하나님이 자신의 임재를 드러내셨다. 첨탑 위의 십자가를 보며 소년은 혹시 자기를 지켜보고 영원한 집으로 인도해 줄 누군가가 존재할까 하는 의문에 잠겼다. 풋내기 무신론자는 자기가 하나님을 만나기만 한다면 그분께 전부 드릴 거라고 다짐했고, 실제로 그 약속을 지켰다.

키너의 이야기로 보건대, 이 어리지만 당찼던 무신론자의 삶을 기적의 하나님이 초자연적으로 만져 주셨다. 이제 키너는 날로 더 회의론으로 치닫는 세상을 향해 하나님의 표적과 기사를 기술하고 변호하는 세상 최고의 학자가 되었다.

나는 준비한 여러 장의 질문지를 꺼낸 다음 의자 끝에 바짝 다가앉았다. 아직 물어볼 게 한참 남았다.

기적인가
우연인가

생각 정리

1. "온 우주에 너무 거대한 글자로 쓰여 있어 우리 중 더러는 보지 못하는 이야기가 있는데, 사실은 그 똑같은 이야기를 소문자로 바꾸어 말하는 게 바로 기적이다." C. S. 루이스의 이 말이 무슨 뜻이라고 보는가?

2. 크리스천 학자 크레이그 키너는 십 대 때 정서적 경험을 통해 신앙에 이르렀고, 기독교를 뒷받침하는 증거는 차차 공부했다. 당신도 여기에 공감하는가 혹은 어떤 점에서 공감이 안 되는가? 당신의 신앙 여정에도 증거가 영향을 미쳤는가? 만일 그렇다면 어떤 영향이었는가?

3. 키너의 회심 경험은 당신이 보기에 '기적'인가? 모든 영적 거듭남을 기적으로 볼 수도 있다면 어떤 면에서 그런가?

4. 키너에게 예수를 전했던 두 청소년은 '관계 전도'에 미숙했다. 그런데도 하나님은 그들의 부족한 소통을 사용하여 키너를 신앙으로 인도하셨다. 당신이 다른 사람에게 신앙을 나누었던 때를 떠올려 보라. 그때 어색했는가? 결과는 어땠는가? 어떻게 하면 남에게 신앙에 대해 말하기가 더 쉬워지겠는가?

5. 키너가 언급한 교수는 죽은 사람이 자기 눈앞에 살아난다 해도 하나님을 믿지 않겠다고 말했다. 사람의 생각이 그렇게까지 편협해질 수 있는 원인은 무엇인가? 그런 사람을 신앙으로 이끌려면 증거 외에 무엇이 더 필요하겠는가?

흄의 비참한 실패

선입견과 순환 논리를 벗어나면
증거가 보인다

(크레이그 S. 키너 박사와 인터뷰)

다양한 배경에서 공부한 교수들이 어느 학회에서 크레이그 키너의 책 *The Historical Jesus of the Gospels*(복음서의 역사적 예수)에 대해 논하고 있었다. 좌익 "예수 세미나"에 속한 사람이 일어나 좌중을 향해 말했다. "학자에는 두 부류가 있습니다. 비판적 학자와 복음주의자입니다. 복음주의자는 별로 비판적이지 않기 때문에 비판적 학자와 함께 한자리에 있어서조차 안 됩니다."

키너는 그 책을 역사 기술의 표준 원칙대로 썼다고 항변했다. 복음서가 고대 전기의 장르에 속하는데 고대 전기는 으레 역사적 사건에 기초했다는 점도 지적했다.

　"하지만 복음서에는 기적이 나옵니다!" 그 학자가 되받았다. 요지인즉 복음서에 예수가 기적을 행했다고 되어 있으니 전혀 역사적 신빙성을 인정할 수 없으며, 오히려 전설이나 신화나 오류에 기초했을 수밖에 없다는 것이다. 그 이유가 무엇일까? 데이비드 흄이후로 누구나 기적을 아예 불가능하다 여기기 때문이다.

나　　　회의론자 마이클 셔머에 따르면 복음서 저자들은 역사를 사실대로 기록하려는 시도조차 하지 않았습니다. 도덕적 요지를 밝히려고 억지로 가상의 기적 이야기들을 전했다는 겁니다.

키너　　물론 복음서에는 도덕적 요지도 나옵니다. 하지만 그렇다고 역사적 사건들을 담아내지 않았다는 뜻은 아닙니다. 2세기 중엽부터 19세기가 거의 다하기까지 독자들은 복음서를 일종의 전기로 간주했습니다. 1900년대 초반에 일부 학자들이 복음서를 새로 분류하려 하면서 그 관점이 바뀌었으나 이제는 지배적 평가가 다시 원점으로 돌아왔습니다. 오늘날 학자들 사이에서는 복음서를 전기로 인정합니다.

나　　　복음서가 전기라는 말은 어떤 의미입니까? 복음서도 현대의 전기처럼 해당 인물이 살면서 실제로 겪은 일을 담아냈다는 뜻입니까?

키너 ──── 고대의 전기와 현대의 전기는 다릅니다. 예컨대 전자는 시간 순서라든가 주인공의 어린 시절을 별로 중시하지 않았습니다. 하지만 고대의 전기도 현대의 전기처럼 역사적 정보를 다루어야 했습니다. 단지 어떤 요지를 주장하려고 가상의 사건을 꾸며낼 수는 없었다는 겁니다.

나 ──── 그렇다면 복음서를 신화로 분류해서는 공정할 수 없겠군요.

키너 ──── 물론입니다. 복음서 기사들은 신화라는 장르의 이야기들과는 거리가 멉니다. 후자는 더 최근의 역사 인물 대신 먼 과거를 다루는 경향이 있지요. 신화적 주제, 원시 시대, 가상 인물 등이 특징입니다. 이렇듯 신화와 복음서는 장르가 판이합니다. 그 점에 대해서는 의문의 여지가 없습니다. (그는 잠시 멈추었다 말을 이었다.) 누가복음 서두를 생각해 보십시오. 누가는 자기가 "모든 일을 근원부터 자세히 미루어 살펴" 예수의 생애와 사역에 벌어진 일을 "차례대로 써" 보냈다고 했습니다(눅 1:3 참조). (한층 강경한 어조로 말했다.) 교훈을 가르치려고 있지도 않은 이야기를 허구로 지어내려는 사람이라면 그런 말을 할 수 없습니다. 누가는 실제로 벌어진 일을 확실히 전하고 싶어서 그렇게 말한 겁니다.

분명 병을 고치고 귀신을 쫓아낸 예수

복음서에 예수의 기적으로 제시된 사건은 30회가 넘는다.

나   물 위를 걷고, 죽은 자를 살리고, 나환자를 그 자리에서 치료했다니, 솔직히 다 아주 황당한 주장 아닙니까?

키너   그런데 복음서에서 기적을 기술하는 방식을 보십시오. 과장 없이 있는 그대로인 데다 세부 사항을 보는 눈마저 있습니다. 목격자들이 있었던 거지요. 사실 예수의 기적은 적대적 청중 앞에서 이루어진 경우가 많습니다. 적들도 그분이 기적을 행하셨다는 사실 자체는 반박하지 않았어요. 그날이 안식일이었다고 꼬투리를 잡았을 뿐이지요. 게다가 복음서는 예수의 동시대 사람들이 아직 살아 있을 때 기록되었습니다. 꾸며낸 이야기라면 그들이 얼마든지 반박했을 겁니다.

나   좋습니다. 예수의 기적들이 신화는 아닐지 모르지요. 그래도 전설일 수는 있지 않을까요? 처음에는 조금이나마 진실의 알갱이가 있었지만 세월이 흐르면서 점점 몸집을 불린 가공의 이야기 말입니다.

키너   사실은 예수에 대한 가장 이른 자료로 거슬러 올라가도 그분은 여전히 기적으로 병을 고치고 귀신을 쫓아내는 분으로 기술되어 있습니다.

나   예를 들면요?

키너   가장 먼저 기록된 복음서로 알려진 마가복음의 40퍼센트가 어떤 식으로든 기적과 연관이 있습니다. Q문서에서도 예수님의 기적을 인정하는데, 많은 학자에 따르면 Q문서는 마태와 누가가 복음서를 기록할 때 참고한 아주 초기 원전입니다. 갈릴리의 고라신과 벳새다 주민들이 예수의 비범한 기적들을 보고도 믿지 않아 질타당하는 장면이 실제로 Q문서에도 나옵니다. 예수에 대한 전승치고 이 정도면 훗날의 전설이 아니라 튼튼한 기반 사실에 해당합니다 (마 11:21; 눅 10:13 참조).

Q문서의 다른 기사에 보면 예수께서 요한의 제자들에게 명하여 그분의 기적을 목격한 대로 보고하게 하십니다. 그분은 앞을 볼 수 없는 사람과 들을 수 없는 사람 그리고 몸에 병이 있는 사람들, 이를테면 나병 환자를 고쳐 주셨고 죽은 사람을 살리기까지 하셨지요(마 11:4-6; 눅 7:22 참조). 그뿐 아니라 마태와 누가 고유의 문서와 바울의 저작에도 각각 기적이 나옵니다. 예컨대 바울은 고린도 교회에 보낸 편지에 예수의 최대 기적인 부활을 목격자들이 알고 있다고 호소합니다(고전 15장 참조). 학자들은 이 전승의 연대를 예수 사후 수년이나 심지어 수개월 이내로 추정해 왔습니다.[1]

나   기독교 이외의 자료는 어떻습니까?

키너   랍비들도 예수가 기적을 행하는 자임을 명시했고, 기독교를 배격한 그리스 철학자 켈수스(Celsus)도 그랬습니다. 물론 후대 비기독교 자료들은 그분의 기적을 주술 탓으로 돌렸지만 이 또한 비범한 일이 일어났음을 인정한 겁니다. 아울러 1세기의 유대인 역사가 요세푸스는 예수가 지혜로운 사람이며 "기이한 행적을 보였다"고 썼습니다.

나　기이한 행적이라고요?

키너　예, 여기서 중요한 건 그가 선지자 엘리사와 연관된 기적을 기술할 때도 같은 표현을 썼다는 점입니다.

나　하지만 요세푸스가 한 그 말과 관련해서는 논란이 있지 않습니까? 비판자들은 이 대목을 나중에 그리스도인들이 삽입했다고 공격합니다.

키너　옥스퍼드의 유태인 역사가 게자 베르메스(Geza Vermes)가 요세푸스의 문체를 분석하여 기적에 대한 이 특정한 주장이 과연 원본이라고 결론지었습니다.[2] 또 학자 레이먼드 브라운(Raymond Brown)은 예수에 대해 말하기를 "가장 오래된 전승들에도 그분이 병 고치는 자로 나와 있다"라고 했는데, 솔직히 나도 그 말에 동의하지 않을 수 없습니다.[3]

나　그러면 예수는 왜 병자를 고치고, 자연을 자유자재로 부리고, 귀신을 쫓아냈습니까? 단지 자신의 신성을 입증하려던 건 분명히 아니었잖아요. 신이 아닌 제자들도 나중에 기적을 행했으니까요. 예수는 왜 그리했을까요?

키너　예수의 기적은 하나님 나라, 즉 그분의 통치가 도래했음을 알리는 표적입니다. 치유가 완성될 미래의 맛보기지요. 그래서 그분은 "그러나 내가 만일 하나님의 손을 힘입어 귀신을 쫓아낸다면 하나님의 나라가 이미 너희에게 임하였느니라"라고 하셨습니다(눅 11:20). 이런 표적은 완전한 회복의 서막입니다. 장차 하나님이 새 하늘과 새 땅을 창조하셔서 더는 고난이나 고통이 없는 날이 올 텐데, 이를 환기시켜 주는 게 바로 표적입니다.

나 _____ 하나님의 속성도 보여 주고요.

키너 _____ 예, 다분히 그렇습니다. 표적은 그분의 능력뿐 아니라 자비와 긍휼까지 우리에게 보여 줍니다.

결국 예수의 생애를 전하는 내러티브에 그분의 초자연적 위업이 불가분으로 얽혀 있음은 의문의 여지가 없다. 가장 이른 원전들로 거슬러 올라가도 그렇다. 예수를 연구한 두 학자 게르트 타이센(Gerd Theissen)과 아네테 메르츠(Annette Merz)는 "예수의 가르침에서 하나님 나라가 중심에 서 있듯이 그분의 활동에서는 치유와 축사(逐邪)가 중심을 이룬다"라고 썼다.[4]

그런데 그분의 기적은 실제로 발생했을까, 아니면 겉보기에만 그랬을까? 예수는 정말 초자연을 넘나든 걸까, 아니면 1세기의 순박하고 귀가 얇은 청중을 속인 걸까? 고대 문헌에 기록되어 있다는 이유만으로 기적이 꼭 사실인 건 아니다. 그나저나 1세기의 나사렛 사람이 자연을 초월할 수 있음을 합리적 현대인이 어떻게 믿을 수 있을까?

위스콘신대학교 매디슨의 철학 교수 래리 샤피로(Larry Shapiro)는 저서 *The Miracle Myth*(기적의 신화)에 이렇게 조롱조로 말했다. "기적을 믿는 일은 정당하지 못하다. 기적을 믿을 만한 충실한 근거는 일찍이 아무에게도 없었고 지금도 없다. 사람들이 기적을 믿는다며 내놓는 이유들은 하나같이 다 부실하다."[5]

데이비드 흄도 이보다 더 잘 말하지는 못했을 것이다.

선입견과 순환 논리

흄의 기적 반대론을 "압도적 논증"으로 여기는 사람은 비단 마이클 셔머만이 아니다. 무신론자들과 불가지론자들은 진정한 기적의 가능성을 논박할 때면 으레 흄을 인용한다. 사실 흄을 연구한 학자들이 지적했듯이 기적을 배격하는 현대의 논증들은 흄의 원래 논고를 고쳐 쓰거나 재구성한 경우가 많다.[6] 흄이 초자연 논쟁에 미친 영향력은 아무리 강조해도 지나치지 않다.

그런데 흄에 대한 평판은 정당한가? 그의 논증은 회의론자들이 믿는 것처럼 빈틈없이 치밀한가? 키너에게 이 주제를 꺼내면서 나는 씩 웃지 않을 수 없었다.

나   여태 당신이 흄에 대해 쓴 내용을 내가 한마디로 요약해 볼까요? 당신은 그의 지지자가 아니라는 겁니다.

기적인가
우연인가

키너 ___ (웃음을 터뜨리며) 솔직히 말해서 그의 기적 반대론은 선입견과 순환 논리의 산물입니다. 당대에도 그는 기독교를 배격하던 이신론자들의 한물간 논증을 재탕했다는 비난을 받았습니다. 이신론자들에게 이미 쏟아졌던 비판인데도 그는 고려하지 않았던 겁니다.

나 ___ 흄이 어떻게 순환 논리를 기용했는지 예를 들어 주시지요.

키너 ___ (잠시 생각하다가) 흄은 기적을 자연법 위반이라 정의하고, 자연법을 '위반될 수 없는 원리'로 정의합니다. 그런 식으로 기적의 가능성을 원천 봉쇄합니다. 자기가 증명할 내용을 미리 전제로 진술해 놓는 겁니다. 그래서 순환 논리입니다. 사실 이는 설득력 있는 철학적 논증이 아니라 초자연을 배격하는 편향입니다.

나 ___ 기적이 자연법을 위반했다는 그의 말이 틀린 겁니까?

키너 ___ 지금은 다들 자연법을 자연의 순리에 대한 규정(prescribing)이 아니라 기술(describing)로 봅니다. 다시 말해서…… (그는 몸을 돌려 책상의 볼펜을 집더니 잘 보이게 높이 들었다.) 내가 이 볼펜을 놓으면 중력의 법칙에 따라 바닥으로 떨어질 겁니다. 그런데 중간에 볼펜을 손으로 받으면 나는 중력의 법칙을 위반하는 게 아니라 그냥 개입하는 것뿐입니다. 하나님이 존재하실진대, 그분께도 당신이 지으신 세상에 개입하실 능력이 있을 건 당연합니다.

(볼펜을 책상에 도로 놓고 다시 나를 보며) 흄은 자신의 전제에 어긋나는 증거라면 무조건 다 거부합니다. 자연법 위반인 기적이 워낙 못 믿을 일이라 목격자의 신빙성쯤은 무색하다는 겁니다. 그러니 기적의 어떤 증거도 그에게는 설득력이 없습니다. 다시 말해서 기적을 설명하는 주장을 조사해 봐야 헛수고입니다. 아무리 탄탄한 증거도 어차피 실격이니까요. 그가 좋은 증거의 기준을 제시한 건 맞지만, 그 기준이 너무 높아 아무것도 거기에 부합할 수 없습니다.

프랑스의 영향력 있는 과학자이자 수학자인 블레즈 파스칼(Blaise Pascal)의 조카딸 마거리트 페리에(Marguerite Perrier)는 눈에 누공(瘻孔)이라는 중증 지병이 있어 늘 악취를 풍겼습니다. 그런데 1656년 3월 24일 어느 수도원에서 극적으로 병이 완치되었습니다. 뼈가 악화되던 증세까지 즉각 사라졌습니다. 의학적 증거와 목격자들이 있었고 교구에서도 병이 나았음을 확증했습니다. 왕실 의사들의 검진을 거쳐 여왕이 친히 완치를 선언하기까지 했어요. 이후 몇 달 동안 80건의 기적이 더 이어졌습니다. 보다시피 근자에 공적으로 벌어진 기적들이었고, 많은 목격자에 의료진까지 인증했습니다. 이 모두가 흄이 정한 증거의 기준에 부합했습니다. 그런데도 결국 흄은 이 모두를 해당 없다며 일축했습니다.

나 ___ 어째서입니까?

키너 ⎯⎯⎯ 기적이 아예 불가능하다는 전제 때문이지요. 자연법 위반 이니까요. 그야말로 순환 논리의 단적인 예입니다.

흄이 파스칼의 조카딸에 대한 소식을 서슴없이 송두리째 비웃은 데는 또 다른 이유도 있었다. 그들이 속해 있던 얀센파가 개신교와 가톨릭 양쪽 모두에서 반대하던 논란의 분파였기 때문이다.

나 ⎯⎯⎯ 인류의 일관된 경험상 기적이 아예 발생하지 않는다던 흄의 주장은 어떻습니까?

키너 ⎯⎯⎯ 그건 논증이 아니라 주장입니다. 흄의 말인즉 "기적은 기적이 발행하지 않는다는 원칙에 어긋난다"는 겁니다.[7] 역시 얼마나 순환 논리인지 보십시오. 게다가 그가 기적을 평가하는 기준은 너무 모호하고 아예 모순되기까지 합니다. 예컨대 그는 모든 목격자의 양식(良識)에 흠결이 없어야 한다고 해 놓고는 정작 기적을 목격했다는 사람의 양식에 흠집을 내는 식이거든요.

물론 흄은 개인적으로 기적을 경험한 적이 없습니다. 그런데 거기에 기초하여 인류의 일관된 경험상 기적이 아예 발생하지 않는다고 추론합니다. 아주 불합리한 비약입니다. 특히 기적을 목격한 사람들의 설득력 있는 증언이 수없이 쏟아져 나오는 오늘날에는 더욱 그렇습니다.

나 ⎯⎯⎯ 내가 의뢰해서 실시한 전국 여론조사에 따르면 미국 성인

9,400만 명 이상이 하나님의 기적으로밖에 설명할 수 없는 일을 경험했다고 답했습니다. 다른 조사들을 바탕으로 전 세계를 다 합하면 그 수치는 억대에 달합니다.

키너   (고개를 끄덕이며) 맞습니다.

나   물론 그렇다고 반드시 진짜 기적이었다는 뜻은 아니지요. (나는 조심성을 보였다.)

키너   그렇습니다. 아마 절대다수는 우연의 일치, 특이 현상, 착각, 속임수, 위약 효과, 기타 등등일 겁니다. 분명히 그런 경우도 있음을 인정해야 합니다. 하지만 모든 사례를 다 그렇게 설명할 수 있을까요?

(그는 고개를 저으며 스스로 답했다.) 그렇게 본다면 순전히 이성을 거부하고 증거를 무시하는 처사입니다.

벌거벗은 흄 임금님

나는 잠시 노트를 뒤로 넘겨 여태까지 키너가 한 말을 얼른 훑어보았다. 그러고 나서 말을 이었다. "흄의 논증에 그토록 약점이 많은데도 회의론자들은 지금도 그의 말을 아주 빈번히 인용합니다. 저는 이게 잘 납득이 안 갑니다."

"내 생각도 같습니다. 흄이 작품을 처음 발표했을 때부터 비판자들이 여러 뻔한 문제점을 지적해 왔고, 심지어 오늘날에는 그런 비판이 더욱 강합니다. 지독하리만치 혹독한 비판도 있고요. 다양한 배경의 많은 철학자들이 마침내 흄을 '벌거벗은 임금님'이라 선언하고 있습니다."

그중 저명한 과학철학자 존 이어먼(John Earman)의 신랄한 비판을 옥스퍼드대학교 출판부에서 *Hume's Abject Failure*(흄의 비참한 실패)라는 제목으로 펴냈다. 다음은 그 책 서문에 나오는 글이다.

> 흄의 논문은 목표를 달성하지 못했을 뿐 아니라 목표가 모호하고 불명확하다. 흄의 고찰은 대부분 선대나 동시대 사람들의 저작에 나오는 논증을 재탕한 것이라 독창성이 없다. 특히 흄을 돋보이게 한 "기적" 부분을 정밀 조사해 보면 그는 아예 자격조차 없다. 더욱이 이 논문은 흄 자신의 귀납법 추론과 개연성 추론이 얼마나 빈약하고 빈곤한지 여실히 보여 준다. 무엇보다 논문 속의 무리한 일반화는 철학에 오명을 씌우기까지 한다.[8]

흄이 장황한 이야기로 기적을 반박한 진짜 배후는 무엇일까? 이어먼은 제도 종교에 대한 적대감이 흄의 동기였다고 확신한다. 제도 종교는 "흄이 보기에 미신의 소굴이어서 인류에게 거의 시종일관 악영향을 끼쳤다." 이어먼에 따르면 흄은 신앙의 "한 중심축에 치명타를 날리려는 강한 욕망"에 이끌려 결국 "책임지지도 못할 내용까지 무리하게 주장했다."[9]

덧붙여 말하자면, 흄을 맹비난하는 이어먼에게 일각에서 혹시 기독교를 변증하려는 "속셈"이 있는 게 아니냐는 의문을 제기했다.

이어먼은 유대-기독교(Judeo-Christian)의 유산을 다분히 존중한다면서도 자신에게 "기독교의 신학 교리는 지적으로나 정서적으로 아무런 매력도 없다"라고 말했다.[10] 그를 인터뷰한 작가가 지적했듯이 "그의 목표는 기적의 가능성도 허용되고 기적의 주장에 대한 건강한 회의론도 허용되는 그런 인식론을 구상하는 데 있다. 이는 많은 유신론자들도 받아들이는 쌍둥이 목표다."[11]

프린스턴대학교에서 철학 전공으로 박사 학위를 받고 현재 예시바대학교 교수로 재직 중인 데이비드 존슨(David Johnson)도 흄의 기적 논증을 "전혀 가치가 없다"고 보았다.[12] 코넬대학교 출판부에서 간행한 저서에서 그는 이렇게 말했다. "흄의 논문에 …… 강력하거나 신랄하기는 고사하고 피상적으로나마 좋은 논증이나 답변이나 반론이 조금이라도 있다는 견해는 철학적 신화일 뿐이다."[13]

옥스퍼드대학교 교수로 재직하다 지금은 은퇴한 철학자 겸 신학자 키이스 워드(Keith Ward)는 흄의 기적 논증이 "지독히도 부실하다"며, 이는 "흄 철학의 전반적 예리함에 감동한" 부류만이 받아들일 뿐 "그 예리함이 그의 기적 논고에까지 이어지지는 않는다"고 평했다.[14]

'비범한 증거'라는 애매한 기준

키너에게 물었다. "흄의 접근이 통하지 않는다면 이제 우리는 기적의 주장을 어떻게 보아야 할까요?"

키너는 몸을 앞쪽으로 기울이며 운을 뗐다. "건강한 분량의 회의를 품되 열린 마음으로 증거를 보아야 한다고 생각합니다. 우선 목격자가 있습니까? 독립되고 믿을 만한 복수의 목격자가 있으면 그만큼 그들의 증언이 정확할 개연성이 높아집니다. 평소의 평판으로 보아 목격자가 정직한 사람입니까? 그가 그 증언으로 얻거나 잃을 게 있습니까? 사건을 관찰할 기회가 충분히 있었습니까? 그밖에 다른 확증이 있습니까? 진료 기록부가 있습니까? 사건의 정확한 정황과 타이밍은 어떻습니까? 자연적 설명이 가능합니까?"

나는 제리 코인의 말을 지적했다. 그는 기적을 확신하려면 "대규모의 증거가 문서로 충분히 입증되어야 한다. 복수의 믿을 만한 자료를 통해 그대로 재현되거나 별도로 확증되어야 한다"라고 했다.[15]

키너가 대답했다. "재현된다고요? 기적은 일회적 사건입니다. 되풀이될 수 없는 역사의 일부지요. 사람이 죽었다 살아났는지를 어떻게 시험할 수 있습니까? 다시 죽여 봅니까? 그건 아니겠지요." 그는 웃었다. "하지만 그 점만 제외하고는 코인이 말한 기준에 부합하는 사례가 얼마든지 많습니다."

"입증 책임의 적정선은 어느 정도일까요? 비범한 주장일수록 비범한 증거가 필요하다는 회의론자들이 많습니다."[16]

"문제는 **비범하다**와 같은 애매한 용어를 어떻게 정의하느냐는 겁니다. 회의론자들은 대개 기준을 너무 높게 정합니다. 나는 믿을 만한 증거가 충분히 있으면 된다고 봅니다. 그게 무엇인지는 각 경우마다 다르겠지요. 너무 경솔하게 믿지 않으면서도 처음부터 기적을 배제하지 않으려면 기준이 합리적이어야 합니다."

"당신이 제시하는 기준은 무엇입니까?"

"민법의 기준은 '개연성이 과반인 수준'입니다. 대다수 역사가도 그 기준을 연구에 적용합니다. 기적의 주장을 평가할 때도 이 기준을 적용하면 적절하리라 봅니다. 물론 결국은 누구나 각자의 해석의 틀로 사건을 보겠지만 말입니다."

"다시 말해서 사실은 세계관의 문제라 그거군요?" 내가 말했다.

"맞습니다. 흄처럼 기적이 발생할 여지를 아예 허용하지 않는다면 단 하나의 기적도 눈에 띄지 않을 겁니다. 그러나 늘 열린 마음으로 증거가 이끄는 대로 따라간다면 뜻밖의 자리에 이를 수도 있습니다."

나는 펜을 손에 든 채로 노트를 넘겨 백지를 폈다. 이제 바로 그 상태에서 시작할 차례였다.

생각 정리

1. 신약학 교수 크레이그 키너는 마태복음과 마가복음과 누가복음과 요한복음
   의 장르가 신화나 전설이 아니라 "고대 전기"라고 변호한다. 이로 인해 복음
   서를 보는 당신의 관점이 달라졌는가? 복음서의 역사적 정확성과 관련하여
   키너의 견해는 어떤 의미가 있는가?

2. 예수의 기적은 그분의 생애와 사역을 담은 가장 초기 기록물들에도 등장한
   다. 이것이 기적의 신빙성을 더 뒷받침한다고 보는가 혹은 아니라고 보는가?
   이유를 말해 보라.

3. 마이클 셔머는 데이비드 흄이 "압도적 논증"으로 기적을 반박했다며 그의 말을 인용했지만 키너는 오히려 회의론자 흄을 논박했다. 흄은 어떻게 순환 논리의 덫에 빠졌는가? 비신자 철학자 존 이어먼은 *Hume's Abject Failure*(흄의 비참한 실패)라는 제목을 붙여 책을 펴냈다. 제목에 동의하는가? 이유를 말해 보라.

4. 일부 회의론자들은 기적에 "비범한 증거"가 필요하다지만 키너는 "믿을 만한 증거가 충분히" 있으면 된다고 말한다. 당신이 보기에 이는 합리적인 기준인가? 왜 그런가 혹은 왜 그렇지 않은가?

5. 누군가 기적이 일어났다고 말할 경우, 당신이라면 어떤 증거를 보아야 그 주장을 믿는가? 어떤 목격자여야 당신에게 설득력이 있겠는가? 증언의 사실성 여부를 가릴 기회가 주어진다면 목격자에게 어떤 질문을 던지겠는가? 도움이 될 만한 증빙 서류는 무엇인가?

6. 당신이 보기에 그리스도인들은 특이한 사건에 너무 성급히 '기적'이라는 말을 붙이는가? 너무 경솔하게 믿는가? 더 회의적이어야 하는가? 왜 그렇게 생각하는가? 혹은 그와 반대라면 그리 생각하는 이유는 무엇인가? 건강한 회의와 편협한 사고는 어떻게 다른가?

No 6.

증언의 밀물

'이 시대'에도 하나님은
초자연적으로 일하시는가

(크레이그 S. 키너 박사와 인터뷰)

　한 의사가 크레이그 키너가 기적에 관해 쓴 두 권짜리 책을 집어 들었다. 목표는 단 하나, 고도로 회의적인 자신의 세계관을 더욱 군히기 위해서였다. 그의 말이다. "나는 또 하나의 신학자를 **간파할** 준비가 되어 있었다. 그 역시 심인성 질환, 장기 후속치료 없는 일시적 호전, 오진, 전환 장애, 가짜 치료, 자기기만 등을 잘 모르는 사람일 테니 말이다."

　하지만 나중에 그는 "허를 찔렸다"고 시인했다. 여러 장에 걸친 철학적 내용을 헤집고 나니 그 책의 중핵을 이루는 수천 가지 사례

연구가 이어졌다. 절대 평범하지 않은 치유들, 기타 신기한 사건들인데, 목격자의 증언은 물론 많은 경우 명명백백한 증거로 확증되기까지 했다.

"의사로서 적지 않은 경험과 경력을 쌓았던 나는 회의론자의 비판적 시각으로 철저히 무장하고 책을 읽었다." 그 의사의 말이다. 물론 더러는 증빙 서류가 부족하여 설득력이 떨어지는 보고도 꽤 있었다. 또 어떤 사건은 자연적 설명이 얼마든지 가능한 경우들도 있었다. 하지만 모든 사례가 다 그렇지는 않았다. "전혀 그럴 사람이 아닌 내가 [수백 건의 사례 연구에] 아연실색했다. 답이 뻔하다는 듯 손사래 치며 일축할 문제가 아니었다. 결국 내 세계관의 기초가 허물어졌다.'"

많은 기적의 주장에서 증거들이 가진 설득력은 그 정도로 강력하다. 사실 키너 역시 증거의 위력 앞에 굴복했다.

의심의 해석학

키너　내가 무신론자였을 때는 당연히 기적의 가능성을 믿지 않았습니다. 하지만 믿은 뒤로도 회의론이 꽤 남아 있었어요. 그리스도인이니까 원칙적으로 기적을 믿었지만 솔직히 많은 기적을 들으며 '정말일까?' 하고 의심했습니다.

나　역사가로 일하다 보니 아무래도 영향을 받은 거로군요.

키너　예, 우리는 비판적으로 사고하고 설득력 있는 자료를 요구하라고 배우거든요. 거의 의심의 해석학에 따르는 겁니다. '일단 무조건 다 의심하라. 그러고도 결국 무엇이 남거든 받아들여도 되지만 단 잠정적이어야 한다.' 이것이 대체로 학자들의 자세입니다.

나 이 주제를 연구하면 직업적으로 위험 부담이 따를 수 있지요?

키너 물론입니다. 그 책을 처음 쓸 때도 혹시 형편없는 학자라는 딱지가 붙을까 봐 걱정이 되더군요. 기적의 사례를 조사하여 문서화하기로 했으니까요. 진리를 추구하기보다 그냥 회의론 속에 정체되어 있는 게 솔직히 학자로서 더 안전합니다.

문득 내가 전에 어느 명문 공립대학교에서 인터뷰했던 교수가 떠올랐다. 그는 예수께 기도하여 자신의 뇌종양을 신기하게 고침받은 일을 자세히 들려주었다. 하지만 그 사례를 책에 싣지는 못하게 했다. 왜 그랬을까? 그는 "종신 교수직 심사가 얼마 남지 않았는데 동료 교수들이 나를 책잡을지도 모르니까요"라고 말했다.

하지만 키너는 연구에도 "정직한 지성을 유지하려 했고" 또 "단서가 이끄는 데로 따라가려" 했다고 말했다. 그래서 그런 단서는 그를 어디로 데려갔을까?

키너 어디를 보나 자연적 결론보다는 초자연적 설명에 더 걸맞

기적인가
우연인가

은 기적이었습니다. 머잖아 수많은 사례가 밀물처럼 밀려
왔지요.

나   예를 들면요?

키너   예를 들면…….

내 말을 따라하는 그에게서 도전에 맞서려는 열의가 느껴졌다.
키너는 여태 접했던 많은 사례 연구를 머릿속으로 쭉 훑어 내려가
면서 긴박하고도 진지한 어조로 말문을 뗐다.

키너   백내장과 갑상선종이 순식간에 눈에 띄게 좋아지더니 완
치되고, 중풍 환자들이 갑자기 걸었습니다. 다발성 경화
증의 근원이 치료되고, 골절 부위가 돌연 나았습니다. 청
각장애인이 듣고, 시각장애인이 보고, 목소리가 회복되
고, 화상이 사라졌습니다. 과다 출혈이 멎고, 신장병이 치
료되고, 류머티즘성 관절염과 골다공증이 없어졌습니다.
죽은 지 몇 시간이나 지난 사람이 다시 살아났습니다.
사례의 출처도 중국, 모잠비크, 필리핀, 나이지리아, 아르
헨티나, 브라질, 쿠바, 에콰도르, 인도네시아, 한국, 그 밖
의 나라들까지 전 세계를 망라합니다. 평소 정직하다는
평판을 얻은 목격자들이 여러 명이며 그중에는 의료진도
있습니다. 이름과 날짜는 물론 많은 경우에 진료 기록부
까지 있고요. 청각장애인의 완치를 확인한 과학 연구 한

편은 그 분야 전문가들의 평가까지 거쳤습니다.

대개 가장 극적인 요소는 타이밍입니다. 예수께 기도한 직후에 즉시 나타난 결과라는 겁니다. 악성 뇌종양과 망상세포성 육종 등 암이 치유된 사례도 많은데 대부분 책에 넣지 않았습니다. 분명히 자연 치유라 치부할 사람들이 있을 테니까요. 하지만 구체적인 기도 끝에 그토록 신속하고 완전하게 이루어진 회복이라면 심히 수상한 일이지요.

나   그래서 이 모두에서 당신은 어떤 결론을 도출하셨습니까?

키너   이런 현상 중 다수가 신이 개입하지 않고서는 일어날 수 없다는 겁니다. 다시 말해서 자연적 설명보다 초자연적 설명에 더 걸맞은 사례가 많습니다.

나   당신에게 전환점이 된 일은 무엇입니까?

답변을 듣고 보니 아주 개인적인 일이었다.

죽었다 살아난 테레즈

오랜 세월 키너는 처형인 테레즈 마누아(Thérèse Magnouha) 이야기를 막연히 전해 들었다. 테레즈가 어떻게 되었다던가? 다시 살아났다던가? 소생했다던가? 죽음에서 부활했다던가? 나중에 직접 아프리카까지 가 콩고공화국을 가로지르고 나서야 실제로 무슨 일이 있었는지 목격자들에게 직접 들을 수 있었다. 그의 가족과 관계된 경험이라서 특히 더 의미가 깊었다.

나   테레즈가 몇 살 때 그 일이 있었습니까?

키너   두 살이었어요. 하루는 장모님이 옆집에 음식을 가져다주러 잠깐 나갔다 돌아오니 아기였던 테레즈가 울고 있더랍니다. 뱀에 물렸던 겁니다. 장모님이 도움을 받으러 달려가려고 테레즈를 등에 업자마자 금방 테레즈의 숨이 멎었습니다.

병원이나 의사는 없었다. 키너의 장모는 아이를 업은 채로 산지를 올라갔다 반대편으로 내려가 "코코"(할아버지라는 뜻) 은고마 모이즈(Ngoma Moïse)라는 지인을 찾아갔다. 키너의 장모 말대로라면 겨우 두 살배기 아이였던 테레즈는 무려 세 시간이 넘도록 숨이 멎어 있었다.

나   세 시간이나요? 6분만 산소가 없어도 뇌는 손상되잖아요.

키너   맞습니다. 역시 의사의 도움을 받을 길이 없어, 도착한 후에도 그들이 할 수 있는 일이라고는 예수께 기도하는 것뿐이었습니다. 그래서 기도했지요. 그렇게 하늘을 향해 부르짖고 있는데 테레즈가 다시 숨을 쉬기 시작했습니다.

나   부작용이 있었습니까?

키너	그래서 더 놀랍다는 겁니다. 부작용이 전혀 없었거든요. 아이는 즉시 회복되었고 이튿날에는 멀쩡했습니다. 테레즈는 최근에 신학대학원에서 학위를 마치고 전임 사역을 준비 중입니다. 그러니까 뇌손상이나 다른 문제는 없었던 거지요.
나	(내 회의론이 발동했다.) 내가 맞혀 볼까요? 그들이 속한 교회가 열광적인 은사주의 계열이겠지요. 거기서는 극적인 기적의 주장이 넘쳐 나잖아요.
키너	(그는 고개를 저었다.) 아닙니다. 그들은 주류 장로교단 소속입니다.
나	주변에 의사도 없었는데 아이가 실제로 죽었는지 어떻게 압니까?
키너	그 문화 사람들은 서구인보다 훨씬 많이 죽음을 직접 접합니다. 그래서 죽은 사람을 잘 알아볼 수 있지요. 게다가 엄마라면 어떻게든 자식의 숨이 붙어 있다는 희망을 붙잡으려 합니다. 설령 아이가 임상적으로 죽지 않았다고 칩시다. 그래도 그 회복은 최소한 기이한 일입니다. 기도가 시작된 직후였으니 특히 타이밍이 그렇고요.

가족과 관계된 일인 만큼 이 사건은 키너에게 깊은 울림을 주었다. 하지만 그의 책에 기록된 수많은 기적을 읽어 보면 이것은 가장 잘 증명한 기적 축에 끼지도 못한다.

138

기적인가
우연인가

나   키너, 당신이 조사한 모든 사례 중에서 목격자와 증거가
가장 확실하고 탄탄한 사례는 무엇입니까? 몇 가지만 말
씀해 주시지요.

키너   (그는 미소를 머금고 의자에 깊숙이 앉으며 물었다.) 시간이 얼마나 있
습니까?

청력을 되찾은 아이

이때부터 키너는 지금까지 조사했던 사연들 중 일부를 들려주
었다. 우선 1982년 9월에 귀가 들리지 않는다는 진단을 받은 영국
의 아홉 살짜리 여자아이 이야기부터 시작했다. 바이러스 때문에
양쪽 귀의 신경이 심각하게 손상돼 있었다.

"해당 분야에서 명망이 있는 의사 R. F. R. 가드너(R. F. R. Gardner)
박사가 보고한 사례입니다"라고 키너는 말했다.[2] "이 사례가 특히
흥미로운 것은 치유 이전과 직후에 의사가 이를 확인했다는 점입
니다. 그런 경우는 드물거든요."

아이의 진료 기록부에 적힌 진단명은 "불치의 감각신경성 양쪽
귀 청력 상실"이었다. 주치의는 아이 부모에게 치료법도 없고, 손상
된 신경을 고칠 방도도 없다고 말했다. 그나마 보청기 덕분에 아이
는 어느 정도 들을 수 있었다.

아이는 평생 보청기를 껴야 하는 게 싫었다. 그래서 하나님께
고쳐 달라고 기도하기 시작했다. 가족들과 친구들도 가세했는데,

아이 엄마는 하나님의 도움을 구하라는 분명한 감화를 느끼기까지 했다. 엄마의 말이다. "구체적으로 치유를 위해 기도하라고 하나님이 명하시는 게 계속 느껴졌어요. 성경을 읽어도 자꾸 이런 구절만 튀어 나왔어요. 너희에게 어린아이 같은 믿음이 있으면 …… 너희 중에 병든 자가 있거든 안수하여 …… 구하라 그리하면 받을 것이요 …… 네 믿음이 너를 구하였으니."

1983년 3월 8일, 아이가 학교에 있을 때 보청기가 고장이 났다. 그래서 아이는 그날 이비인후과 병원을 찾아갔고, 청력 검사를 받고 보청기를 고쳐 집으로 돌아왔다. 그런데 이튿날 저녁, 잠자리에 들었던 아이가 갑자기 보청기를 끼지 않은 채로 계단을 뛰어 내려오며 외쳤다. "엄마, 소리가 들려요!"

깜짝 놀란 엄마는 딸이 소리와 말을 알아듣는지 시험해 보았다. 아이는 속삭이는 소리까지도 알아들었다. 엄마의 전화를 받은 의사는 "그럴 리가요. 불가능한 일입니다. 물론 기적이 일어났다면 다행이지만요. 검사부터 해 봅시다"라고 말했다.

이튿날 아이는 재검을 받는데 청력도(聽力圖)와 고실도(鼓室圖)가 완전히 정상으로 나왔다. 의사는 "나로서는 설명할 수 없는 일입니다. 이런 일은 난생처음입니다"라고 말했다.

의사는 의학적으로는 설명이 불가하다고 인정했다. 검사를 되풀이해도 매번 청력도가 정상으로 나오자 아예 할 말을 잃고는 부모에게 "청각장애는 없던 걸로 하십시오"라고 결론지었다.

이비인후과 담당의는 "이해할 수도, 설명할 수도 없다"는 표현을 써 가며 그 일을 진료 기록부에 이렇게 기입했다. "청력도를 보니 분명히 양쪽 귀의 청력이 완전히 정상이었다. 전혀 설명할 수 없는 현상이었지만, 나도 아이의 부모처럼 당연히 엄청 기뻤다. …… 양쪽 귀의 감각신경성 청력 상실은 중증이었는데 어떻게 청력이 정상으로 돌아왔는지 이성적으로 설명이 안 된다."[3]

가드너는 자신의 책에 이런 수많은 사례와 이를 연구한 증거들을 제시하면서 이런 결론을 내렸다. "현대에 기적으로 치유된 사례가 발생했음을 믿는 일은 지적으로 받아들일 수밖에 없다."[4]

그래도 의심하는 사람들에게 그는 어떤 증거라야 선뜻 받아들이겠는지 자문해 보라고 했다. "아무런 증거도 받아들이지 않을 거라면, 자신이 논리적 탐구를 포기했다는 사실을 알아야 한다."[5]

가장 가망 없는 환자 중 하나였다

키너는 이어 다른 사례를 제시했다. 그의 책에 나오지는 않지만 증빙 서류가 아주 많은 사례다. "내가 직접 인터뷰한 바버라(Barbara)는 유명 종합병원인 메이요클리닉에서 진행성 다발성 경화증이라는 진단을 받았습니다." 키너가 말했다. "그녀를 치료했던 두 의사에게서 내가 사실관계를 확인했습니다. 그녀의 병세를 보았던 신원이 확실한 목격자가 다수이며 여러 해 동안의 진료 기록부도 있습니다. 이 사례가 워낙 신기하여 책에 수록한 의사도 둘이나 됩니다."[6]

그중 하나인 해럴드 P. 아돌프(Harold P. Adolph) 박사는 평생 집도한 수술만도 2만 5천 회에 달하는 협회 공인 외과 의사다. 그런 그가 "바버라는 여태 내가 보았던 가장 가망 없는 환자 중 하나였다"고 단언했다.

또 다른 의사 토머스 마셜(Thomas Marshall) 박사는 30년간 내과 의사로 일하다 최근 은퇴했다. 그가 들려준 바버라 이야기다. 그녀는 고등학교 때 체조 꿈나무였고 관현악단에서 플루트를 연주했다. 그런데 증상이 나타나기 시작하면서 체조 시간에 링을 잡지 못하고 자꾸 넘어지고 벽에 부딪쳤다. 결국 상태가 악화된 뒤에 척추 천자(穿刺)와 여러 검사를 한 끝에 진행성 다발성 경화증 확진을 받았다. 메이요클리닉의 의료진도 병증을 철저히 검진한 끝에 그 끔찍한 진단을 확인했다.

"예후가 좋지 않았다"고 마셜은 말했다. 이후 16년 동안 상태가 계속 악화되었다. 입원한 기간만도 여러 달인데 대개 호흡 곤란에 따른 폐렴 때문이었다. 횡격막 하나가 마비되어 한쪽 허파가 움직임을 멈췄고 반대쪽 허파도 겨우 50퍼센트만 자기 몫을 해냈다. 기관조루술(氣管造瘻術)로 목에 튜브를 끼워, 집 차고에 놓아 둔 산소통에서 나오는 산소로 겨우 호흡을 유지했다.

대소변도 가릴 수 없어 방광에 도뇨관을 끼웠고 회장(回腸)조루술로 대변을 받아 낼 주머니를 달았다. 또 그녀는 시각장애인이 되어 글을 읽지 못했고, 물체가 흐릿한 형상으로만 보였다. 급기야 위장에 음식물을 공급하는 튜브까지 삽입하기에 이르렀다.

아돌프는 "그녀의 장 근육이 작동하지 않는 바람에 복부가 흉측하게 부풀어 올랐다"고 증언했다.

다음은 마셜의 말이다. "이제 그녀는 산소 없이는 생명을 이어갈 수 없었다. 움직이거나 운동할 수 없다 보니 근육과 관절이 기형적으로 수축했다. 메이요클리닉이 마지막 희망이었으나 그들이라고 이 병의 진행을 중단시킬 뾰족한 방도가 있을 리 없었다. 기도로 기적을 구하는 수밖에 없었다."

1981년은 바버라가 걷지 못한 지 7년째 되던 해였다. 몸이 꽈배기처럼 뒤틀어진 그녀는 태아처럼 쪼그린 자세로 병상에 갇혀 있었다. 두 손은 영구적으로 구부려져 손가락이 팔목에 닿다시피 했고, 두 발은 아래쪽으로 뻗은 채 굳어 있었다.

마셜이 환자 가족들에게 설명했듯이 이제 죽음은 시간문제일 뿐이었다. 그들은 심폐소생술이나 장기 입원 등 그녀를 살려 두기 위한 특단의 조치를 일절 취하지 않기로 동의했다. 그래 봐야 불가피한 결말을 지연시킬 뿐이었다. 그때부터 바버라는 자택에서 호스피스의 도움을 받았다. 남아 있는 기대 수명은 6개월도 채 되지 않았다.

의학적으로 불가능한 일

어느 날 누군가 시카고 무디 성경연구소의 라디오 방송국에 전화하여 바버라의 사연을 소개했다. 그녀를 위해 간절히 기도해 달라는 요청이 청취자들에게 전해졌다. 약 450명의 그리스도인이 바버라의 교회에 편지를 보내 그녀를 위해 기도하고 있음을 알렸다.

1981년 오순절 일요일에 숙모가 병문안을 와서 사람들의 편지 몇 통을 바버라에게 읽어 주었다. 거기에는 치유를 구하는 기도가 적혀 있었다. 동성 친구 둘도 그 자리에 함께 있었다. 잠시 대화가 끊긴 사이에 갑자기 바버라에게 등 뒤쪽에서 남자 목소리가 들렸다. 그들 외에는 방에 아무도 없었는데 말이다. 마셜은 "말소리가 분명하고 또렷했으며 아주 권위 있으면서도 깊은 긍휼이 담겨 있었다"라고 썼다.

그 목소리는 "내 아이야, 일어나 걸으라!"라고 말했다.

동요하는 그녀의 모습을 한 친구가 보고 목에 뚫린 구멍을 막아 말할 수 있게 해 주었다. 바버라가 그들에게 말했다. "어떻게들 생각할지 모르지만 방금 하나님이 내게 일어나 걸으라고 하셨어. 정말 그렇게 말씀하셨어! 얼른 가서 가족들을 불러 줘. 가족들도 함께 있어야 하니까!"

친구들은 뛰어나가 큰 소리로 그녀의 가족들을 불렀다. "빨리 와 보세요. 빨리요!"

그다음에 벌어진 일을 마셜은 이렇게 기술했다. "바버라는 당장 하나님이 시키신 대로 하지 않을 수 없었다. 그래서 그야말로 침대에서 벌떡 일어나 산소 튜브를 떼어 냈다. 오랜 세월 몸을 지탱해 주지 못하던 두 발로 우뚝 섰다. 시력도 되돌아왔고 산소가 없어도 더는 숨이 차지 않았다. 수축 증세도 사라져 손발을 자유자재로 움직일 수 있었다."

방으로 달려온 어머니는 털썩 무릎을 꿇고 앉더니 딸의 종아리를 만지며 "근육이 다시 생겨났어!"라고 외쳤다. 뒤따라온 아버지는 딸을 끌어안은 채 "얼른 거실로 데려가 빙글빙글 춤을 추었다"고 마셜은 썼다.

다들 거실로 자리를 옮겨 눈물의 감사 기도를 드렸다. 바버라는 이제 가만히 앉아 있기가 힘들었다. 그날 밤 바버라 일가가 다니던 휘튼웨슬리안교회에서 예배가 있었다. 회중 대부분이 그녀의 중병을 알고 있었다. 예배 중에 목사는 혹시 누가 광고할 게 있느냐고 물었다. 바버라는 중앙 통로를 따라 편안한 걸음으로 앞으로 나갔다. 가슴이 두근거렸다.

마셜의 말이다. "장내에 웅성거림이 가득하더니 사람들이 박수를 치기 시작했다. 그러다 마치 하나님의 지휘라도 받은 냥 온 교인이 노래를 불렀다. '나 같은 죄인 살리신 주 은혜 놀라워. 잃었던 생명 찾았고 광명을 얻었네.'"

이튿날 바버라는 마셜의 진료실로 검사를 받으러 왔다. 복도를 걸어 다가오는 그녀를 보며 "나는 유령인 줄 알았다. 여태 아무도 이런 일을 본 적이 없다"라고 그는 술회했다. 그는 바버라에게 "의학적으로 불가능한 일입니다. 이제 자유로이 나가서 인생을 사십시오"라고 말했다.

아돌프에 따르면 그날 오후에 흉부 엑스레이를 찍어 보니 양쪽 허파가 이미 "완전히 정상"이었다. 쪼그라들었던 허파가 완전히 팽창된 것이다. "복벽에 들러붙어 있던 장도 다시 정상 위치로 돌아와 있었다. 그녀는 마침내 건강을 완전히 회복했다."

바버라는 그 일이 일어난 뒤 지금까지 35년간 한 번도 병이 재발한 적이 없다. "그 후에 목사와 결혼한 그녀는 남을 섬기는 삶을 평생의 소명으로 삼고 있다"라고 마셜은 전했다.

두 의사 모두 이 비범한 회복이 신기하기만 했다. 마셜은 이렇게 썼다. "나는 그런 일을 전에도 목격한 적이 없었고 그 후로도 없었다. 참된 기적을 행하시는 하나님의 손을 보았으니 진귀한 특권이 아닐 수 없다."

아돌프는 "바버라를 낫게 하신 분이 누구인지 본인도 알고 나도 안다"고 고백했다.

감쪽같이 사라진 발목 골절

나는 바버라의 이야기에 아연실색하여 한동안 말을 잃었다. 키너도 함께 놀라워하며 말했다. "나도 바버라를 인터뷰해 보았는데, 오래전 일이었는데도 여전히 흥분을 가눌 줄 모르더군요."

내 머릿속으로 자연적 설명을 찾아보았으나 허사였다. 그녀의 회복을 일종의 자연 치유라 일축할 수 있을까? 만일 그렇다면 왜 그 세월을 다 보내고 순식간에 회복되었는가? 수백 명의 사람이 그녀를 위해 기도하고 있던 하필 그때에 말이다. 회복에는 대개 시간이 걸리는 법이다. 이 사건은 위약 효과나 오진이나 속임수나 우연

기적인가
우연인가

의 일치나 의료 과실로는 도저히 설명이 불가하다.

게다가 그녀에게 일어나 걸으라고 말한 신비의 목소리는 어떤가? 바짝 말라 굳어 있던 두 다리에 즉각 재생된 근육은 또 어떤가? 시력과 허파 등이 순식간에 동시다발적으로 치유된 사실은 어떤가? 회의론자들은 대개 증거의 기준을 높게 제시한다. 그런데 바버라의 사례는 시비할 수 없는 성품과 전문 지식을 지닌 목격자가 워낙 많은 데다 확증 서류까지 넘쳐 나기 때문에 아무리 높은 기준에도 부합한다.

기적을 배격하는 선입견만 없다면, 이는 신의 개입을 확실히 보여 주는 설득력 있는 사례다. 더욱이 키너의 말은 아직 끝나려면 멀었다. 그는 자신의 책에 증거를 제시했던 일련의 놀라운 사연을 열거하기 시작했다. 칼 코커렐(Carl Cocherell)의 사연도 그중 하나다.

"2006년 3월에 칼은 미주리로 가던 길에 자동차 오일을 점검하다 실족했는데 뼈에 쫙 금이 가는 게 느껴졌습니다." 키너가 말했다. "엄청난 통증에 혼절하고 말았지요. 방사선과의 엑스레이 소견서 사본이 내게 있는데 골절이 아주 또렷하게 나타납니다. 정형외과 의사는 그를 하룻밤 입원시켰습니다. 그런데 밤사이에 칼은 주님으로부터 온 어떤 음성을 경험합니다."

"그 음성이 뭐라고 말했나요?" 내가 물었다.

"발목 골절이 사라졌다고 했습니다."

"엑스레이를 두 눈으로 확인하셨지 않습니까?" 나는 고개를 갸우뚱하며 말했다.

"그렇습니다. 이튿날 의사가 그의 다리에 깁스를 하면서 나중에 몇 달간 물리치료를 해야 한다고 일러 주었습니다. 그런데 그가 미시간으로 돌아와 주치의가 엑스레이를 다시 찍었는데, 이번에는 결과가 완전히 다르게 나왔습니다."

"어떻게 말입니까?"

"뼈가 부러졌던 자리에 골절은커녕 조직 손상조차 없었습니다. 그 방사선과 소견서도 갖고 있는데 골절이 없다고 나와 있습니다. 의사가 그에게 '당신 발목은 부러진 적이 없습니다'라는 말까지 했지요."

"그러면 미주리에서 찍었던 엑스레이는 어떻게 된 겁니까?" 내가 끼어들었다.

키너는 차분히 이야기를 이어 갔다. "미주리에서 가져온 엑스레이를 의사가 보고 '이건 분명히 발목 골절이군요'라고 말했답니다. 그런데 골절이 흔적조차 없이 사라진 겁니다. 의사는 깁스를 풀고 칼을 돌려보냈습니다. 그 뒤로 칼은 아무런 문제도 없었고, 아무런 치료도 필요 없었습니다."

"당신은 이 일을 어떻게 보십니까?" 내가 물었다.

"개인적으로 자연적 사건일 수는 없다고 봅니다. 62세 남자의 뼈가 골절의 흔적조차 남지 않을 정도로 그렇게 빨리 치유되겠습니까? 그럴 리가 없겠지요. 또 하나님이 그에게 쾌유를 미리 말씀해 주셨다는 사실도 당연히 설명이 안 됩니다."

예수님이 고쳐 주실 수 있어요?

키너가 그다음에 거론한 사례는 에드 윌킨슨(Ed Wilkinson)이었다. 신경심리학을 공부한 에드는 신앙에 의지하여 병을 고치려는 사람들이 종교를 마치 신경증처럼 현실 도피로 이용할 뿐이라고 확신했다.

키너가 말했다. "그런데 1984년 11월에 그의 여덟 살 난 아들 브래드(Brad)의 심장에 두 군데 구멍이 나 있다는 진단이 떨어졌습니다. 그 병으로 인해 폐기능까지 손상되었습니다. 수술 날짜가 잡혔는데 그날이 다가오자 브래드는 살 수 없을 거라 생각했는지 자신의 장난감을 나누어 주더랍니다. 하루는 아이가 아빠에게 '나 죽는 거예요?'라고 물었대요."

"상황이 상황이니만큼 참 안타까운 질문이네요. 아빠가 솔직하게 답해 주었나요?" 내가 물었다.

"심장 수술을 받는다고 누구나 다 죽는 건 아니지만 죽을 수도 있다고 말했답니다. 그러자 아들이 묻더래요. '예수님이 고쳐 주실 수 있어요?'"

"그것도 쉽지 않은 질문이군요."

"아이 아빠는 신앙이 오용될 때가 많음을 알았기에 '그건 좀 있다 말해 줄게'라고 대답했습니다."

"나중에 정말 말해 주었나요?"

"예, 며칠간 끙끙대며 기도하고 빌립보서 4장 13절("내게 능력 주시는 자 안에서 내가 모든 것을 할 수 있느니라")을 읽고 나서 에드는 아들에게 이렇게 말했습니다. 하나님은 병을 고쳐 주시는 분이지만 이번에 혹시 고쳐 주지 않으시더라도 자기들은 예수 안에서 영생을 얻는다는 희망이 있다고 말입니다. 그 후에 목사가 심방하여 아이에게 '예수께서 너를 고쳐 주실 수 있음을 믿니?'라고 물었습니다. 브래드는 그렇다고 대답했고 목사는 아이를 위해 기도해 주었습니다."[7]

수술을 앞두고 다시 검사했을 때도 브래드의 병세는 여전했다. 이튿날 오전, 브래드는 미주리주 컬럼비아의 미주리대학병원 수술실로 들어갔다. 수술은 네 시간 예정이었는데 한 시간쯤 지났을까, 담당의가 갑자기 에드를 부르더니 필름 두 장을 보여 주었다.

전날 찍은 처음 필름에는 이쪽 심실에서 저쪽 심실로 피가 새는 게 보였다. 그런데 수술을 개시하면서 찍은 두 번째 필름에는 피가 새던 자리에 무슨 벽 같은 게 보였다. 수술 담당의는 브래드의 심장에 아무런 문제도 없다고 말했다. 하루 전만 해도 두 군데 구멍이 똑똑히 보였는데 말이다. 허파도 어느새 정상이었다.

"자주 보지 못한 일입니다." 의사는 구멍이 저절로 메워지는 일이 유아에게는 간혹 있지만 8세 아이에게는 있을 수 없는 일이라고 설명하며 이렇게 덧붙였다. "기적으로 보셔도 되겠습니다."

병원 측 위험관리사는 "필름을 보시면 알잖아요. 오진이 아니었습니다"라고 단호히 말했고, 흉부외과 전문의도 "그동안 어디서 누군가 기도한 게 분명합니다"라고 거들었다.

나중에 보험회사 직원이 에드에게 전화하여 그가 제출했던 서류 내용을 따졌다. "저절로 메워졌다니 그게 무슨 뜻입니까?"

에드는 "기적입니다"라고 답했다.

키너에 따르면 현재 브래드는 30대 사업가로, 자녀도 두었다. 그때 이후로 심장은 더 이상 아프지 않았다.

죽음, 기도, 새 생명

키너는 이어 제프 마킨(Jeff Markin) 이야기를 시작했다. 53세의 자동차 정비사 제프 마킨은 2006년 10월 20일에 플로리다주 팜비치 가든스병원 응급실에 걸어 들어가 심장마비로 쓰러졌다. 40분 동안 응급실 요원들이 사력을 다해 그를 살리려고 제세동기(除細動器)로 일곱 번이나 충격을 주었으나 그는 죽어 있었다.

결국 수석 심장 전문의 천시 크랜덜(Chauncey Crandall)이 와서 시신을 검사했다. 그는 예일대학교를 나온 명망 높은 의사로 복합 심장 질환을 전공한 의대 교수이기도 했다. 마킨의 안면과 손발가락은 산소 부족으로 이미 검게 변했다. 동공도 풀어진 채로 굳어졌다. 소생시키려 해 봐야 부질없는 짓이었다. 저녁 8시 5분, 그의 사망을 공식 선언했다.

최종 보고서를 작성한 크랜덜은 떠나려고 돌아섰다. 그런데 어떤 이상한 충동이 느껴졌다. 훗날 그는 "돌이켜 환자를 위해 기도하라고 하나님이 내게 말씀하시는 게 느껴졌다"고 회상했다. 어이없어 보여서 무시하려 했으나 아까보다 더 강한 하나님의 감화를 다시 받았다.

간호사가 이미 정맥주사 용액을 차단하며 시신을 영안실로 옮기려고 닦고 있었다. 그래도 크랜덜은 시신을 향해 기도했다. "하나님 아버지, 이 사람의 영혼을 위해 간구합니다. 하나님을 자신의 구주와 주님으로 알지 못하는 사람이라면 예수의 이름으로 지금 죽음에서 살려 주십시오."

크랜덜은 응급실 의사에게 한 번 더 시신에 전기 충격을 가하라고 말했다. 소용이 없다고 생각한 응급실 의사는 "여태 몇 번이나 했잖아요. 이미 사망했습니다"라고 항변했다. 그래도 동료를 존중하는 마음으로 못 이기는 척 그 말에 응했다. 그러자 모니터상의 일직선이 순식간에 분당 75회의 정상 심박으로 돌변하여 건강한 리듬을 유지했다. 크랜덜은 "심장 전문의로 일한 지 20년이 넘도록 심장박동이 그렇게 갑자기 완전히 되살아난 경우는 처음 보았다"라고 말했다.

마킨은 보조 장치 없이도 안정적인 호흡을 유지했다. 안면과 손발가락의 검은빛도 싹 걷혔다. 간호사는 환자가 산소 결핍으로 인한 영구 장애를 입을까 봐 기겁했으나 그는 뇌손상 징후를 하나도 보인 적이 없다.[8]

키너는 경이감에 고개를 내두르며 말했다. "당연히 이 사례는 언론에 집중 보도되었습니다. 전국 뉴스 프로그램의 한 의료 자문위원은 마킨의 심장이 완전히 멎지 않고 40분간 아주 미세하게 박동을 유지했다는 식으로 말했습니다."

"크랜덜의 반응은 어땠습니까?" 내가 물었다.

"말도 안 된다는 거지요. 마킨이 저절로 소생했을 리는 없습니다. 본래 그 단계에서는 전기 충격을 가해도 아무런 성과가 없습니다. 현장에 있던 의료진 모두가 마킨의 사망을 인정했고, 그중 한 사람인 크랜덜은 다년간의 경험으로 전국에서 인정받은 심장 전문의입니다."

모든 정황을 종합해 볼 때 회의론에서 내놓는 설명은 다 공허한 억지처럼 들린다. 두 차례의 신비로운 충동도 그렇게는 설명되지 않는다. 그 감화에 이끌려 크랜덜은 중간에 돌아서서 이미 사망이 선언된 사람을 위해 기도하지 않았던가. 그 감화에 반응하지 않았다면 제프 마킨은 지금 무덤에 있을 것이다.

"초자연을 배격하는 논지를 지키려면 비판자들은 개연성의 범위를 애써 좁혀야 합니다." 키너가 말했다.

나는 사도행전 26장 8절이 퍼뜩 떠올랐다. "당신들은 하나님이 죽은 사람을 살리심을 어찌하여 못 믿을 것으로 여기나이까."

맞아요, 기적입니다

키너가 자신이 발굴한 사례를 일일이 다 말하기에 시간이 부족할 듯했다. 기적의 주장을 한정된 범위 내에서만 연구했다는데도 그렇다. 예컨대 시각장애를 고침받은 사람들의 경우만도 그는 350편이나 모았다. 다음은 그의 책에서 임의로 뽑은 몇 가지 사례다.

◇ 데이비드 도미농(David Dominong)이라는 용접공은 2002년 10월에 감전 사고로 거의 전신에 3-4도 화상을 입고 5주 이상 입원했다. 다시 걸으려면 5년은 지나야 한다고 했다. 휠체어에 갇힌 그는 지체 절단까지 생각해야 했다. 그런데 기도를 받고는 즉시 아무런 도움 없이 걷고 달릴 수 있게 되었다.

◇ 알렉스 에이브러햄(Alex Abraham) 박사는 쿨디프 싱(Kuldeep Singh)의 사례를 증언했다. 그는 난치성 간질로 발작이 잦았고, 그러다 의식을 잃기 일쑤였다. 그런데 15년 전에 자네일 싱(Jarnail Singh) 목사가 하나님께 고쳐 달라고 기도한 뒤로 다시는 발작을 일으키지 않았다. 신경과 의사 에이브러햄은 그런 중증 간질이 갑자기 영구적으로 완치되는 경우는 극히 드물다고 말했다.

◇ 매튜 도슨(Matthew Dawson)은 2007년 4월에 호주에서 뇌막염을 확진받고 입원했다. 짧게는 몇 주 길게는 수개월 동안 병원 치료를 받아야 한다고 했다. 그런데 다른 대륙에 있는 그의 아버지가 아들의 소식을 듣고 기도했고, 바로 그 순간 병이 씻은 듯이 나았다.

◇ 쿠바의 의사 미르따 베네로 보사(Mirtha Venero Boza)의 어린 손녀가 어느 날 뜨거운 쇠에 심한 화상을 입어 손이 붓고 살갗이 벗겨졌다. 그런데 기도한 지 30분도 안 되어 아무런 의료

조치도 없이 완전히 나았다. 마치 처음부터 화상이 없었던 것처럼 회복되었다고 한다.

◇ 케임브리지대학교 교수 존 폴킹혼(John Polkinghorne)은 과학과 신학 양쪽 모두에서 박사 학위를 받은 학자로, 두 학문의 접목 분야에서 최고의 학자다. 그가 제시한 사례의 주인공은 부상으로 왼쪽 다리가 마비되었다. 의료진도 장애가 평생 갈 거라며 치료를 포기했다. 1980년에 그녀는 마지못해 어느 성공회 사제의 기도를 받았다. 그런데 환상 중에 일어나 걸으라는 명령을 들었다. 폴킹혼은 "그 순간부터 그녀는 전혀 고통 없이 걷고 뛰고 몸을 구부릴 수 있었다"라고 증언했다.

◇ 의사 존 화이트(John White)는 경추 결핵 진단을 받은 한 여자가 걷지 못하다가 기도 후에 즉시 치유되었다고 보고했다. 그에 따르면 그녀의 담당의는 "체내에 병의 흔적이 전혀 없어 당황했다." 키너는 "그녀의 병은 너무나 확실했는데, 또한 너무도 확실하게 치유되었다. 그녀의 증언은 사실상 논쟁의 여지가 없었다"라고 썼다. 존 화이트는 그녀를 위해 기도했을 뿐 아니라 나중에 그녀와 결혼했다.

◇ 인디애나주 테일러대학교 학생 조이 와니프라이드(Joy Wahnefried)는 수직사위(斜位)가 있어 양쪽 눈에 맺히는 영상의

높낮이가 달랐다. 이로 인한 편두통이 길게는 일주일까지 지속됐고, 그럴 때면 그녀의 일상은 엉망이 되었다. 그런데 한 교수와 학생들이 그녀를 위해 기도회를 열었고, 세 번째 기도 모임에서 조이는 갑자기 치유되었다. 지금은 시력이 1.0이고 치료 불가능하다던 병증도 사라졌다. 담당 검안의는 지금껏 4천여 명 정도의 환자를 보았는데, 이런 일은 처음이라며 "설명이 안 된다"고 말했다. 키너는 낫기 전과 후의 진료 기록부를 모두 갖고 있고, 심지어 현재 그녀는 교정 렌즈조차도 끼지 않는다.

◇ 플로리다주의 한 70세 남성은 자몽만 한 크기의 궤양이 살점을 파먹고 장딴지 근육에 구멍을 내 환부가 뼈에까지 이르렀다. 온갖 치료를 해 보았지만 소용이 없었고, 결국 의료진은 불치병으로 선언하고 다리를 절단할 날짜를 잡았다. 그런데 한 의사가 진물 나는 환부에 손을 얹고 병이 낫도록 기도하자 즉시 회복이 시작되어 나흘 내로 궤양이 차츰 사라지고 새살이 돋았다. 그다음 주에는 완전히 정상으로 돌아왔다. 의사는 "저절로는 될 수 없는 일이다. 불가능하다"라고 소견을 밝혔고, 환자의 아내는 한마디로 "하나님은 정말 계신다. 하나님이 남편의 다리를 고쳐 주셨다"라고 말했다.[9]

◇ 대학 교수 로버트 라머(Robert Larmer)가 전해 준 사례다. B형

간염으로 입원한 메리 엘린 피치(Mary Ellen Fitch)의 이야기다.
환자는 황달 증세를 보였고 간이 부으면서 복부가 부풀어
올랐다. 몇 달간 병원에 있어야 한다고 했다. 그런데 일주일
후에 그녀는 하나님을 깊이 체험하고 그분께 병을 의탁했다.
이튿날 아침에 혈액검사가 정상으로 나왔다. 의료진이
당황하여 다시 검사했으나 결과는 똑같았다. 세월이 흐른
지금도 그녀는 건강하다.[10]

◇ 어느 음성장애와 삼킴장애 클리닉 원장에 따르면 한 52세
남성이 골수 부위 뇌간에 중증 뇌졸중을 일으켰다. 그 부위에
뇌졸중이 오면 삼키는 능력을 완전히 상실한다. 그런데
기도 후에 그는 정상적으로 먹고 삼키는 능력을 되찾았다.
전문의들이 놀라서 입을 다물지 못하자 환자는 "맞아요,
기적입니다"라고 소리쳤다. 이 원장이 클리닉을 운영한 지
15년 동안 그런 회복을 목격하기는 처음이었다.

기적의 밀물

키너의 책에 이런 기적의 주장이 얼마나 수두룩한지 얼마 후에
는 덤덤해지기 십상이다. 게다가 그중 다수는 키너의 지인들의 대
인관계에서 나온 것이므로, 그 수많은 사례들이 그 밖의 모든 초자
연적 사건에 비하면 수적으로 수박 겉핥기에 불과하다. 목격자의

수와 증빙 서류의 양이 사례마다 다르긴 하지만, 그중 다수는 회의
론자들이 내놓는 까다로운 기준을 충족시키고도 남는다.

이런 인상적인 사례를 뒤로하고 이제 나는 화제를 돌려 마이클
셔머의 질문을 거론하기로 했다. 셔머는 하나님이 왜 절단된 사지
를 기적으로 도로 돋아나게 하지 않느냐고 물었다. 키너는 내가 제
기한 반문을 잠시 생각하다가 이렇게 답했다.

키너 ───── 예수께서 행하신 놀라운 기적이 많고 그중에 손 마른 사
람을 고치신 적도 있지만(마 12:9-14 참조), 흥미롭게도 절단
된 팔다리가 다시 돋아난 사례는 없습니다. 나도 팔다리
가 도로 돋아난 사연들을 듣긴 했지만 아직까지 직접 확
인하거나 조사해 본 적은 없습니다.

(그는 기억을 더듬어 덧붙였다.) 수리남의 목사였던 더글러스 노
우드(Douglas Norwood)에 따르면 교회를 대적하던 어떤 사람
이 기독교 집회에 참석했는데, 그는 한쪽 팔이 오그라들
어 평생 마비된 상태였습니다. 그런데 그가 "나는 기독교
의 신에게 도전한다!"라고 외치는 순간 갑자기 팔이 불쑥
솟아나 완전히 치유되었답니다. 그는 그 자리에서 회심했
고, 실제로 이 사건이 운동의 시발점이 되어 수리남에서
수만 명이 그리스도를 믿었습니다.

위스콘신주에서 한 남자가 화물차에 깔려 소장을 대부분
잘라내야 했던 사례도 있습니다. 그는 음식물을 소화하지

못해 서서히 죽어 가고 있었습니다. 81킬로그램이던 몸무게가 56킬로그램으로 줄었어요. 그런데 뉴욕에 사는 한 친구가 하나님의 인도하심을 느껴 뉴욕에서 비행기를 타고 위스콘신주로 날아갔습니다. 순전히 그를 위해 기도해 주러요. 친구가 기도하는데, 남자는 온몸에 찌릿 전기가 통하는 듯한 느낌이 들더니 몸이 회복되었습니다. 실제로 진료 기록부에 소장이 두 배로 길어졌다고 적혀 있습니다. 성인의 소장은 본래 더 넓어질 수는 있어도 더 길어질 수는 없거든요.

나 ___ 신체 부위가 도로 돋아난 사례이긴 하지만, 셔머가 하던 말이 그런 뜻인지는 잘 모르겠습니다. 내 기억에 그는 반박할 수 없는 더 가시적인 치유를 보아야만 되겠다고 했거든요.

키너 ___ 그런 사례도 많습니다. 예컨대 백내장으로 허예지면서 완전히 실명했던 눈이 색도 변하고 건강하게 정상으로 돌아온 경우입니다. 그 정도면 대충 둘러댈 수 없지요.

나 ___ 그래도 당신이 전하는 사연 중에는 아프리카와 아시아 등 이역만리에서 온 게 많습니다. 대다수 극적인 기적은 왜 멀리 저개발 국가에서 일어나는 겁니까? 문서로 입증하기가 특히 어려운 곳에서 말입니다.

키너 ___ 미국은 대체로 의술이 발달해 있습니다. 이 또한 우리에게 주신 하나님의 선물이므로 잘 활용해야 합니다. 그분은 일반적으로 의약을 통해 우리를 치유하십니다. 그런데 세상에는 그런 혜택을 누릴 수 없는 곳이 많지요. 그래서 많은 경우에 하나님의 개입만이 유일한 희망일 겁니다.

여기서 나는 새로운 문화에 복음전도를 개척하는 지역일수록 초자연 현상이 급증하는 경향이 있다던 철학자 J. P. 모어랜드(J. P. Moreland)의 설명을 지적했다. 그는 저서 《하나님 나라의 삼각구도》(*Kingdom Triangle*, 복있는사람 역간)에 이렇게 썼다. "현재 제3세계에서 부흥이 일어나는 주된 요인(일각에서는 최고 70퍼센트까지로 추산한다)은 표적과 기사와 밀접한 관계가 있다. 기독교의 성부 하나님의 사랑, 성자의 주권, 성령과 그 나라의 권능이 그런 표적과 기사로 표출된다."[11]
키너도 동의하며 말했다.

키너   그런 사례라면 얼마든지 있습니다. 일각의 추산에 따르면 중국 교회 성장의 90퍼센트는 그 동력이 신유에 있습니다. 버밍엄대학교의 에드먼드 탱(Edmond Tang)은 "의료 시설이 부족하거나 아예 없는 시골 지역에서 특히 그렇다"고 말했습니다.[12]

다른 사례가 있느냐고 내가 호기심에서 물었더니 키너가 술술 답을 내놓았다.

기적인가
우연인가

키너 ——— 옥스퍼드선교학센터의 줄리아 마(Julia Ma) 박사에 따르면 필리핀 북부 깐까나이 부족의 회심자는 대부분 기적의 치유 경험을 통해 그리스도께로 왔습니다. 인도의 어느 침례교회는 신유 때문에 불과 1년 만에 교인이 6명에서 600명까지 늘었고요. 에티오피아의 한 루터교회에서 조사해 보니 신자의 80퍼센트 이상이 자신의 회심을 신유와 축사 때문이라고 답했습니다.

브라질에도 의료 혜택을 제대로 받지 못하는 빈민이 많은데, 그들은 신유를 보고 기독교에 마음이 끌립니다. 브라질 오순절교인의 86퍼센트는 자신이 하나님의 치유를 경험했다고 말했습니다. 아르헨티나에서도 단연 전도와 교회 성장의 주요 도구로 신유가 쓰입니다.

문득 전에 내가 콜로라도에 거주할 때 근처에 살았던 고 짐 러즈(Jim Rutz)의 말이 생각났다. 그는 근래에 이루어진 전 세계 기독교의 교회 성장을 분석하면서 하나님의 초자연적 개입에 특별히 주목했다. 죽었다가 살아난 52개국 사람들의 사연도 빼놓지 않았다.

그의 책 *Megashift*(지각변동)에 이런 말이 나온다. "대략 1980년대 중반 이후부터 기적의 밀물이 온 지구를 삼키기 시작했다. 시간이 갈수록 기적은 오병이어처럼 배가하고 있다."[13]

하나님은 지금도 기적을 행하신다

얼마 후 위층에서 인기척이 들렸다. 키너는 "프랑스어를 가르치러 갔던 메딘이 돌아왔나 봅니다. 아내를 소개해 드리겠습니다"라고 말했다. 나는 "물론 저도 만나 보고 싶습니다"라고 말한 뒤, 내 초보 프랑스어로 대화해 보고 싶다는 말을 평소의 서투른 프랑스어로 덧붙였다.[14]

"하지만 그전에 물어볼 게 있습니다. 기적에 대한 책을 쓸 때 두 가지 목적이 있었다고 하셨는데, 그 바람이 이루어졌습니까?"

그가 대답했다. "첫째 목적은 신약과 관계된 것이었지요. 기적이 실려 있다는 이유만으로 신약이라는 저작물을 전설이나 가공이나 오류의 산물인 양 무시할 필요는 없음을 입증하고 싶었습니다. 요즘 세상에 기적을 직접 목격했다는 사람들의 주장이 넘쳐 나는데, 옛날 세상이라고 조금이라도 달랐으리라고 볼 이유는 없습니다. 목격자들이 전하는 오늘의 사례들이 실제로 벌어진 사건일 수 있다면 복음서도 마찬가지입니다."

그 목표는 분명히 성취되었다.

"그럼 둘째 목표는 무엇이었습니까?" 내가 물었다.

"많은 기적을 대할 때 초자연적 인과의 가능성을 염두에 두는 것이 오히려 더 합리적인 일임을 입증하고 싶었습니다."

"교수님, 그 말은 너무 학문적으로 들리는데요." 내가 씩 웃으며 말했다.

"그렇다면 표현을 바꾸어 볼까요." 그는 목청을 가다듬으며 말

기적인가
우연인가

했다. "하나님은 지금도 기적의 일을 행하십니다."

그는 이 단순한 서술문이 일으킨 여운이 가라앉기를 기다렸다가 이렇게 덧붙였다. "증거로 보건대 적어도 이는 전적으로 합리적인 가설입니다. 자연보다 초자연으로 설명해야 납득이 가는 사건이 많이 있습니다."

"그 말에 어떤 의미가 함축되어 있을까요?" 내가 물었다.

"서구 학계에서는 초자연을 배격하는 사상을 부동의 전제로 삼은 지 너무 오래되었습니다. 하지만 현대 지구상에 기적을 경험했다는 사람이 얼마나 많습니까? 이제 이런 주장을 진지하게 다루어야 합니다. 조사해서 증거가 이끄는 대로 따라가 보자는 겁니다. 조그만 단편이라도 진실임이 입증된다면 우리는 하나님이 지금도 그분의 창조세계 속에 초자연적으로 개입하시는지 여부를 깊이 생각해 보아야 합니다."

나는 노트를 덮고 펜을 셔츠 주머니에 넣었다.

"박사님은 하나님이 그렇게 하신다고 믿는 거지요?" 내가 물었다.

키너는 단호한 목소리로, 이번에는 단지 학자로서가 아니라 치유의 기적을 실제로 체험한 처형 테레즈의 가족으로서 대답했다.

"예, 그렇게 믿습니다."

생각 정리

1. 크레이그 키너가 전한 사연을 보면 그의 처형 테레즈는 두 살 무렵 뱀에 물려 세 시간 이상 숨이 멎어 있었다. 당신은 이 이야기를 어떻게 생각하는가? 이 사건은 기적인가 아니면 그냥 신기한 소생인가? 6분만 산소 공급이 안 돼도 뇌는 심각한 손상을 입는데 어째서 그녀는 멀쩡한가?

2. 다발성 경화증으로 죽음을 눈앞에 두었던 바버라의 사연은 특히 설득력 있어 보인다. 이 예화는 어떻게 생각하는가? 가장 놀라운 부분은 무엇인가? 이 사건을 자연적 설명으로 풀어 갈 수 있겠는가?

3. 키너는 책을 쓸 때 조사했던 여러 사연을 들려주었다. 예컨대 발목 골절, 청각장애, 심장병 등이 치유된 사례다. 이 사례들이 믿어지는가? 왜 믿어지는지 혹은 왜 믿어지지 않는지 말해 보라.

4. 왜 절단된 팔다리가 회복되었다는 보고는 없는 것일까? 절단된 팔다리가 돋아난 사례는 없더라도 그만큼이나 명백히 가시적인 다른 치유 사례를 아는가?

5. 기적의 치유는 중국, 필리핀, 브라질, 에티오피아 등 전 세계 여러 나라에서 기독교 교회 성장의 동력이 되고 있다. 하나님이 그런 곳에서 이처럼 극적으로 자신의 능력을 나타내시는 이유는 무엇일까?

6. 키너는 "서구 학계에서는 초자연을 배격하는 사상을 부동의 전제로 삼은 지 너무 오래되었습니다"라고 말했다. 당신은 이 말에 동의하는가? 학자들은 기적의 주장에 어떤 태도를 취해야 하는가? 왜 그런가?

THE CASE FOR MIRACLES

Part 3

기도, 꿈, 환상을
어떻게
해석할 것인가

과학적 검증

기도의 효력,
과학적으로 입증 가능할까

"리, 당신 쪽에 불리한 겁니다."

켄터키 시골에서 크레이그 키너를 인터뷰한 다음 날 65번 고속도로를 타고 북쪽으로 차를 몰고 있는데 회의론자 마이클 셔머가 던진 그 조롱이 머릿속에 되살아났다.

심장우회수술을 받은 환자들의 회복에 기도가 미치는 영향을 과학적으로 분석한 한 연구를 두고 셔머가 한 말이었다. 하버드의대 심신의료연구소 설립자가 10년에 걸쳐 "STEP"(중보기도의 치료 효과 연구)라는 제목으로 실시한 그 연구는 그야말로 신빙성이 대단해 보였다.

전문 용어를 써서 "병행집단을 통제한 전향적 무작위 이중맹검 실험"이었는데, 이는 연구의 소위 "황금 기준"이다. 비용이 240만 달러나 들었고, 해당 분야 전문가들의 평가를 거쳐 〈미국 심장 저 널〉(*American Heart Journal*)에 실렸다. 그런데 결과는 기도의 기적적 치 유력을 확인하려던 이들의 기대를 무산시켰다. 기도를 받은 집단 이 그렇지 않은 집단보다 병세가 나아진 바 없다는 게 이 연구의 결 론이었다.

"전혀 없어 숫자로 0이었지요." 기도의 효과에 대한 STEP의 결 론을 셔머는 그렇게 딱 잘라 말했다. "기도에 대한 사상 최고의 연 구에서 나온 결과입니다. 이렇듯 일화를 벗어나 과학적 방법을 써 보면 기적의 증거란 없습니다."

"리, 당신 쪽에 불리한 겁니다"라고 덧붙이던 그의 목소리에서 승리자의 자부심이 묻어났다.

물론 과학은 확신에 이르는 유일한 길이 아니다. 과학을 진리의 유일한 판정자로 믿는 입장을 과학주의'라 하는데 이는 자가당착이 다. 다시 말해서 "과학은 사안의 진위를 아는 유일한 길이다"라는 문장 자체가 과학으로 증명 가능한 주장이 아니다.

키너와의 인터뷰에서 예증되었듯이, 과학을 차치하더라도 목격 자의 확실한 증언은 기적의 신빙성 여부를 입증하는 데 큰 영향을 미칠 수 있다. 특히 성품에 흠결이 없는 신원이 확실한 여러 명의 관찰자에게서 나온 증언이라면 더하다.

그래도 초자연을 조사할 때 과학과 의학이 기여할 수 있는 길이 있다. 기적을 시험관으로 분석할 수 없음은 사실이지만, 기도 직후에 간염 환자의 혈액에서 바이러스가 돌연 사라졌는지 여부를 시험관으로 확인할 수 있음도 사실이다. 이는 초자연적 치유를 확실히 보여 주는 중요한 증거다.

하버드의 고생물학자이며 진화생물학자로서 스스로 불가지론자라 주장하는 스티븐 제이 굴드는, 1997년에 과학과 신앙이 점유하는 "영역의 교집합은 없다"라고 썼다. 과학은 경험적 우주와 사실과 이론을 다루는 반면 신앙은 도덕적 의미와 가치의 문제에 초점을 둔다는 뜻으로 한 말이다.[2]

굴드는 "상호 존중하는 대화"와 "양쪽 영역이 지속적으로 노력을 기울여 공동 목표인 지혜를 추구해야" 한다고 보았다.[3] 과학과 신앙이 협력하여 우리가 인생과 세상을 새로운 시각으로 바라보고, 또 영위할 수 있도록 도울 수 있다는 말이다.

그야 바람직한 목표지만, 과학과 신앙의 역할을 엄격히 구분한 굴드의 말은 뜨거운 논란을 불러일으켰다. 예컨대 기독교가 단순히 도덕적 의미와 가치만을 중시하는 것이 아니다. 기독교는 역사 속에 벌어진 사건(부활 등의 기적도 포함하여)에 관해 구체적이고 사실적인 주장을 제기한다. 그런 주장이 실제로 진실이 아니라면 기독교 신앙은 무너지고 도덕적 권위도 허물어지고 만다.

기적의 신빙성을 조사하는 데 전문 과학을 활용하면 당연히 도움이 된다. 과학은 신의 존재, 초자연적으로 발생한 사건을 결정적으로 입증할 수는 없지만, 과학이 제공하는 경험적 증거가 기적의 사례를 뒷받침해 줄 수도 있기 때문이다. 물론 같은 과정이 기적의 신빙성을 약화시킬 수도 있다.

예수도 자신의 기적에 대한 정밀 조사를 반대하지 않으셨다. 그 분은 기적의 목격자들에게 직접 본 대로 보고하라고 하셨고(마 11:4-5 참조), 나병을 고침받은 사람에게도 제사장에게 몸을 보여 검사를 받도록 명하셨다(막 1:44 참조).

그렇다면 초자연적 주장을 조사할 때 과학의 정당한 역할은 무엇인가? 또 똑같이 중요하게 과학이 기여할 수 없는 부분은 무엇인가? 또 STEP는 중보기도의 효능에 대한 최종 결론인가? 마이클 셔머의 말처럼, 그 연구는 과학적 분석을 적용할 경우 기적에는 설득력 있는 증거가 없다는 사실을 정말 입증해 주는가?

이런 의문에 떠밀려 나는 키너의 집에서 블루밍턴의 인디애나대학교 캠퍼스까지 북쪽으로 약 320킬로미터를 가는 여정에 올랐다. 렌터카를 운전하며 시계를 확인해 보니 약속 시간까지 아직 여유가 있었다. 내가 만날 사람은 과학 영역을 활용하여 신앙 영역의 연구법을 모색하는 하버드 출신 학자였다.

종교학에 편파성 없이 접근하는 학자

최우등 학사 학위로 시작해 석사와 박사까지 모두 하버드에서 받은 캔디 건터 브라운(Candy Gunther Brown)은 현재 인디애나대학교 종교학 교수다. 인디애나폴리스에서 남서쪽으로 80킬로미터쯤 떨어진 지점에 널리 뻗어 나간 그 캠퍼스는 재학생이 4만 8천 명에 달한다.

브라운은 어떻게든 학문적 중립성을 유지하려는 지조 있는 학자답게 종교학에 편파성 없이 접근한다. 그녀의 책에 이런 설명이 나온다. "나는 신이나 다른 초인적 세력의 존재도 부재도 전제하지 않는다. 사람들의 종교적 신념이 대개 현실 세계에 영향을 미치며 이를 경험적으로 연구할 수 있다고 주장할 뿐이다."[4]

저서로 하버드대학교 출판부에서 간행한 *Testing Prayer: Science and Healing*(기도의 시험: 과학과 치유), 옥스퍼드대학교 출판부에서 펴낸 *The Healing Gods: Complementary and Alternative Medicine in Christian America*(치유하는 신들: 기독교 미국의 보완적 대체의학) 등이 있다. 옥스퍼드에서 간행한 *Global Pentecostal and Charismatic Healing*(세계적인 오순절파 및 은사주의 신유)을 편집하기도 했다.

대학에서 브라운은 종교와 질병과 치유, 질병과 건강, 남북미 복음주의와 은사주의 기독교 등 다양한 강좌를 가르쳐 왔다. 〈허핑턴 포스트〉(*Hufffington Post*)와 〈사이콜로지 투데이〉(*Psychology Today*)의 인기 있는 온라인 작가이며, 같은 분야 전문가들의 평가를 거친 그녀의 기사들은 〈아카데믹 메디슨〉(*Academic Medicine*)을 비롯한 다수의 학술지에 게재되고 있다.

내가 인디애나에까지 간 것은 그녀가 치유에 미치는 중보기도의 영향을 집중적으로 연구하기 때문이다. 그 학교 캠퍼스는 교통

량도 많고 주차 공간도 부족해서 우리는 인근의 그녀 집에서 만나기로 했다. 함께 사는 남편 조슈아(Joshua)도 인지과학과 신경과학을 전공한 같은 학교 교수다.

흑갈색 단발머리에 옆 가르마를 타고 검은 테 안경 너머로 응시하는 브라운은 에너지가 펄펄 넘쳤다. 다년간의 강의 경력으로 목소리도 힘차고 또랑또랑하다. 그녀는 논리정연한 사고와 말로 요점을 체계적이고 명료하게 전개해 나간다. 우리는 앞쪽 거실에 나란히 놓인 팔걸이의자에 편히 앉아 대화를 시작했다.

내가 물었다. "치유를 구하는 기도를 과학적으로 조사해서는 안 된다는 회의론자들이 있는데, 당신은 이 이야기를 어떻게 생각하십니까? 메리 조 메도우(Mary Jo Meadow)가 쓴 《종교심리학》(*Psychology of Religion*, 민족사 역간)에 이런 말이 나옵니다. '기도의 효능이 물질계의 사건에 영향을 미친다는 증거는 과학 영역 밖의 일이다. 믿고 싶은 신자야 믿을 수 있지만, 믿을 마음이 없는 회의론자를 설득할 수는 없다.'"[5]

브라운은 이렇게 답했다. "그러면 셋째 범주의 사람들은 어떻게 해야 하지요? 아마도 가장 큰 범주일 텐데, 바로 결론을 미리 정해 놓지 않은 사람들 말이에요. 그들은 그저 사실을 알고 싶을 뿐입니다."

"증거가 자신을 어디로 이끌든 거기에 마음이 열려 있는 사람들이군요." 내가 말했다.

"바로 그겁니다. 솔직히 인간은 병들게 마련이며, 병들면 기도로 치유를 구할 때가 많습니다. 과학자나 의사가 어떻게 여기든 신경 쓰지 않고 어차피 사람들은 기도합니다. 그러므로 기도로 치유를 구할 때 어떤 일이 벌어지는지 알아보는 건 지극히 이치에 맞는 일이지요. 자연적 이유로든 초자연적 이유로든 기도는 유익할까요? 아니면 오히려 사람을 악화시킬까요? 이는 정책 입안자, 과학자, 의사, 환자 등 모두와 연관된 일입니다."

"기도의 효과를 조사할 때 과학이 어떻게 쓰일 수 있습니까?"

"여러 방법이 있는데, 우선 기도 전후의 진료 기록부를 비교해볼 수 있습니다. 진단된 병명이 있었나요? 엑스레이나 혈액 검사나 기타 진단 절차를 통해 병이나 부상이 밝혀졌나요? 나중에 그 문제가 해결되었습니까?"

"병이 사라진다 해도 물론 하나님이 치유하셨다고 입증할 수는 없지요." 내가 말했다.

"맞습니다. 의학적 치료를 따로 받았을 수도 있고, 위약 효과나 자연 치유가 개입되었을 수도 있습니다. 게다가 진단 검사에도 해석의 여지가 있습니다. 또 나중에 병이 재발할 수도 있고요. 하지만 반대로 차도가 없거나 병이 악화된다면 그때는 기적의 치유가 일어나지 않았다고 단정해서 말할 수 있습니다. 과학은 입증보다 반증을 더 잘하니까요."

"임상 연구도 도움이 될 수 있겠군요." 넌지시 내 의견을 보탰다.

"그렇다고 봅니다. 임상 연구는 기도 후에 벌어지는 일을 측정하려고 단기간에 국한하여 진행되니까요. 물론 복잡한 변수가 작용할 수도 있습니다. 예컨대 연구에 가담되지 않은 사람들이 피험자(실험 참가자)를 위해 기도할 수 있습니다. 의학적 치료를 받거나 나중에 병이 재발할 수도 있고요. 게다가 연속선상의 어디쯤에 있는지에 따라 사람마다 데이터를 해석할 때 각자의 전제가 작용함은 물론입니다."

"연속선상이라고요?"

"예, 연속선상의 한쪽 극단에는 기적의 가능성이 매우 높다고 예상하는 사람들이 있습니다. 그들은 하나님이 자연에 자주 개입하신다고 믿습니다. 그러다 보니 '하나님이 기도를 통해 이 사람을 낫게 하셨다'고 속단할 수 있지요. 반면에 연속선상의 반대쪽 극단에 있는 사람들은 기적이 절대로 일어나지 않는다는 전제에서 출발합니다. 가능성이 전무하다면 아무리 증거가 탄탄해도 더 개연성 있는 설명이 필요하겠지요? 이렇듯 각자 출발점이 어딘지에 따라 그게 선입견으로 작용하여 해석에 영향을 줍니다."

중보기도의 효력

브라운에게 STEP 프로젝트를 어떻게 생각하느냐고 물었다. 심장 환자들의 회복에 아무런 영향도 주지 못했다며(심지어 약간 해롭게 작용했다며) 마이클 셔머가 인용했던 그 연구다. 약간 뻔한 대화를 예상했는데 그녀가 밝힌 내용에 나는 완전히 놀라다 못해 충격에 빠졌다.

브라운   우선 이 말부터 하지요. '황금 기준'의 연구들은 STEP 이전
과 이후에도 있었는데 결론이 반대로 나왔습니다. 즉 기
도를 받은 집단의 결과가 더 좋았습니다.

나   정말입니까? 몇 가지 예를 들어 주시겠습니까?

브라운   처음 널리 알려진 연구 하나는 랜돌프 버드(Randolph Byrd)
박사가 실시했는데, 이 분야 전문가들의 평가를 거쳐
1988년에 〈서던 메디컬 저널〉(Southern Medical Journal)에 실렸
습니다. 400명의 피험자를 대상으로 전향적 무작위 이중
맹검으로 실시한 대조군 연구였지요.

그녀의 설명에 따르면 가톨릭과 기독교(개신교) 양쪽 모두의 거
듭난 그리스도인들에게 환자의 이름과 병세와 진단을 알려 주고
유대-기독교의 하나님께 기도하게 했다.

브라운   그들은 합병증이나 죽는 일 없이 신속히 회복되도록 기도
했고, 그 외에 환자에게 유익할 만한 다른 기도 제목도 추
가했습니다.

나   결과는 어땠습니까?

브라운   기도를 받은 환자 집단은 울혈성 심부전과 심박 정지와
폐렴 발생이 덜했습니다. 삽관을 통한 산소 공급도 덜 잦
았고, 이뇨제와 항생제 치료도 덜 필요했습니다.

나   아주 흥미롭군요. 과학적으로 충실한 연구였다고 보십

니까?

브라운   그랬다고 봅니다. 물론 이런 식의 모든 연구에는 통제할 수 없는 요소가 존재합니다. 예컨대 환자 스스로 기도하거나 연구에 가담되지 않은 사람들이 환자를 위해 기도하는 경우입니다.

나   결과가 발표되었을 때 반응은 어땠습니까?

브라운   기도를 그런 식으로 연구하는 걸 싫어하는 독자들은 그 저널에 비난을 퍼부었지요. 한 의사는 이 저널이 "의학과 인류 전체에 몹쓸 짓을 했다"는 글을 투고하기까지 했습니다.

나   아주 강경한 표현이군요!

브라운   (그녀는 미소를 지어 보였다.) 내가 보기에도 그랬습니다. 편집장은 버드의 기사도 평소처럼 전문가들의 검토를 거쳤으며, 그 결과 적절히 고안되고 시행된 과학 연구로 평가받았다는 답변을 내보냈습니다. 그로부터 10여 년 후에 윌리엄 S. 해리스(William S. Harris) 박사와 동료들이 실시한 반복 연구가 〈내과학 아카이브〉(Archives of Internal Medicine)에 실렸습니다.

나   결과가 비슷했습니까?

브라운   중보기도의 효과에 대한 이 '황금 기준'의 연구는 연달아 입원한 약 천 명의 관상동맥 환자를 대상으로 실시했습니다. 그중 절반은 기도를 받고 나머지는 받지 않았는데, 역시 기도를 받은 집단이 통제 집단보다 결과가 좋았습니다.

나 ___ 이번에도 논란이 있었습니까?

브라운 ___ 더 심했습니다. 아마 독자층이 더 넓은 잡지인 데다가 기사가 나갈 당시의 문화 기류가 기도의 과학적 연구라는 개념에 더 적대적이었거든요. 어떤 비판자는 하나님을 시험하지 말라는 성경의 금령까지 인용했지요.[6]

나 ___ (노트를 넘겨다보며) 그러면 정리해 보겠습니다. 기도를 받은 사람들이 그렇지 않은 경우보다 결과가 좋았음이 이 두 연구를 통해 확인된 거로군요.

브라운 ___ 맞습니다. (그녀는 고개를 끄덕였다.)

나 ___ (나는 혼란스러워서 물었다.) 그럼 STEP에서 도출된 결론은 왜 그렇게 달랐을까요?

브라운 ___ 아, 여기서부터 일이 아주 재미있어집니다.

전형적인 뉴에이지 이단

STEP 프로젝트를 해부하기에 앞서 브라운은 우선 논란거리가 못 되는 질문 하나를 내게 던졌다.

브라운 ___ 기도를 연구하려면 누가 누구에게 어떻게 기도하는지가 중요하지 않을까요?

나 ___ 물론이지요.

기적인가
우연인가

브라운　하버드의 연구에서 중보기도를 한 사람들은 '거듭난' 기독
　　　　교인과 가톨릭 신도였습니다. 그들은 매일 기도 생활에
　　　　충실했고 지역교회와도 열심히 교제했습니다. 그리고 '유
　　　　대-기독교의 하나님'께 기도했습니다.

　　내가 보기에도 일리가 있었다. 그들은 거듭난 신자인 만큼 인격
신을 믿었을 테고, 그분은 사람들의 삶에 초자연적으로 개입하실
능력과 의향이 있는 사랑의 하나님이다.

나　　　예, 합리적으로 보입니다. 기독교적 기도의 효과를 연구
　　　　하려면 당연히 피험자들의 신학이 주류에 속해야겠지요.
브라운　맞습니다. 비슷하게 해리스의 연구에서도 중보기도자는
　　　　환자를 위한 기도를 듣고 응답하시는 인격신을 믿는 사람
　　　　이라야 했습니다.
나　　　그럼 기도의 유익한 효과가 전혀 없었던 STEP의 경우는
　　　　어땠습니까?
브라운　(그녀는 자리를 고쳐 앉아 나를 똑똑히 응시하며 마치 직업상의 비밀을 누설
　　　　하기라도 하듯 말했다.) 바로 여기서 차이가 납니다. 그 연구에
　　　　참여한 개신교인은 전부 미주리주 리스서밋에 위치한 '사
　　　　일런트 유니티'(유니티 스쿨의 기도 사역-옮긴이 주) 사람들뿐이었
　　　　습니다.
나　　　뭐라고요? (내 머릿속에 붉은 깃발이 올라가면서 불쑥 튀어나온 말이다.

솔직히 나는 깜짝 놀라다 못해 어안이 벙벙해졌다.) 유니티는 진짜 기독교가 아니잖습니까?

브라운   자칭 기독교지요. 집단의 정식 명칭은 기독교 유니티 스쿨(Unity School of Christianity)입니다.[7] 하지만 나 역시 많은 그리스도인 학자가 그들을 기독교라 칭하지는 않으리라 봅니다. 이 단체는 자기네 뿌리를 19세기 후반의 신사고(新思考) 운동으로 추적해 올라갑니다.

나는 기독교 변증학 곧 신앙의 증거를 수십 년째 공부했고, 현재 대학교에서 기독교 사상을 가르치는 교수다. 그런데 종교 운동의 전문가치고 유니티의 신학을 전통 기독교로 분류하는 사람을 한 번도 본 적이 없다. 유니티는 "미국 최대의 형이상학 집단 중 하나"로 지칭되어 왔다. 산하 교회는 300개 이상이고, 정식 사역자는 천 명이며, 프로그램을 송출하는 라디오와 텔레비전 방송국은 천 곳이 넘고, 연간 발송되는 우편물은 3,300만 부에 달한다.[8]

주류 그리스도인이라면 누구도 예수의 신성, 죄와 구원, 삼위일체, 성경 등 기독교의 거의 모든 기본 교리에 대한 이 종파의 입장을 인정할 수 없다. 내가 유니티의 신조를 통독해 보니 힌두교, 심령술, 신지학(神智學), 장미십자회, 크리스천 사이언스 등이 혼합된 데다 기독교의 한 비교(祕敎) 분파까지 섞여 있었다. 성경적 개념들의 역사적 의미는 다 비워진 채 뉴에이지 신비주의나 범신론에 더 잘 어울리는 사상들로 채워져 있었다.

기적인가
우연인가

이단과 대체 종교의 전문가인 루스 터커(Ruth Tucker)는 실제로 이렇게 썼다. "유니티는 윤회 같은 비독교적 교리를 받아들이고 많은 성경적 교리를 거부하기 때문에 전통적 기독교의 정통에서 벗어난 운동이다."[9]

조직신학으로 박사 학위를 받고 신앙에 대해 60권의 책을 집필한 론 로드즈(Ron Rhodes)는 "기독교 유니티 스쿨은 명칭이 기독교처럼 들릴지 모르나 단연코 기독교가 아니다"라고 썼다.[10]

명망 있는 변증 기관인 프로브(Probe)는 유니티 스쿨을 일컬어 "교리나 가르침의 어느 한 측면도 기독교가 아닌 전형적인 뉴에이지 이단"이라 칭했다.[11]

기도를 연구할 때 삼가야 할 방법

브라운은 말했다. "그 연구와 특히 관련된 부분은 기도와 기적을 바라보는 유니티의 태도입니다. 유니티의 지도층은 진작부터 기도가 기적을 일으킴을 부인했고, 간구하는 기도를 '쓸모없다'고 표현하기까지 했습니다."[12]

이 종파의 공동 창시자인 찰스 필모어(Charles Fillmore)는 "기적이 보편 법칙을 벗어난다는 의미라면 하나님은 결코 기적을 행하지 않으신다"라고 피력했다.[13] 또 다른 창시자인 그의 아내 머틀(Myrtle)은 이렇게 말했다. "우리는 타인의 삶에 기적이 일어나도록 기도하겠다는 약속을 하지 않는다. 우리의 임무는 참된 생활방식에 주의를 환기시켜 그 참된 방식대로 살도록 사람들을 감화하는 것이다."[14]

이 집단은 그들의 표현으로 하자면 "긍정의 기도"를 실천한다. "우리는 신성을 부여받았고 몸도 건강합니다"와 같은 긍정적 진술을 반복하는 기도다.

이 종파의 웹사이트에 이런 글귀가 나온다. "웬만한 사람은 기도라 하면 하나님께 뭔가 구하는 걸 생각한다. 유티니는 그렇지 않다. 유니티는 '긍정의 기도'를 활용한다. 이는 하나님께 달라거나 간청하기보다 자기 내면의 하나님의 영과 연결되어 바라는 결과에 대한 긍정적 신념을 주장하는 방법이다."[15]

유니티 신도들 사이에도 꽤 다양성이 있긴 하지만 본질적으로 유니티는 기적을 믿지 않는다. 인간의 삶에 개입하는 외부의 인격 신도 믿지 않는다. 초자연적 도움을 구하는 일 자체를 부적절하게 여긴다.

내가 아직도 믿어지지 않아 고개를 내젓고 있는데 브라운이 다시 입을 열었다.

브라운　　그렇다면 STEP의 결과는 왜 다를까요? 그야 피험자를 뽑는 기준이 달랐기 때문입니다. 누가 어떻게 기도했는지 보십시오. 버드나 해리스의 연구와는 전혀 딴판입니다.

나　　(거기에 함축된 의미를 곰곰 생각해 보니 정말 엄청났다.) STEP로는 기독교의 전통적 기도의 효과에 대해 어떤 결론도 도출할 수 없다는 뜻이군요.

기적인가
우연인가

브라운	맞습니다. 전혀 없습니다.
나	(머릿속에 마이클 셔머의 말을 떠올리며 물었다.) STEP를 기도에 대한 결정적 연구 내지 최종 결론으로 보십니까?
브라운	(주저 없이 답했다.) 전혀 그렇지 않습니다.
나	결국 이 연구에 조금이라도 유익한 내용이 있습니까?
브라운	(잠시 생각하더니) 글쎄요, 기독교의 기도 연구를 그렇게 해서는 안 된다는 교훈을 주었지요.

원거리 중보기도 VS 밀착형 중보기도

브라운은 기도를 주제로 한 "이중맹검" 연구의 전반적 접근에 몇 가지 우려를 제기했다.

브라운	첫째, 이런 연구는 치유가 세상의 특정 지역들로 몰리는 듯한 현상을 감안하지 않습니다. (그녀의 말에 새로 복음이 침투 중인 제3세계 지역들에 치유의 기적이 자주 발생한다고 한 J. P. 모어랜드의 말이 떠올랐다.) 둘째, 이런 연구는 치유 기도에 특별한 '기름 부음'이나 성공률을 보인다고 알려진 사람들이 있음을 인정하지 않습니다. 셋째, 기도하는 쪽이나 기도를 받는 쪽이나 다 믿음이 전제되는데도 이런 연구는 믿음의 역할을 무시합니다. 기도해 주는 사람이 있음을 모르면 기도를 받는 사람이 믿음으로 반응할 도리가 없지요.

나 _____ 기본적으로 이런 연구에는 사람들이 실제로 기도하는 방식이 반영되어 있지 않다는 말이군요. 치유 기도를 강조하는 오순절파와 은사주의 계열의 기도는 더 말할 것도 없고요.

브라운 _____ 맞습니다. 이런 연구는 원거리 중보기도에 초점을 맞춥니다. 모르는 사람의 이름과 병세를 말해 주면서 수술에 합병증이 없도록 기도하라는 거지요. 하지만 대개 오순절 교인들이 실제로 치유를 위해 기도할 때는 아는 사람에게 바짝 붙어서 신체를 접촉하고 고통을 함께하려 애씁니다. 나는 이를 밀착형 중보기도라 부릅니다.

예수께서 행하신 치유를 생각해 보니 그게 그분의 방식인 듯했다. 대개 그분은 병을 고쳐 주실 사람의 몸에 손을 대셨다. 일례로 누가복음 4장 40절에 보면 "해질 무렵에 사람들이 온갖 병자들을 데리고 나아오매 예수께서 일일이 그 위에 손을 얹으사 고치시니"라고 했다. 또 성경에는 병자에게 기름을 부으라는 말도 있는데 역시 그러려면 바짝 다가가서 몸을 접촉해야 한다(약 5:14 참조).

나 _____ 이런 친밀한 밀착형 기도의 효과를 조사한 연구가 혹시 있습니까?

브라운 _____ 데일 매튜스(Dale Matthews) 팀이 중보기도의 효과를 알아보고자 류머티즘성 관절염 환자들을 상대로 실시했던 전향적 대조군 연구가 2000년에 〈서던 메디컬 저널〉에 게재되었습니다. 연구 결과 원거리 중보기도는 아무런 효과가 없었습니다. 하지만 신체를 접촉하는 기도를 받은 환자들은 의술 치료만 받은 환자들에 비해 통계적으로 의미 있는 차도를 보였습니다.

나　　어떻게 설정된 연구였습니까?

브라운　　피험자들은 사흘에 걸쳐 총 여섯 시간 동안 사람을 직접 만나 기도를 받았고, 아울러 치유 기도의 신학에 대한 교육도 여섯 시간 동안 단체로 받았습니다. 차도의 원인이 기도 자체였는지 아니면 거기에 병행된 관심과 신체 접촉과 지원 관계와 상담과 주고받은 용서였는지는 이 연구에 밝혀져 있지 않습니다. 그런 요인들도 다 치료 효과가 있음이 입증되어 왔거든요.

나　　인과관계가 아주 애매해지는군요.

브라운　　예, 아쉽게도 류머티즘성 관절염은 심인성 요인에 비교적 차도를 잘 보이는 편입니다.

나　　그럼 해법은 무엇입니까? 어떤 식의 연구라야 이 모든 역동을 참작할 수 있습니까?

브라운　　이런 요소들을 고려하여 내가 실시한 연구가 있습니다.

나　　결과는 어땠습니까?

브라운　　아주 놀라웠습니다.

모잠비크의 기적?

치유가 집중적으로 일어나는 곳으로 가려고 브라운 팀은 모잠비크로 날아갔다. 모잠비크는 기적이 넘쳐 나게 보고되는 곳이다. 아프리카 남동 해안에 자리한 인구가 2,500만 정도 되는 이 절대 빈곤국은 1977년부터 1992년까지 참담한 내전을 겪었다. 기독교인이 국민의 절반을 조금 넘고 18퍼센트는 무슬림이며, 나머지는 정령 숭배를 믿거나 종교가 없다.[16]

크리스천 작가 팀 스태포드(Tim Stafford)는 초자연 현상이 급증하는 지역들의 공통된 특징을 네 가지로 꼽았는데, 모잠비크는 거기에 딱 들어맞는다.

1. 문맹률이 높다. 기적은 하나님의 능력을 무언으로 보여 준다.
2. 사람들의 문화 구조에는 죄와 구원 같은 신학적 개념이 없다. 스태포드는 "인간의 문제와 하나님의 구속(救贖)의 본질을 아직 몰라도 기적은 관심을 끈다"라고 썼다.
3. 의료 혜택이 너무 빈약해 병자들이 의지할 데가 기적밖에 없다.
4. 영의 세계가 사람들에게 매우 현실적이며, "영적 세력들 간의 싸움이 공공연히 이루어진다." 기적은 하나님의 능력을 나타내 보여 준다.[17]

기적인가
우연인가

치유의 높은 성공률을 보고하는 사역단체와 연계하고자 브라운 팀은 20년 넘게 모잠비크에서 섬겨 온 은사주의 계열의 선교사 부부 하이디와 롤런드 베이커(Heidi & Rolland Baker)와 팀을 이루었다. 그 지역에 복음이 전파되는 동안 어떻게 치유의 기적이 수반되어 왔는지 그들의 글을 통해 알려져 있다.

브라운은 심인성 치유에 별로 영향을 받지 않는 시각장애와 청각장애(또는 시력이나 청력의 중증 문제)를 치유하는 데 집중했다. 팀은 우선 기도 직전에 여러 표준검사와 기술 장비로 상대의 청력이나 시력 수준을 측정했다. 기도가 끝나면 즉시 환자를 다시 검사했다.

"기도의 길이는 대개 1분에서 5-10분까지로 다양했으나 항상 신체 접촉을 병행했습니다." 그녀가 말했다. "예를 들어 자기 얼굴에서 30센티미터 앞의 손도 보이지 않던 여자가 있었는데, 하이디 베이커가 팔을 두르고 웃음을 보인 뒤 그녀를 안고 1분 동안 울며 기도해 주었습니다. 그 뒤로 그녀는 글을 읽을 수 있게 되었습니다."

기도를 받은 피험자는 모두 24명이었다. 결과는 어땠을까? 브라운이 말했다. "기도 후에 청력은 매우 의미 있는 차도를, 시력은 통계적으로 의미 있는 차도를 보였습니다. 검사받은 피험자 거의 전원이 차도를 보였습니다. 아주 극적인 결과도 더러 있었고요."

"예를 들면요?"

"두 피험자의 가청 임계치가 50데시벨도 더 떨어졌습니다. 그 정도면 아주 큰 낙폭이거든요."

비교해 보자면 100데시벨은 근처의 오토바이나 잔디 깎는 기계의 소리고 80데시벨은 음식물 찌꺼기 분쇄기나 요리용 믹서에서 나는 소리다. 50데시벨은 보통 집에서 대화를 나누는 소리고 0데시벨은 정적(靜寂)이다.[18]

"시력의 의미 있는 차도는 시력 검사를 받은 집단 전체에서 고르게 측정되었습니다." 브라운이 덧붙였다. "향상된 시력은 실제로 평균 열 배 이상 정확해졌습니다."

듣게 되고 보게 되다

브라운이 사례로 언급한 나무노 마을의 마르틴(Martine)은 앞도 볼 수 없고 소리도 들을 수 없는 노인 여성이었다. 기도 전에는 양쪽 귀 모두 100데시벨에도 반응을 보이지 않았다. 옆에서 착암용 드릴이 돌아가도 듣지 못한다는 뜻이었다. 그런데 기도 후에는 오른쪽 귀와 왼쪽 귀가 각각 75데시벨과 40데시벨에 반응을 보였다. 대화가 가능해졌다는 뜻이다.

두 번째 기도하고 나자 마르틴의 시력도 시력 검사표의 20/400에서 20/80으로 향상되었다. 처음에는 법적 맹인이었는데 기도 후에는 정상 시력인 사람에게 80피트(24미터) 거리에서 보이는 물체를 그녀는 20피트(6미터) 거리에서 볼 수 있게 되었다는 뜻이다.[19]

이런 중보기도를 받는 사람 쪽 입장은 어땠을지 상상해 보았다. "기도 중에는 어땠습니까? 피험자들에게 어떻게 느껴졌나요?" 내가 물었다.

"기도를 받는 사람들마다 다양했지만 대개 열기와 서늘함을 느꼈고 따끔거리거나 가렵다는 경우도 있었습니다."

브라운의 책에 보면 오른쪽 귀 때문에 기도를 받았던 가브리엘 (Gabriel)의 사연이 나온다. 다음은 나중에 그가 한 말이다. "처음에는 열기를 느꼈다. 작은 개미가 속귀 밑바닥에서 위아래로 기어 다니는 것 같았다. …… 곧 개미집 전체가 움직이는 것 같았다. 그러다 따끔거리기 시작했다. …… 그때부터는 아주 뜨거웠다. 뜨거워서 화끈거렸다. 그러다 갑자기 아주 서늘해졌다. …… 어깨에 차가운 손길이 느껴지던 바로 그 순간 이런 기도 소리가 들렸다. '예, 주님, 주의 천사들을 보내 주셔서 감사합니다. 천사들이 여기 우리와 함께 있어 이 치유를 돕고 있습니다.'"[20]

내게 브라운의 방법론은 묘하게 단순하면서도 직관적으로 정당해 보였다. 기도 전의 검사와 기도 후의 검사 사이에 달라진 거라고는 환자의 호전을 위해 누군가 예수께 기도했다는 사실뿐이었다. 그리고 정도 차이는 있었지만 사실상 전원이 호전됐고, 대개는 아주 신기하게 달라졌다.

"이 연구는 과학적으로 충실한 연구였습니까?" 내가 물었다.

"이 분야 전문가들의 평가를 거쳐 〈서던 메디컬 저널〉에 게재되었습니다. 전향적이고 엄격했습니다. 또 '피험자 내(within-subjects) 설계'였는데, 이는 가장 비중 있는 〈사이언스〉 등에 누차 발표된 정신신체 연구의 표준 접근법입니다. 장비도 제대로 갖추었고 훈련된 연구 팀도 있었습니다. 통계적으로 의미 있는 결과도 나왔고요. 게재 잡지에서 연구의 타당성도 과학적으로 충실하다고 평가했습니다."

"그런데 피험자 수가 아주 적었습니다." 내가 펜을 들며 지적했다.

"표본이 작으면 통계적으로 유의미하지 못하다는 항간의 오해가 있는데, 사실은 그렇지 않습니다. 표본이 작을수록 결과가 더 크고 일관성이 있어야 통계적 유의미성을 확보할 수 있거든요. 바로 우리가 얻은 결과가 그랬습니다."

브라운 팀은 비슷한 결과나 나오는지 확인하려고 브라질에서 반복 연구를 실시했다. 과연 결과는 비슷했다. 이번에도 예수의 이름으로 손을 얹고 기도한 후에 청력과 시력이 향상되었다.

예컨대 사웅파울로의 훌리아(Julia)라는 48세 여성은 안경 없이는 남의 얼굴을 자세히 보거나 책을 읽을 수 없었다. "기도 후에는 둘 다 가능해졌습니다." 브라운이 말했다. "또 우베르란디아에 사는 38세 여성은 3미터 정도 떨어진 거리에서 손가락을 펴 보이면 개수를 셀 수 없을 정도로 시력이 좋지 않았습니다. 그런데 기도 후에 눈이 뜨여, 그 정도 떨어진 거리에 서 있는 자기를 위해 기도해 주던 사람의 이름표를 읽을 수 있었지요."

"암시의 결과거나 일종의 최면의 결과일 수도 있지 않을까요?" 내가 끼어들었다.

"그럴 소지는 별로 없습니다. 암시와 최면에 대한 여러 연구 결과가 2004년의 한 비평 기사에 요약되었는데, 그런 식으로는 시력이나 청력에 유의미한 차도가 입증되지 않았다고 했습니다."[21]

"그렇다면 당신의 결론은 무엇입니까?" 내가 물었다.

"우리가 실시한 연구는 오순절파와 은사주의 계열의 밀착형 중보기도를 통해 실제로 뭔가 일이 벌어지고 있음을 보여 줍니다. 이는 한낱 희망 사항이 아닙니다. 가짜나 조작도 아니고요. 과부들의 헌금을 뜯어내려는 방송 전도자의 방식도 아니고, 고도의 열띤 분위기로 사람들의 감정을 자극하는 것도 아닙니다. 뭔가 일이 벌어지고 있어요. 당연히 연구가 더 뒤따라야 합니다."

보스턴대학교에서 박사 학위를 받은 그녀의 남편 조슈아는 실제로 글로벌의료연구소의 선두에 서서, 기적의 치유가 일어났다는 여러 주장을 엄격한 경험적 방법들로 조사하고 있다.

그 사이에 캔디 건터 브라운의 연구와 분석은 마이클 셔머의 주장을 이미 무너뜨렸다. 셔머는 과학적 연구를 시행해 보면 기적의 증거가 "숫자 0"으로 나타난다고 했다. 사실은 정반대로 보인다. 더 연구할수록 기독교 쪽에 유리해 보인다.

생각 정리

1. 하버드의 과학자 스티븐 제이 굴드는 과학과 신앙이 점유하는 "영역의 교집합은 없다"고 했다. 즉 과학은 경험적 우주와 사실과 이론을 다루는 반면 신앙의 초점은 도덕적 의미와 가치의 문제에 있다는 말이다. 기독교의 경우에는 왜 이 구분이 통하지 않는가?

2. 《종교심리학》(민족사 역간)에 보면 "기도의 효능의 …… 증거는 과학 영역 밖의 일이다"라고 나온다. 당신은 이 말에 동의하는가, 동의하지 않는가? 소위 기적을 학자들이 애써 연구해야 하는가? 기적의 신빙성 여부를 판별하기 위해 과학자들이 쓸 수 있는 도구는 무엇인가?

3. 회의론자 마이클 셔머는 2006년의 STEP에 크게 의존했는데, 이 연구에 따르면 기도는 심장병 환자들의 치유에 아무런 효과가 없었거나 오히려 약간 부정적인 영향을 미쳤다. 그러나 인디애나대학교의 캔디 건터 브라운 교수가 밝혔듯이, 그 연구에서 기도를 맡았던 사람들은 하나님이 기적을 행하신다

는 사실 자체를 믿지 않는 비기독교 종파 소속이었다. 그래서 그녀는 이 연구를 통해서는 진정한 기독교적 기도가 치유에 미치는 영향을 전혀 알 수 없다고 결론지었다. 당신은 그녀의 생각에 동의하는가, 동의하지 않는가? 이유를 말해 보라.

4. 모잠비크와 브라질에서 각각 실시한 기도 연구에서 브라운은 청각장애와 시각장애가 있는 사람들을 검사한 뒤 그들을 위해 기도하고 나서 다시 검사했다. 그 결과 갑자기 차도를 보인 경우가 많았다. 이 연구를 어떻게 생각하는가? 그녀가 인용한 바 기도의 긍정적 영향을 보여 주는 다른 연구들은 어떤가? 설득력이 있어 보이는가?

5. 기적의 치유가 발생했는지 여부를 판별하기 위해 당신이 새로운 연구를 설계한다면 어떤 연구가 되겠는가?

6. 브라운은 원거리 중보기도와 밀착형 중보기도를 구분했다. 이 구분이 왜 중요한가?

꿈과 환상

왜 기적적 현현이
일어날까

(톰 도일 선교사와 인터뷰)

　울퉁불퉁한 벽돌담은 오랜 비바람에 빛이 바랬고, 웅장한 나무 문은 높이가 2미터 이상인데 너비는 1미터도 안 되었다. 상단이 아 치형인 그 문은 안으로 쑥 들어간 문간에 달려 있었다.

　방문객은 바깥 어두운 데 서서 따뜻한 불빛이 새어나오는 바로 크식 내부를 들여다보았다. 동굴처럼 웅숭깊은 실내에는 식탁마다 호화로운 음식과 포도주 잔이 넘쳐 났다. 그 안의 사람들은 잔치를 즐길 만반의 준비를 갖추고 모두 왼쪽을 보며 대기하고 있었다. 마 치 식전에 무슨 발언 순서가 있는 듯했다.

방문객이 들여다보니 문간에서 멀지 않은 식탁에 친구 데이비드(David)가 앉아 있었다. 놀란 방문객은 친구를 불러 주의를 끈 뒤에 말했다. "나는 우리가 함께 먹는 줄로 알았는데."

데이비드는 방 앞쪽을 향한 시선을 거두지 않은 채 이렇게 답할 수밖에 없었다. "자네가 끝내 응답하지 않았잖은가."

이제는 고인이 된 내 친구 나빌 쿠레쉬(Nabeel Qureshi)는 그 장면을 묘사하며 허공을 응시했다. 그 경험을 머릿속에 재현하듯 이마에 주름이 잡히고 눈을 가늘게 떴다. 그러다 다시 나를 보며 말했다. "이게 다 꿈이었습니다."

우리 집 거실은 조용했다. 바깥에서 에어컨 돌아가는 소리가 나지막이 들릴 뿐이었다.

"당신이 분명한 환상을 보여 달라고 하나님께 구한 뒤에 그런 일이 있었단 말이지요?" 내가 물었다.

"네. 이튿날 데이비드에게 전화하여 그 꿈을 어떻게 생각하느냐고 물어보았어요."

"데이비드는 기독교인 친구였습니까?"

"유일한 기독교인 친구였습니다. 나는 독실한 무슬림이었고요. 그때는 나 자신을 더럽히는 게 싫어 너무 많은 기독교인들과는 어울려 지내지 않았습니다."

"친구가 뭐라던가요?"

"내가 경험한 그 일을 굳이 해석할 필요조차 없다더군요. 성경을 펴서 누가복음 13장을 읽기만 하면 된다고요."

예수께서 각 성 각 마을로 다니사 가르치시며 예루살렘으로 여행하시더니 어떤 사람이 여짜오되 주여 구원을 받는 자가 적으니이까 그들에게 이르시되 좁은 문으로 들어가기를 힘쓰라 내가 너희에게 이르노니 들어가기를 구하여도 못하는 자가 많으리라 집 주인이 일어나 문을 한 번 닫은 후에 너희가 밖에 서서 문을 두드리며 주여 열어 주소서 하면 그가 대답하여 이르되 나는 너희가 어디에서 온 자인지 알지 못하노라 하리니 그때에 너희가 말하되 우리는 주 앞에서 먹고 마셨으며 주는 또한 우리를 길거리에서 가르치셨나이다 하나 그가 너희에게 말하여 이르되 나는 너희가 어디에서 왔는지 알지 못하노라 행악하는 모든 자들아 나를 떠나 가라 하리라 너희가 아브라함과 이삭과 야곱과 모든 선지자는 하나님 나라에 있고 오직 너희는 밖에 쫓겨난 것을 볼 때에 거기서 슬피 울며 이를 갈리라 사람들이 동서남북으로부터 와서 하나님의 나라 잔치에 참여하리니 (눅 13:22-29).

"내가 문간에 서 있을 때 문이 아직 닫히지는 않았어요. 하지만 내가 초청에 응하지 않는 한 하나님의 그 잔치에 즉 천국에 들어가지 못할 게 분명했습니다. 문이 아주 닫히고 나 없이 잔치가 영원히 이어질 테니까요." 나빌의 말이다.

"심정이 어떠셨어요?"

그는 잠시 멈추었다 대답했다. "오싹하고 무섭고 외롭고 절박했습니다."

"누가복음의 그 본문을 그날 이전에 몇 번이나 읽어 보았나요?"

나빌은 내 질문에 놀란 표정으로 말했다. "한 번도 없습니다."

"한 번도요?"

"신약의 어느 부분도 그때까지 한 번도 읽어 본 적이 없습니다. 그런데도 꿈속에 그 본문이 극으로 재연된 겁니다."

"이 일을 어떻게 설명하겠습니까?"

"나는 과학자요 의사입니다. 살과 뼈, 증거와 사실과 논리를 다루지요. 하지만 이것만은……." 그는 적절한 표현을 찾다가 말을 이었다. "내게 꼭 필요한 환상이었습니다. 기적이었습니다. 그 기적이 내게 문을 열어 주었습니다."

무슬림 세계를 흔들어 깨우는 현상

이 꿈이 결정적 계기가 되어 나빌은 예수를 믿었고, 의사이던 직업의 길도 바꾸어 세계 무대에서 기독교 신앙을 열정적으로 변호했다.[1] 초자연적 환상이나 꿈을 경험한 뒤에(많은 경우 외부 사건으로 확증된다) 이슬람교를 떠나 기독교에 들어선 무슬림은 나빌 외에도 수없이 많다.

사실 무슬림이 그리스도인이 된 사례는 마호메트 이후의 1,400년간보다 지난 20년 사이에 더 많았고, 그중 구원을 경험하기 전에 꿈이나 환상으로 예수를 본 사람이 4분의 1 내지 3분의 1로 추정된다.² 이런 통계치가 틀림없다면 예수께서 사람들에게 초자연적으로 나타나시는 이 현상이야말로 현대 세계에서 가장 중대한 영적 각성 중 하나다.

이런 세계적 추세를 내게 처음으로 환기시켜 준 사람은 기독교 변증가 라비 재커라이어스(Ravi Zacharias)였다. 거의 20년 전에 내가 《특종! 믿음 사건》(The Case for Faith, 두란노 역간)을 쓰려고 그를 인터뷰하던 때였다. 당시에 그가 내게 했던 말이다. "나는 많은 이슬람 국가에서 강연했습니다. 예수를 전하기가 힘든 곳이지요. 이들 중 그리스도를 따르기로 결심한 사람들은 한 그리스도인을 통해 표현된 그리스도의 사랑 때문에, 또 환상이나 꿈, 기타 초자연적 개입을 통해 그런 결단을 내렸습니다. 천사와 환상에 대한 교리에서 회교보다 복잡한 종교는 없습니다. 나는 초자연적 세계에 대한 회교도들의 민감성을 사용하여 하나님이 환상과 꿈으로 말씀하고 계시다고 생각합니다."³

성경에 보면 하나님은 자주 꿈과 환상을 통해 그분의 계획을 진척시키셨다. 구약의 아브라함과 요셉과 사무엘에서부터 신약의 스가랴와 요한과 고넬료에 이르기까지 하나님이 이런 식의 초자연적 개입을 활용하신 사례가 성경에 200회쯤 나온다.

오늘날 이런 기적적 현현은 인도네시아에서 파키스탄과 가자지구에 이르기까지 이슬람교 신자들에게 집중해서 나타난다. 물론 사람마다 독특한 경험이긴 하지만 많은 경우 진정성을 확증해 주는 요소가 있다. 예컨대 예수께서 꿈에서 주신 말씀은 꿈꾼 사람이

다른 방식으로는 알 수 없는 내용이다. 또 두 사람이 한날한시에 동일한 꿈을 꾸는 경우도 있다.

아울러 이런 경험은 국경을 초월하여 놀랍도록 일관성을 보이는 만큼 단지 상상력 과잉이 만들어 낸 산물이 아님을 알 수 있다. 독실한 무슬림이 기독교의 예수와의 만남을 상상할 아무런 동기가 없다. 그분의 유인으로 자칫 이슬람교를 배교하기라도 하면 나라에 따라 사형선고를 받을 수도 있다.

작금의 이런 현상은 왜 나타나는가? 이슬람교는 기독교 신학의 핵심 요소들을 완강히 부인하는 종교인데, 오늘날 그런 현현이 왜 하필 그 종교 신자들에게 수없이 임하는가? 예수께서 그들 각자에게 뭐라고 말씀하시기에 그들의 삶이 뿌리째 흔들리는가? 예수께서 이렇게 꿈과 환상에 나타나실 수 있다면 왜 모든 사람에게 그 방식으로 자신을 드러내지 않으시는가? 이런 현상 때문에 선교사들은 일자리를 잃는 셈인가?

솔직히 이런 초자연적 개입은 내 신학적 틀에 깔끔히 들어맞지 않았다. 그럴수록 진상을 파악하고 싶은 마음이 더욱 간절해졌다.

레슬리와 나는 차에 짐을 싣고 텍사스주 댈러스까지 세 시간을 달렸다. 거기서 한 중동 선교사를 만나기로 되어 있었다. 작가이기도 한 그는 무슬림들이 경험하는 꿈과 환상을 잘 아는 전문가다.

중동에 헌신한 "진국" 선교사

톰 도일(Tom Doyle)은 기독교 대학(바이올라대학교)을 졸업하고 성경학으로 석사 학위(댈러스신학대학원)를 받은 뒤 사역에 뛰어들어 20년간 열심히 목회했다. 댈러스와 앨버커키와 콜로라도스프링스 등지의 교회에서 섬겼고, 특히 일요일 아침마다 설교하는 시간이 즐거웠다. 그러던 중 1995년에 댈러스신학대학원에서 그에게 전화하여 목사들 몇이 이스라엘에 갈 건데 동행할 마음이 있느냐고 물었다.

"그때부터 모든 게 달라졌습니다. 중동에 완전히 매료되었거든요." 도일은 그렇게 회고했다.

그 지역 선교사가 된 그는 이후 20년에 걸쳐 성지 순례를 60회나 인솔했다. 현재는 언차티드(UnCharted)라는 사역단체를 설립하여 대표로 일한다. 그리스도인들에게 도전하여 유태인과 무슬림을 향한 하나님의 운동에 동참하고 또 박해받는 신자들을 곁에서 돕게 하는 전문 기관이다.

내가 도일에게 끌린 것은 그가 2012년에 그레그 웹스터(Greg Webster)와 함께 쓴 권위 있는 책 《꿈과 환상: 누가 무슬림 세계를 깨우고 있는가?》(Dreams and Vision, 순교자의소리 역간) 때문이었다. 도일이 중동에 대한 자신의 전문 지식을 살려서 쓴 저서로는 Two Nations under God: Why You Should Care about Isreal(하나님 아래의 두 나라: 이스라엘에 관심을 가져야 할 이유), Breakthrough: The Return of Hope to the Middle East(돌파구: 중동에 되살아난 희망), Killing Chrsitians: Living the Faith Where It's Not Safe to Believe(살해되는 기독교인: 안전하지 못한 데서 실천하는 신앙), *Standing in the Fire: Courageous Christians Living in Frightening Times*(포화 속에서: 무서운 시대를 살아가는 용감한 기독교인) 등 모두 일곱 권이 있다.

어느덧 62세가 된 백발의 도일은, 대학 시절의 애인 조앤(JoAnn)과 결혼한 지 35년이 넘었고 여섯 자녀와 여러 손주를 두었다. 조앤은 중동 여러 나라의 여성들을 섬기고 있다. 도일을 아는 친구들은 그를 "진국"이라 부른다. 시카고 근교의 휘튼성경교회 담임목사 랍 뷰(Rob Bugh)는 "잃어버린 영혼, 난민, 무슬림, 유태인을 향한 그의 놀라운 사랑을 나는 그와 함께 해외 출장을 다니며 매번 직접 보았다"라고 말했다.[4]

크리스천 소설가이자 전기작가로 잘 알려진 제리 젠킨스(Jerry Jenkins)도 도일의 친구인데, 그는 도일이 중동에서 직접 사역하기 때문에 그곳의 동향을 논하는 데 남다른 권위가 있다고 말했다. 또 도일의 "신빙성은 옷에서 나는 최전방 전쟁터의 냄새가 뒷받침해 주며, 이는 그가 어제도 거기에 있었고 내일도 거기로 돌아갈 것이기 때문"이라 했다.[5]

인터뷰 전날 밤 우리 부부는 카페에서 도일 부부와 함께 저녁을 먹으며, 조부모라면 누구나 사족을 못 쓰는 손주들 이야기로 몇 시간이고 수다를 떨었다. 톰과 조앤은 사교적이고 열정과 공감 능력이 풍부하다. 영락없는 선교사 체질이다. 그들의 미소는 전염성이 있다. 진부한 표현을 써서 미안하지만 그들에게 꼭 맞는 말이다.

이튿날 아침 조앤과 레슬리가 외출한 동안 톰과 나는 우리 호텔

방에서 따로 대화를 나누었다. "무슬림을 상대로 일하는 게 처음부터 좋았습니까?" 내가 먼저 말문을 열었다. 우리는 등받이가 곧은 (불편한) 의자에 마주보고 앉았다.

"아니요, 사실은 선입견이 많았습니다." 그가 대답했다.

"편견 말인가요?"

"그렇다고 할 수 있지요."

"어떻게 해서 태도가 달라졌습니까?"

"9.11 사태 직후 가자지구에 있었는데, 히잡을 쓴 한 여성이 달려와 내 팔뚝을 잡고 미국 사람이냐고 묻더군요. 그렇다고 했더니 그날 건물들이 무너질 때 가자 사람들이 즐거워 환호하는 영상을 보았냐고 또 물어요. 텔레비전으로 보았다고 하니까 그녀가 이런 말을 했습니다. '나는 그러지 않았어요. 나는 그 사람들을 위해 울었습니다. 죽어서는 안 될 사람들이잖아요. 그건 악한 일이었어요. 정말 미안합니다.' 그러면서 가슴을 치고는 사라졌습니다."

"기분이 어땠습니까?"

"그날부터 하나님이 내 마음속에 무슬림을 위한 자리를 내셨습니다. 우리가 자신의 눈이 아니라 예수의 눈으로 바라볼 수 있을까요? 결국은 그것으로 귀결됩니다. 그분은 모든 뉴스와 편견을 걸러내십니다. 그분의 눈만 있으면 사람들이 본연의 모습으로, 즉 그분의 형상대로 지음받은 존재로 보입니다."

당신이군요! 바로 당신이에요!

이슬람교 신자들 사이에 꿈과 환상이 빈번하게 일어나는 현상을 언제 인식했느냐는 내 물음에 도일은 예루살렘에 처음 방문했던 때를 떠올렸다. 그때 그는 기독교로 회심한 일단의 무슬림을 만났다.

"그중 라미(Rami)가 하는 말이 자기는 열렬한 무슬림이었는데 예수께서 꿈에 나타나기 시작했다더군요. 그때까지 살면서 경험했던 어떤 일과도 달랐답니다. 보통 꿈은 흐릿하거나 뒤죽박죽인데, 이 꿈은 선명하고 아주 또렷했으니까요. 계속 반복되었고요."

"예수께서 뭐라고 하셨답니까?"

"흰옷을 입고 오셔서 라미에게 사랑한다고 하셨답니다. 장소는 호숫가였는데 자기가 걸어가 예수를 끌어안았다고 하더군요."

"당신은 어떻게 반응했습니까?" 내가 물었다.

도일은 씩 웃으며 대답했다. "처음에는 라미가 미쳤나 싶었지요. 그런데 그 뒤로 다양한 사람에게서 기본적으로 똑같은 이야기를 수없이 들었습니다. 흰옷을 입은 예수께서 그들에게 사랑한다고, 그들을 위해 죽으셨다고, 그분을 따르라고 말씀하십니다. 이란, 이라크, 시리아 등 전 지역에서 그런 일이 눈덩이처럼 불어났습니다. 심지어 이집트의 여러 신문에 광고까지 났으니까요."

"광고라니요?" 나는 필기를 하다 말고 고개를 들었다.

"간단한 문구였습니다. '흰옷 입은 분을 꿈에 본 적이 있습니까? 그분께 당신을 위한 메시지가 있습니다. 이 번호로 전화 주십시오.'

다시 말해서 그런 꿈을 꾸는 무슬림이 워낙 많다 보니까 기독교 사역단체들이 그들에게 다가가려고 그런 광고를 내기 시작한 겁니다."

나는 도일에게 그런 꿈이 누군가의 삶에 어떻게 영향을 미치는지 대표적인 예를 들어 달라고 했다. 그는 이집트의 지하 교회 개척자 카말(Kamal)이 이슬람교 신자인 누르(Noor)라는 여성을 만난 이야기를 골랐다.[6]

도일에 따르면 카말은 그날도 일이 바빴지만 카이로의 칸 엘-칼릴리 금요 시장으로 가라는 하나님의 인도하심이 느껴졌다. 솔직히 그곳만큼은 피하고 싶었다. 무슬림의 기도 시간 직전이라서 시장이 붐비고 시끄럽고 혼잡했기 때문이다. 그래도 그는 하나님이 특별한 만남을 예비하셨다는 확신이 들어 그곳으로 갔다.

전통 의상으로 머리끝부터 발끝까지 가린 무슬림 여성 누르가 멀리서 그를 찾아내고는 소리를 질렀다. "당신이군요! 바로 당신이에요!" 그녀는 인파 속을 헤집고 곧장 그에게 다가와 말했다. "어젯밤 당신이 내 꿈에 나왔어요! 지금 입으신 그 옷차림으로요. 분명히 당신입니다."

카말은 사건의 발단을 금세 알아차리고 물었다. "내가 예수와 함께 있던가요?"

"예, 예수께서 우리와 함께 계셨어요."

훗날 그녀는 이렇게 설명했다. "예수께서 나와 함께 호숫가를 거니시며 나를 한없이 사랑한다고 말씀하셨습니다. 그분의 사랑은

기적인가
우연인가

그때껏 내가 경험한 무엇과도 달랐어요. 마음이 그렇게 평화롭기는 난생처음이었습니다. 그분이 떠나지 않았으면 좋겠다는 생각이 들었습니다. 이 예수께 '자식이 여덟이나 딸린 가난한 무슬림인 저를 왜 찾아오셨나요?'라고 물었더니 그분은 '누르야, 나는 너를 사랑한다. 너를 위해 모든 것을 내주었다. 내가 너를 위해 죽었다'라고만 말씀하셨습니다."

예수께서 떠나려고 돌아서면서 그녀에게 이렇게 말씀하셨다고 한다. "내일 내 친구에게 나에 대해 물어보아라. 내가 너를 찾아온 이유를 그가 다 말해 줄 것이다." 그녀가 "그 친구가 누구인가요?"라고 되묻자 예수는 꿈속에 그분의 뒤에 있던 사람을 가리키며 "이 사람이다" 하셨다. 그녀는 "그분과 내가 함께 있는 동안 그 사람도 계속 우리와 같이 걷고 있었습니다"라고 당시를 회상하며 말했다.

다시 시장의 장면으로 돌아와, 누르가 카말에게 한 말은 이랬다. "당신이 쭉 우리와 함께 호반을 걸었는데도 그때까지 나는 예수밖에 보지 못했어요. 그분과만 단둘인 줄로 알았지요. 그분의 얼굴이 어찌나 장엄한지 눈을 뗄 수가 없었어요. 예수께서 당신의 이름을 일러 주지는 않으셨지만 당신의 복장이 지금과 똑같았어요. 안경도 똑같고요. 당신의 미소도 잊히지 않으리란 걸 알았지요."

이렇게 이야기하는 사이 세 시간이 훌쩍 흘러갔다. "꿈속이었지만 예수께서 함께 걸으실 때만큼 내가 사랑받은 적은 없습니다." 누르가 카말에게 말했다. "두려움이 없었어요. 난생처음 수치심도 없었고요. 그분이 남자인데도 겁나거나 주눅이 들지 않는 거예요. 정말 완전한 평화였습니다."

카말은 그녀에게 종교로는 그런 평안을 결코 얻을 수 없다고 설명해 주었다. "바로 그걸 예수께서 당신에게 주시려는 겁니다. 십자가를 지시기 전에 그분은 '평안을 너희에게 끼치노니 곧 나의 평안을 너희에게 주노라'라고 말씀하셨습니다(요 14:27 참조). 다른 누구에게서도 그런 평안을 얻지 못합니다. 얻을 수가 없지요. 예수께만 있으니까요."

나는 누르의 이야기에 매료되었다. "그녀는 그리스도를 믿게 되었습니까?" 내가 도일에게 물었다.

"그날 당장은 아니었습니다. 그녀는 대가를 계산하는 중입니다. 예수께서 친히 우리에게 대가를 따져 봐야 한다고 말씀하셨지요. 이집트에서 그녀에게 따를 대가란 아주 엄청날 수 있습니다. 누르는 예수에 대해 최대한 많이 알아보고 싶다고 했습니다. 많은 사람이 그녀를 위해 기도하고 있습니다."[7]

도중하차한 사람들

카말과 누르 같은 사연들이 도일의 책마다 가득하며 지금도 비슷한 사례가 속속 전해지고 있다. "당장이라도 시리아로 전화를 걸어 동역자들에게 꿈에 대한 이야기가 있느냐고 물으면, 그들이 새로운 걸로 서너 가지는 내게 말해 줄 겁니다. 그 정도로 흔한 일입

기적인가
우연인가

니다." 도일이 말했다.

"소강상태도 없단 말입니까?" 내가 물었다.

"전혀 없습니다. 최근에 내가 예루살렘에서 만난 남자는 난민촌에서 자란 팔레스타인인입니다. 이스라엘을 증오하지요. 유태인을 최대한 많이 죽이는 게 인생 목표라고 내게 그랬습니다."

"섬뜩하군요. 그래서 어떻게 됐습니까?"

"그는 테러 단체 하마스와 연계된 사람들을 만나러 가던 길이었습니다. 예수에 대해 아무것도 몰랐는데 갑자기 길에서 흰옷 입은 남자가 앞에 서서 자기를 가리키며 말하더랍니다. '오마르(Omar)야, 이건 내가 너를 위해 계획한 삶이 아니다. 돌이켜 집으로 가라. 내게 너를 위한 다른 계획이 있다.'"

"그래서 어떻게 했나요?"

"돌이켜 집으로 갔답니다. 그날 오후에 자기 아파트 복도 맞은편 집으로 누가 이사를 왔는데, 알고 보니 새 입주자가 기독교인이었습니다. 오마르는 자신이 경험한 일을 그에게 말해 주고 이게 무슨 뜻이냐고 물었습니다. 그 기독교인은 시간을 들여 성경을 자세히 설명해 주고 그를 예수께로 인도했습니다. 현재 오마르는 지하 교회 개척자입니다."

감동적인 이야기였다. "그러니까 내처 갔더라면 하마스에 입단하여 어쩌면 극단론과 테러리스트의 삶에 들어섰을 텐데 예수께서 그야말로 그를 도중하차시키신 거로군요." 내가 말했다.

"그렇고말고요. 우리는 또 제리코에서 오사마(Osama)라는 남자도 만났는데 그는 팔레스타인 자치정부의 일원이었습니다. 그런데 자꾸 꿈에 예수가 나타났답니다. 이맘을 찾아갔더니 코란을 더 읽으라고 하더래요. 그런데 코란을 읽을수록 예수 꿈을 더 자주 꾸었습니다. 이맘이 회당에 더 관여하라고 해서 그렇게도 해 보았지만 그래도 꿈은 그치지 않았지요. 그러자 이맘이 메카 순례를 떠나라고 했답니다."

메카의 인파 속을 걸어 카아바를 도는 그 사람 모습이 내 머릿속에 그려졌다. 흔히 "알라의 집"이라 하는 카아바는 이슬람교에서 가장 신성한 회당의 한복판에 있는 검은색 건물이다. 이슬람교 5대 강령 중에 무슬림은 힘닿는 한 평생 한 번 메카로 성지 순례를 가서 카아바를 일곱 바퀴 돌아야 한다는 항목이 있다. 그 닷새 기간에 시계 반대 방향으로 카아바를 도는 사람이 100만 명도 넘는다.

"오사마는 어떻게 되었습니까?" 내가 물었다.

"카아바를 보면서 기도를 바쳐야 하거든요. 그런데 그쪽을 보니 꿈에서처럼 카아바 꼭대기에 예수가 보이더랍니다."

"깜짝 놀랐겠군요!"

"물론입니다! 예수께서 그를 보시며 '오사마야, 이곳을 떠나라. 너는 엉뚱한 방향으로 가고 있다. 떠나서 집으로 가라'라고 말씀하셨습니다. 나중에 기독교인 친구가 그에게 복음을 전하여 그는 그리스도를 믿게 되었습니다. 지금 그는 예수를 어찌나 사랑하는지 정말이지 얼굴에 훤히 드러납니다."

기적인가
우연인가

한 가지 사실만은 분명해 보였다. 즉 이런 꿈을 꾼 사람들은 대부분 기독교의 예수를 환상으로 떠올릴 마음이 당연히 없었다.

도일   그중 다수는 폐쇄 국가들에 살고 있어 예수에 대한 이미지나 개념을 전혀 몰랐습니다. 그들을 위해 친히 죽으셨다는 예수의 말씀은 그들이 살면서 배운 모든 내용에 어긋납니다.

나   코란에는 예수에 대해 어떻게 나와 있습니까?

도일   그분을 하나의 선지자로 치부합니다. 그러나 가장 중대한 건 코란에 따르면 예수는 십자가에서 죽지 않았고, 알라는 아들이 없으며, 아무도 남의 죄를 대신 질 수 없다는 겁니다. 기독교에서 신앙의 본질이라고 말하는 바로 그 부분들을 이슬람교의 가르침은 명백히 부인합니다.

나   그래서 당신이 신앙에 대한 대화를 시작하려 하면 무슬림 쪽에서 반감을 느끼는 거로군요.

도일   바로 그겁니다. 무슬림의 전형적 반응은 성경이 변질되었다, 기독교에서 예배하는 신은 셋이다, 십자군 전쟁 중에 벌어진 일을 보라는 식의 말입니다. 이게 그들과 참예수 사이에 놓인 몇 가지 큰 벽이지요. 그런데 고화질의 예수 꿈은 그들을 데리고 그런 암벽을 슬며시 빙 돌아갑니다. 예수의 실체를 보았으니 이제 더 알아보고 싶은 마음이 드는 겁니다.

무슬림이 꿈이나 환상을 보고 나면 흥미롭게도 지금껏 기독교에 대해 제기하던 전형적 반론이 사라집니다. 예수 꿈을 꾸고 나서도 여전히 그리스도의 신성이나 성경의 진실성을 문제 삼는 사람을 나는 본 적이 없습니다. 예수께서 한낱 선지자 이상임을 그들은 즉각 알아차립니다. 그래서 그분을 더 알려고 합니다.

나   (이런 꿈에 대한 도일의 설명을 잘 보면 무슬림이 예수를 즉시 믿는다는 말은 없다.) 잘 때는 무슬림이던 사람이 예수 꿈을 꾸고 나서 곧바로 기독교인으로 깨어나는 건 아니군요.

도일   맞습니다. 그런 일은 나도 들어 보지 못했습니다. 대개 꿈은 그들을 누군가와 연결시켜 줍니다. 그들에게 성경을 가르치고 복음을 제시할 수 있는 사람입니다. 카이로 시장의 누르도 그런 경우였지요. 또 오마르도 하마스와의 회동을 저지당하여 집에 갔다가 마침 앞집으로 이사 오는 기독교인을 "우연히" 만났고요. (그는 **우연히**라는 말을 할 때 손가락으로 따옴표를 해 보였다.) 꿈을 계기로 그들은 성경의 진리와 참예수를 찾아 나섭니다.

도일에 따르면 그들이 꿈속에서 만나는 예수는 수치와 명예에 기초한 문화에 완전한 해독제가 된다.

도일	마호메트 이후로 무슬림은 불명예와 수치를 느껴 왔습니다. 그런데 이런 꿈은 그윽이 감정의 심금을 울려 줍니다. 갑자기 정반대 느낌이 들기 때문입니다. 자기에게 나타나신 예수를 그들은 영광으로 여깁니다. 사랑, 은혜, 안전, 보호, 인정, 기쁨, 평안을 느낍니다. 이 모두가 이슬람교에서는 얻지 못하는 감정이지요. 그야말로 천지가 개벽하는 겁니다.
나	예수께서 그들의 꿈속에서 보이시는 행동은 복음서의 예수와 같습니까?
도일	일관성이 있습니다. 예를 들어 신약의 예수는 남편을 여럿 거친 사마리아 우물가의 여인, 시각장애인과 지체장애인, 나환자, 미움받던 세리 삭개오 등 소외층에게 다가가셨습니다. 오늘날 무슬림보다 더 소외된 사람이 누구입니까? 예수는 그들에게 자신의 사랑을 보이시는 겁니다. 그게 예수께서 일하시는 방식이지요.
나	그럼 현대의 이런 꿈은 성경에 기술된 꿈이나 환상과는 어느 정도나 비슷합니까?
도일	이런 꿈이 다메섹 도상에서 사울이 경험했던 일과 같다고는 말하지 않겠습니다. 하지만 꿈을 꾸는 본인에게는 지축을 뒤흔드는 경험입니다. 보통 꿈이 아니라 비상하리만치 생생하거든요. 그래서 떨쳐지지 않는 겁니다. 평생 몰랐던 사랑이 느껴지고요. 그래서 그들의 반응이 얼마든지

이해가 됩니다. 즉 그들은 더 원할 수밖에 없습니다.

우리 신학에 갇히지 않으시는 분

나　　　당신이 교육받은 바이올라대학교와 댈러스신학대학원은 둘 다 보수적인 복음주의 기관입니다. 당신의 신학에 이런 꿈의 현상이 어떤 식으로든 도전이 되었습니까?

도일　　글쎄요, 처음에는 미심쩍었습니다. (나도 똑같이 느꼈기에 도일의 말에 고개를 끄덕였다.) 이런 생각이 들었지요. '주님, 왜 이런 일이 벌어집니까?' 그런데 이를 소화하는 과정에서 서서히 이해가 되었습니다.

나　　　어떻게 말입니까?

도일　　서구 세계에는 굳이 꿈과 환상이 필요 없습니다. 하나님의 말씀을 쉽게 접할 수 있으니까요. 하지만 어림잡아 전 세계 무슬림의 50퍼센트는 글을 읽지 못합니다. 그러니 그들에게 어떻게 성경을 가르치겠습니까? 또 무슬림의 86퍼센트는 알고 지내는 기독교인이 하나도 없습니다. 그러니 누가 그들에게 복음을 전하겠습니까? 나는 하나님이 공평하시다고 믿습니다. 성경에 "세상을 심판하시는 이가 정의를 행하실 것이 아니니이까"라는 말이 있지요(창 18:25 참조). 내 생각에 하나님은 길을 찾아내 그들에게 예수를 알리실 것입니다.

나 이런 극적인 방법으로라도 말이지요?

도일 물론입니다. 바그다드에 살던 레일라(Leila)가 생각납니다. 남편에게 늘 맞고 살았기에 그렇게 살다가 죽을 줄로 알았답니다. 그래서 어느 밤에 이렇게 기도했대요. "신이시여, 몇 달째 부르짖어도 가만히 계시네요. 지금까지는 신께 어디 계시느냐고만 했는데 이제부터는 누구시냐고 말을 바꾸려 합니다. 그동안 제가 엉뚱한 신에게 기도한 것 같아서요." 그날 밤 그녀는 자기를 사랑하시는 예수에 대한 꿈을 꾸었습니다. 그러면 저는 신학적으로 이를 어떻게 보아야 할까요? (그는 어깨를 으쓱해 보였다.) 초자연적인 일이 벌어지고 있다는 증거를 부인하기 어렵습니다. 물론 사람을 믿음으로 이끄는 건 하나님의 말씀입니다. 하지만 이런 꿈은 복음의 씨앗을 잘 받아들일 수 있도록 무슬림의 딱딱한 마음 밭을 기경해 줍니다.

(도일은 그 개념에 잠시 뜸을 들였다가 나를 가리키며 말을 이었다.) 당신이 하나님 입장이 되어 보십시오. 온 세상에 전할 메시지가 있습니다. 그런데 당신이 깊이 사랑하는 무슬림의 절대다수가 기독교인이나 성경을 접할 수 없습니다. 이제 당신의 대안은 무엇입니까? 어떻게 그들의 주의를 끌겠습니까? 특히 꿈을 중시하는 문화에서 말입니다. 내 생각에 우리는 무조건 우리의 신학이 옳다고만 생각할 게 아니라 하나님의 사랑을 보아야 합니다. 사랑의 하나님이

그들에게 다가가시려고 특단의 조치를 취하시는 셈이지요. 때가 긴박하면 그만큼 대책도 긴박해야 합니다.

나 ——— (그래도 나는 이 문제로 그를 압박했다.) 이렇게 말하는 그리스도인들이 있습니다. "물론 성경에 꿈이 몇 번 나오긴 하지만 그거야 시대와 때와 상황이 달랐기 때문이지요. 지금은 그런 일이 일어나지 않습니다." 이런 사람들에게 뭐라고 말해 주겠습니까?

도일 ——— 성경에 꿈이나 환상이 200회 이상 나옵니다. 알다시피 초대 교회 때도 꿈이 쓰였고, 일부 신앙 지도자는 이를 하나님의 계시의 통로로 보았습니다. 물론 권위는 오직 하나님의 말씀에만 있습니다. 흥미롭게도 이런 꿈이 사람들에게 가리켜 보이는 게 무엇입니까? 바로 성경입니다.

나 ——— 신학자라면 이렇게 주장할 수 있습니다. 성경 정경이 종료되었으므로 꿈은 아주 수상쩍게 다루어야 할 성경 외의 계시라고 말입니다.

도일 ——— 무엇이든 성경과 대조하여 확인해야지요. 나도 그 입장에서 조금도 물러선 적이 없습니다. 하지만 그리스도인이라면 누구나 식당에서 옆자리에 앉은 사람에게 가 전도하라는 감화를 받을 수 있습니다. 실제로 그런 경우가 얼마나 많겠습니까? 성령은 늘 그런 식으로 사람들을 인도하십니다. 그런데 왜 성령께서 꿈을 통해 사람들을 인도하여 선교사나 성경과 연결시켜 주실 수는 없는 겁니까? 솔직히

기적인가
우연인가

하나님의 활동은 우리의 신학으로 규정되는 게 아닙니다.

나 ____ 여전히 회의적인 사람들에게는 뭐라고 말하겠습니까?

도일 ____ 무슨 말을 더 하겠습니까? (한숨을 내쉬며) 뭔가 신학적 이유
로 반대하는 거라면 하나님께 가서 따지라고 말해 주겠
습니다. (그러더니 이제야 생각났다는 듯 이렇게 덧붙였다.) 개인적
으로 나는 하나님이 초자연을 폐기하셨다고 생각하지 않
습니다.

꿈과 환상이 낳은 열매들

이런 꿈의 정당성을 평가하는 한 방법으로, 거기에 어떤 열매가
맺히는지를 보면 된다. 다시 말해서 꿈의 결과가 피상적이고 일시
적인 믿음인가, 아니면 철저한 회심과 그리스도께 대한 깊은 헌신
인가?

도일 ____ 의문의 여지없이 그런 꿈은 대개 삶을 근본적으로 변화시
킵니다. 중동에서 무슬림이 예수를 믿으면 거부와 구타와
투옥과 심지어 죽음까지 자초할 수 있습니다. 소심한 사
람은 할 수 없는 일이지요. 편리한 기독교가 아닙니다.

나 ____ 미국에는 그리스도께 대한 얄팍한 헌신이 만연해 있습니
다. 사람의 영혼을 제대로 혁신시키지 못하는 편리한 기
독교 때문이지요. 그런데 그런 우리가 중동 사람들의 회

심의 진정성을 의심하고 있으니 아이러니입니다. 신앙을 추구하려면 실질적인 박해를 무릅써야 하는 그들인데 말입니다.

도일   중동의 많은 지도자들은 그리스도를 영접하려는 사람과 함께 기도하기 전에 두 가지를 묻습니다. 첫째, 당신은 예수를 위해 고난당할 각오가 되어 있습니까? 둘째, 당신은 예수를 위해 죽을 각오가 되어 있습니까? 미국 교회의 새 신자반에도 이런 질문이 있었으면 좋겠습니다.

나   그러면 등록 교인 숫자가 좀 줄겠군요.

도일   그렇겠지요. 그런데 예수를 따르면 필시 가족들에게 거부당하고 심지어 죽을 수도 있음을 알면서도, 유례없이 많은 수의 무슬림이 신앙을 선택하고 있습니다.

나   이런 꿈과 환상에 대해 자연적 설명이 가능할까요?

도일   여러 정황으로 미루어 초자연 현상이 아니고는 무엇으로도 보기 힘듭니다. 카말이 카이로 시장에 가기 싫은데도 하나님의 감화가 느껴져서 갔더니, 거기서 만난 누르라는 여자는 간밤에 카말과 예수에 대한 꿈을 꾸었습니다. 이걸 어떻게 설명하겠습니까?

나   우연의 일치일까요? (감히 해 본 소리였다.)

도일   (도일은 웃음을 참지 못하며 놀리듯 되받았다.) 그렇게 믿는 쪽이 훨씬 더 믿음이 좋아야겠네요.

나   하지만 왜 하필 누르입니까? 왜 예수는 모든 사람의 꿈에 나타나지 않으시는 겁니까? 세상 모든 비신자의 꿈속에 그분이 나타나시기만 한다면 여러 선교회의 시간과 돈과 수고를 대폭 절감할 수 있을 텐데요.

도일 ———— 글쎄요, 내가 하나님을 대신해서 말할 수는 없고 그저 짐작해 볼 따름입니다. 세상 많은 지역의 경우 문제는 복음을 접할 수 없는 게 아닙니다. 복음은 가까이 있어요. 따라서 그런 지역들에서는 복음에 어떻게 반응할 것인지가 사람들의 진짜 문제입니다.

또 알다시피 교회사를 통틀어 하나님은 다양한 시대에 다양한 인구 집단에게 집중하곤 하셨습니다. 아시아, 남미, 유럽, 미국, 아프리카에 대각성이 있었지요. 어떤 이유에서든 오늘날 하나님은 한 가지 공통점을 지닌 복수의 인구 집단에게 다가가고 계십니다. 바로 그들의 절대다수가 무슬림이라는 사실입니다. 그분이 그다음에 어떤 일을 하실지는 나도 모릅니다.

도일과 대화하면서 솔직히 나는 예수 꿈을 꾼 사람들에게 약간 질투가 났다. 내가 그리스도를 따른 지도 어언 수십 년이 지났다. 그동안 성경을 깊이 탐구했고 삶에서 하나님의 임재와 인도와 권능도 느꼈다. 하지만 생시처럼 생생한 꿈속에서 흰옷을 입으신 예수와 함께 대화를 나누며 그분의 사랑과 은혜와 수용의 음성을 듣는다면, 솔직히 그야말로 환상적일 것이다.

나	그들이 부럽습니까? 당신의 꿈속에도 예수께서 나타나셨
	으면 좋겠습니까?
도일	와! (그저 가능성을 생각했을 뿐인데도 그에게서 감탄이 터져 나왔다.) 그
	런 만남을 원하지 않을 사람이 누가 있겠습니까? 정말 대
	단할 겁니다. 하지만 성경이 내게 예수를 알려 주고, 성령
	께서 확신을 주시며 나를 인도해 주십니다. 게다가 장차
	그분을 확실히 대면하여 뵐 텐데요.
	(그는 만족스러운 낯빛으로 이렇게 말을 맺었다.) 그거면 나는 충분합
	니다.

16년 만에 이루어진 꿈속 예언

어렸을 때 수많은 꿈을 꾸었지만 어른이 되어서까지 내 기억에 남아 있는 건 딱 하나뿐이다. 유년기의 꿈 중에서 가장 극적이면서도 수수께끼 같았기 때문이다. 어찌나 또렷하고 생생했던지 지금도 놀랍다. 당시의 내게 정서적 영향을 미치기도 했다. 예수를 만난 꿈은 아니지만 꿈속에서 나는 천사와 대화하며 예언을 하나 받았다. 그 예언은 16년 후에 그대로 성취되었다.

내가 무신론으로 옮겨 가기 이전인 열두 살 무렵이었다. 꿈속에 내가 부엌에서 직접 샌드위치를 만들고 있는데 갑자기 빛나는 천사가 나타나 천국이 아주 멋지고 영광스러운 곳이라고 말했다. 나는 잠시 듣다가 당연한 듯 대답했다. "저도 거기에 갈 거예요." 물론 그 말은 나중에 죽어서 간다는 뜻이었다.

"그걸 어떻게 알지?" 천사의 질문에 나는 말문이 막혔다.

'어떻게 아느냐고? 무슨 이런 질문이 다 있어?' 당황한 나는 더듬거리며 대답했다. "음…… 그야, 어…… 최대한 착한 아이가 되려고 했으니까요. 부모님 말씀도 잘 듣고 얌전히 굴려고 했거든요. 교회에도 다녔고요."

그러자 천사가 말했다. "그건 중요하지 않다."

정말 어이가 없었다. 그동안 부모님과 선생님들이 바라고 시키는 대로 고분고분 착하게 살려고 얼마나 노력했는데, 어떻게 그게 중요하지 않을 수 있단 말인가? 나는 은근히 두려워져서 그만 할 말을 잃고 말았다.

천사는 잠시 나를 안달하게 두었다가 "언젠가는 이해하게 될 거다"라고 말하고는 순식간에 사라져 버렸다. 나는 식은땀을 흘리며 잠에서 깨어났다. 어린 시절 기억나는 꿈이라고는 이것뿐이다.

세월이 흘러 나는 초자연적 세계는 물론 신이 존재할 가능성까지 거부한 채 오랜 기간 무신론자로 살았다. 그런데 그 꿈을 꾼 지 16년 후에 천사의 예언이 이루어졌다. 시카고 근교 어느 극장에서 모이던 교회 집회에서 나는 은혜의 메시지를 듣고 처음으로 제대로 이해했다. 내 행동으로는 천국을 얻어 낼 수 없었다. 그것은 전적으로 하나님의 은혜이며, 회개와 믿음으로 받아야 하는 값없는 선물이었다. 이를 깨닫는 순간 머릿속에 생생히 떠오르는 기억이 있었다. 언젠가는 복음을 이해하게 될 거라고 내게 예언해 준 천사였다. 결국 이 기쁜 소식이 내 인생과 영원을 변화시켰다.

내가 꾸었던 그 꿈은 초자연적 개입이었을까? 기적의 요건에 부합될까? 판단은 당신에게 맡기겠다. 다만 중동에서 전해져 오는 일부 꿈과 환상의 이야기들에 나도 조금이나마 공감할 수 있다.

실제로 빈번한 초자연적 사건들

세상은 이전 어느 때보다도 하나로 얽혀 있다. 내가 살고 있는 텍사스주 휴스턴도 세계의 석유 산업 때문에 실제로 중동의 많은 지역과 연결되어 있다. 그러니 이번 장을 쓰던 중에 내가 교육 목사로 섬기는 교회에서 예수 꿈을 꾼 사람을 만난 사실도 놀랄 일은 아닐 것이다.

이야기 주인공 레이첼(Rachel)은 체구가 작고 말소리가 가만가만한 엄마다. 살갗은 올리브색이고 품행은 친절하고 상냥하다. 부유층이 주로 사는 교외에서 남편과 아이와 함께 사는데, 확신컨대 이웃들은 기독교가 금지된 어느 중동 국가에서 독실한 무슬림으로 자란 그녀의 배경을 상상조차 못할 것이다.

스물두 살 때 그녀는 몇 가지 개인적 우환에 시달렸다. 그래서 어느 날 잠자기 전에 하나님께 부르짖었다. "제발 제게 하나님의 선지자를 보내 이 비참한 심정에서 저를 해방시켜 주세요. 위안과 인도가 절실히 필요합니다."

그날 밤 그녀는 꿈을 꾸었다. 극장 같은 곳이었는데 영사기에서 아주 환한 빛이 쏟아져 나왔다. 갑자기 화면에 사람이 나타났다. 예수였다. "처음에는 초상화 같은데 정지된 그림이 아니었어요. 그분은 아주 따뜻하고 애정 어린 눈빛으로 나를 보고 계셨어요. 마치 내 고통과 슬픔을 느끼시는 듯했습니다."

그분이 뭐라고 말씀도 하셨지만 그보다 더 중요한 건 그 말씀이 불러일으킨 감정이었다고 한다. 한없이 깊은 안도와 위안과 인정과 기쁨이 느껴졌던 것이다. 그러다 그분의 얼굴이 사라졌다. "눈이 떠졌지만 그전에도 잠들지 않았던 게 분명해요. 방 안에 그분과 함께 있었어요."

서른 즈음에 그녀는 결혼하여 남편과 함께 텍사스로 이사했다. 하루는 이웃과 대화하던 중에 그녀의 입에서 불쑥 "성경을 공부하고 싶어요"라는 말이 튀어나왔다. 어찌된 영문인지 본인도 여태 모를 일이다. 어쨌든 결국 그녀는 우리 교회 교인인 친구와 함께 요한복음을 한 구절씩 공부해 나갔다.

물론 요한복음은 예수가 이슬람교의 선지자 정도가 아니라 하나님 자신이라는 일대 선언으로 시작된다. "태초에 말씀이 계시니라 이 말씀이 하나님과 함께 계셨으니 이 말씀은 곧 하나님이시니라"(요 1:1). 요한이 소개한 예수의 혁명적 발언은 레이첼이 배웠던 이슬람교의 근간을 흔들어 놓았다. "내가 곧 길이요 진리요 생명이니 나로 말미암지 않고는 아버지께로 올 자가 없느니라"(14:6).

복음서를 공부하기 시작할 무렵, 세례에 대해서 아직 아무것도 몰랐을 때 그녀는 환상을 보았다. "책을 든 남자가 보였고 내가 물속에 그와 함께 서 있었어요. 친구가 내 손을 잡고 있었고요. 책을 펴서 손에 들고 있는 그 사람을 친구와 둘이서 보고 있는데, 수평선을 내다보는 그의 얼굴에 눈물이 흘러 내렸습니다. 예수를 참으로 사랑하는 사람임을 알 수 있었어요."

환상이 지속된 기간에 대해 그녀는 "빠르면서도 빠르지 않았어요. 자세히 다 보았는데도 몇 분 만에 끝났거든요"라고 말했다. 레이첼에게 그 남자는 생면부지의 사람이었다.

부활절에 친구가 그녀를 우리 교회에 데려왔다. 함께 강당에 앉아 예배가 시작되기를 기다리던 중에 문득 레이첼은 통로를 걸어오는 한 남자를 보았다. "저기, 바로 저 사람이야!" 그녀는 소리쳤다. 그녀의 환상 속에 나왔던 사람은 바로 앨런(Alan)이라는 우리 교회 세례 담당 목사였다. 꿈에서 처음 본 그가 보란 듯이 그녀 앞에 등장한 것이다.

요한복음 성경공부를 다 마치고서 레이첼은 예수를 자신의 구세주요 인도자로 믿고 그분의 용서를 받아들였다. 일생의 경사였으나 남편에게는 감히 알릴 수 없었다. 그래서 남편이 출타 중인 어느 날 따로 세례식을 마련했다. "셋이서 함께 침례탕에 들어갔어요." 예수를 사랑하는 남자가 성경을 펴서 읽었고 친구가 곁에 있었다. 환상 속의 예언대로 된 것이다.

"그 환상이 내 눈앞에 실현되고 있었어요. 목사님이 말씀을 나눌 때 내 얼굴에 눈물이 흘렀습니다. 나는 그에게 물속에 더 오래 있게 해 달라고 부탁했어요. 순간순간을 다 느끼고 싶어서요."

꿈과 환상. 퍼뜩 톰 도일의 말이 떠올랐다. "개인적으로 나는 하나님이 초자연을 폐기하셨다고 생각하지 않습니다."

생각 정리

1. 당신은 하나님이 때로 꿈을 통해 사람들을 인도하신다고 믿는가? 초자연적이라고 믿어지는 꿈을 당신도 꾼 적이 있는가? 그 믿음을 뒷받침해 주는 외부의 확증이 있었는가? 그 경험을 말해 보라.

2. 꿈에 과도히 치중하는 그리스도인들의 몇 가지 위험은 무엇인가? 어떻게 하면 자신을 지켜 그런 과오를 면할 수 있겠는가?

3. 중동 선교사 톰 도일은 무슬림들 사이에 나타나는 비범한 꿈과 환상의 예를 몇 가지 소개했다. 그중 당신에게 특별히 와 닿는 이야기가 있는가? 왜 그런가?

4. 중동에서 그리스도를 믿으려는 사람은 대개 다음 두 가지 질문을 받는다. 첫째, 예수를 위해 고난당할 각오가 되어 있는가? 둘째, 예수를 위해 죽을 각오가 되어 있는가? 솔직히 당신은 이 두 질문에 어떻게 답하겠는가?

5. 리 스트로벨은 자기 기억에 남아 있는 어린 시절의 유일한 꿈을 소개했다. 천사가 나타나 그에게 언젠가는 은혜의 메시지를 이해하게 될 거라고 말했다. 당신은 이 경험을 어떻게 보는가? 기적인가, 아니면 우연의 일치인가? 왜 그렇다고 생각하는가?

6. 하나님이 무수히 더 많은 사람들에게 꿈과 환상을 통해 복음을 알리지 않으시는 이유가 무엇일까?

THE CASE FOR MIRACLES

Part 4

가장 극적인
두 가지 기적 앞에
멈춰 서다

경이로운 창조

우주에는
시작점이 있다

(마이클 G. 스트라우스 박사와 인터뷰)

게라인트 루이스(Geraint Lewis)는 우주들을 창조하는 게 생업이다. 슈퍼컴퓨터를 이용하여 경입자와 쿼크에다 자연계의 4대 기본 힘을 주물럭거려 각종 대체 세계의 희한한 시뮬레이션을 만들어 낸다. 이 일을 하면서 그는 창조자 노릇이 벅찬 일임을 깨달았다. 세계적으로 이름난 케임브리지대학교 천문학연구소에서 천체물리학으로 박사 학위를 받은 그에게조차 말이다.

그는 이렇게 썼다. "물리 법칙을 가지고 놀다 보면 삶이 비참해질 수 있다. 그 비참한 재앙은 바로 권태다. 주기율표는 사라지고,

화학의 모든 경이로운 아름다움과 유용성도 우리를 저버린다. 생명을 품고 원기를 불어넣는 은하와 항성과 행성은 죽음을 부르는 블랙홀로 대체된다. 또는 멀건 수소 죽, 허공을 홀로 떠도는 양성자들, 미지근한 방사능 용액만 남는다. 그야말로 못내 따분한 곳이며, 우리처럼 사고하는 복잡한 존재를 만날 수 있는 곳은 아니다."[1]

그런데 하나님께서는 실제로 무(無)에서 우주를 창조하여 인간이 번성할 만한 서식지로 미세하게 조정하시는 일이 기본 업무에 속한다. 적어도 성경 맨 첫 구절이 사실이라면 말이다. "태초에 하나님이 천지를 창조하시니라"(창 1:1).

우주가 무에서 창조되었다면 그야말로 사상 최고의 비범한 기적이다. 이로써 신의 존재가 설득력 있게 입증될 뿐 아니라 나머지 모든 초자연적 개입도 당연히 그만큼 더 개연성을 얻는다.[2]

어떻게 그런가? 예를 들어 보자. 저명한 기독교 변증가 윌리엄 레인 크레이그(William Lane Craig)는 십 대 시절에 예수의 동정녀 출생을 의심했다. 왜 그랬을까? 마리아의 난자 속에 남아를 생산할 유전 물질이 없으므로 Y 염색체가 무에서 창조되어야 했기 때문이다. 그런 그가 이렇게 말했다. "하지만 그리스도인이 된 후에 깨달은 것이 있어요. 내가 믿는 우주의 창조자께서 Y 염색체를 만드는 일쯤은 식은 죽 먹기라는 사실이지요!"[3]

요컨대 말씀으로 우주를 창조하고 자연법을 지으신 하나님이라면 이따금씩 개입하여 각종 기적을 행하시기란 쉬운 일이다. (죽은 자를 살리는 일처럼) 정말 불가사의한 기적이든 (힘든 사람을 초자연적으로 격려하는 일처럼) 더 은근한 기적이든 다 마찬가지다.

그런데 회의론자 마이클 셔머는 나와 인터뷰하는 자리에서 우주의 기원과 미세 조정을 다르게 설명하고 싶다고 말했고, 실제로 많은 우주학자와 물리학자가 갖가지 대체 모델과 이론을 내놓았다. 어쩌면 우주는 원인 없이 존재하는지도 모른다. 만물의 절대적 시작점이 아예 없었는지도 모른다. 또는 우주가 다중으로 존재할 수도 있다. 각 우주마다 임의로 조합된 물리 법칙들과 상수들이 있어 그중 하나(우리의 우주)가 어쩌다 운 좋게 생명체가 깃들어 살기에 저절로 적합해졌는지도 모른다.

우주 자체와 또 그 우주가 생명체에 맞게 정확히 조정된 상태가 우주적 우연의 산물인지, 아니면 기적 중의 기적인지 과연 우리가 확실히 알 수 있을까? 신이 우주를 창조했다면 그 신은 누가 창조했느냐는 셔머의 반론은 또 어떻게 되는가?

두 과학자가 칠판 앞에서 떠드는 유명한 만화가 있다. 왼쪽에 분필로 적힌 복잡한 수학 공식은 "기적의 발생"이라는 문구를 거쳐 오른쪽의 다른 희한한 공식으로 바뀐다. 한 과학자가 몸짓으로 기적 부분을 가리켜 보이며 상대 과학자에게 말한다. "2단계가 더 명확해야 하지 않겠는가?"

그리스도인은 우주적 증거가 어떻게 초자연적 기적의 창조주를 가리켜 보이는지 명확히 밝힐 수 있을까? 아니면 셔머의 말따마다 어깨를 으쓱해 보이며 만물의 기원을 "우리는 모른다"고 인정해야 할까?

나는 박식한 학자에게서 서머의 말에 대한 대응을 어서 듣고 싶었고, 이전에 《창조 설계의 비밀》(The Case for a Creator, 두란노 역간)을 쓸 때 수집했던 과학적 증거도 더 보충하고 싶었다. 그래서 특출한 자격 요건을 갖춘 한 저명한 물리학 교수에게 서둘러 이메일을 보냈다. 얼마 뒤 오클라호마대학교 노먼 캠퍼스에서 멀지 않은 그의 자택에 앉아 인터뷰를 나누게 되었다.

신학을 공부한 과학자

서머처럼 마이클 G. 스트라우스(Micheal G. Strauss)도 자전거를 열심히 탄다. 대학 사무실로 출근할 때 6.5킬로미터를 타고 퇴근길에는 멀리 돌아서 32킬로미터를 더 탄다. 운동과 취미 중 어느 쪽인지 물었더니 "둘 다"라는 답이 돌아왔다.

그래서인지 그는 예순이 다 된 나이에도 훨씬 젊어 보인다. 귀를 살짝 덮은 갈색 머리는 아직 희어지기 전이고, 주름살 없는 얼굴과 맑고 푸른 눈동자에서 팔팔하게 젊은 인상마저 풍겨난다.

스트라우스가 과학에 처음 흥미를 느낀 때는 앨라배마주 헌츠빌에 살던 청소년 시절이었다. 훗날 우주비행사들을 달나라로 데려간 NASA(미국항공우주국)의 막강한 로켓인 새턴 5호가 그곳에서 제작되었다. "그들이 로켓 엔진에 불을 밝히고 시험할 때면, 와! 도시 전체가 진동하곤 했습니다!" 그렇게 말하는 그의 목소리에 열정이 담겨 있었다.

스트라우스는 고등학교를 수석으로 졸업하고 바이올라대학교에서 과학과 신학을 공부했다. UCLA에서 물리학으로 석사과정을 밟을 때 양자역학과 아원자 입자에 매료되었고, 고에너지물리학 실험 그룹에 들어가 스탠퍼드선형가속기센터에서 연구했다. 나중에 UCLA에서 "29 GeV의 전자-양전자 쌍소멸에 나타나는 람다(ʌ) 분극과 파이(φ) 회전정렬에 관한 연구: 컬러필드 행동의 탐구"라는 번득이는 주제로 논문을 써서 고에너지물리학으로 박사 학위를 받았다.

1995년에 오클라호마대학교 교수가 된 그는 우수교육상을 여러 번 받았고 현재 물리학 석좌교수로 재직 중이다. 15년 동안 페르미국립가속기센터에서 연구했다. 요즘은 스위스 소재 CERN(유럽입자물리연구소)의 대형 강입자 충돌기로 연구를 수행하고 있다. 여러 양성자를 함께 분쇄하여 최대 질량의 기본 입자인 톱쿼크의 속성을 밝혀내는 게 연구 목적의 하나다.

충돌기의 데이터로 소위 "신의 입자"인 힉스 보손(또는 힉스입자)을 발견하는 데 일조했던 실험이 2012년에 두 차례 있었는데, 그중 하나에 스트라우스도 공동으로 참여했다. 입자물리학의 표준 모델에서 힉스입자는 증명되지 않은 마지막 부분이었다(명칭에 신이 들어갔다 해서 입자 자체에 무슨 신성한 특성이 있다는 뜻이 아니고 그만큼 찾아내기가 어려워서 붙여진 이름이다. 명칭의 유래가 된 피터 힉스[Peter Higgs]는 공교롭게도 무신론자다[4]). 현재 스트라우스는 질량이 아주 큰 이 힉스입자의 증거를 추적하는 일에 힘을 보태고 있다.

흥미롭게도 그가 연구하는 세상 최소의 입자들은 광활한 우주의 기원과 질서를 이해하는 데 날로 더 큰 연관성을 보인다. 이는 충돌기가 중성자에 타격을 가할 때 생겨나는 에너지 밀도가 워낙 높아 빅뱅 직후 1초의 1조(兆)분의 1 사이의 우주 상태와 비슷하기 때문이다. 덕분에 우주학 연구에 새로운 통찰이 더해진다.

바로 그 대목을 논하려고 나는 그를 찾아왔다. 우주의 기원과 미세 조정은 쿼크와 경입자와 힉스입자 등 자연의 소재를 지으신 창조주 하나님을 가리켜 보이는가? 우리는 그의 집 응접실에 앉아 대화에 들어갔다.

일상의 자연 속에 보이는 하나님

"실험실에 갈 때 나는 초자연 현상을 보려는 게 아닙니다." 스트라우스가 처음부터 한 말이다. "기적이 항상 일어난다면 우리는 자연의 평상시 운행 방식을 연구할 수 없을 겁니다. 하지만 대체로 자연법대로 운행된다는 이유만으로 예외가 있을 수 없다는 뜻은 아닙니다. 마침 좋은 예화를 읽은 게 있습니다.[5] 외계인들이 우리네 신호등의 작동 방식을 이해하려고 관찰한다 합시다. 결국 그들은 빨간색, 노란색, 초록색이 각각 무슨 의미인지 알아냅니다. 그런데 갑자기 어떤 차가 불빛을 번쩍이고 요란한 사이렌을 울리며 모든 규칙을 어기고 교차로를 질주합니다. 그러면 간혹 예외가 있으니 표준 규칙이 더는 유효하지 않다는 뜻입니까? 물론 아니지요."

내가 보충 질문을 던지려는데 스트라우스가 끼어들어 흥미로운 신학적 견해를 밝혔다.

"참, 성경에 보면 하나님이 존재하신다는 증거를 우리에게 가장 흔히 보여 주는 건 단지 그분의 기적이 아니라 평소의 자연 현상입니다. 로마서 1장 20절에 그분의 보이지 않는 속성이 무엇을 통해 분명히 보여 알려진다고 했나요? 바로 그분이 만드신 만물을 통해서입니다.[6] 시편 19편 1절에도 '하늘이 하나님의 영광을 선포하고 궁창이 그의 손으로 하신 일을 나타내는도다'라는 말씀이 있고요. 그러므로 하나님이 존재하신다는 증거를 얻기 위해 반드시 기적이 필요한 건 솔직히 아닙니다. 증거는 바로 우리 눈앞에, 즉 그분이 창조하셨고 우리 과학자들이 연구하는 온갖 자연 현상 속에 있습니다."

그 말이 잘 일깨워 주듯이 과학자들은 양성자끼리 충돌하여 그보다 더 작은 입자로 폭발할 때 거기서 엄청나게 복잡하고 경이로운 하나님의 창의성을 조금이나마 엿본다. 들판을 휩쓰는 장엄한 뇌우나 밤하늘에 반짝이는 무수한 잔별을 보며 그분의 초자연적 속성을 감지하는 것과 같다.

"그래도 어쩌다 한 번씩은 우리 삶에 요란한 구급차가 지나갈 수 있습니다. 당신은 어떻습니까? 오직 하나님의 초자연적 개입으로밖에 설명할 수 없는 일을 경험한 적이 있습니까?" 내가 말했다.

"글쎄요, 과학자에게 **오직**은 강경한 표현입니다. 그러니까 아마 아닐 겁니다. 하지만 나는 직접 경험하지 않고도 믿는 게 많습니다. 예컨대 DNA가 나선형 구조로 되어 있다고 믿지만 직접 본 적은 없지요. 믿을 만한 사람들에게서 초자연으로밖에 설명될 수 없는 일을 들으면 굳이 내가 직접 경험하지 않아도 초자연인 일이 벌어 졌음을 믿습니다."

팽창하는 우주에 함축된 의미

고대 그리스로 돌아가 보면 웬만한 철학자와 과학자는 우주가 영원하다고 믿었고, 이는 그들 다수에게 아주 잘 들어맞았다.

스트라우스가 말했다. "많은 과학자는 철학적 자연주의자라서 물질계 너머에 아무것도 없다고 믿습니다. 만일 우주가 항상 존재했다면 그런 철학과 아귀가 잘 맞습니다. 그러나 그들 대부분이 알고 있듯이, 우주에 과연 시작점이 있어 계속 팽창하고 있다면 거기에 함축된 신학적 의미는 엄청납니다."

1915년에 일반상대성 이론을 발표한 알버트 아인슈타인(Albert Einstein)은 이를 우주 전체에 적용하다가 기겁했다. 우주가 팽창하거나 수축하거나 둘 중 하나여야만 함이 드러났기 때문이다. 이에 대한 해법으로 그는 자신의 공식에 오차를 더해서 "중력을 억제하여" 우주를 일정 상태로 유지시켰다. 그랬다가 훗날 이 조치가 자기 평생의 "최대 과오"였다고 시인했다.[7]

오늘날 무신론자들에게조차 명백한 사실이거니와 우주에 시작점이 있다면 그 결과는 유신론이다. 이론물리학자 스티븐 호킹도 베스트셀러 《시간의 역사》(A Brief History of Time, 까치 역간)에 "우주에 시

작점이 있는 한 창조주의 존재를 가정할 수 있다"라고 썼다.[8]

내가 물었다. "사실상 모든 과학자가 우주에 시작점이 있다고 결론지을 수밖에 없었던 요인은 무엇입니까? 그중 일부는 그 결론이 싫어서 발길질하고 소리치며 억지로 끌려가면서도 말입니다."

"지난 1920년대에 러시아 수학자 알렉산드르 프리드만(Alexander Friedman)과 벨기에 천문학자 조르주 르메트르(George Lemaître)가 아인슈타인의 이론을 종합하여 수립한 모델은 우주가 팽창 중임을 보여 줍니다. 그러니까 우주의 테이프를 거꾸로 재생하면 결국 그 수축의 끝은……."

"빅뱅이군요." 내가 넘겨짚었다.

"예, 영국의 천문학자 프레드 호일(Fred Hoyle)이 바로 그 표현을 썼습니다. 노골적인 무신론자인 그는 그런 개념을 경멸하고 조롱했지만 이 용어만은 살아남았습니다."

사실 호일은 우주의 시작점을 어떻게든 없애고 싶어 나중에 정상우주론을 개발했다. 이는 우주가 팽창하는 건 맞지만 팽창하면서 새로운 물질을 자체 생성하기 때문에 시작점이 없었으며 따라서 창조주도 필요하지 않다는 이론이다. 그의 이론은 시작점을 없애는 데는 성공했으나 오늘날 우주학자들은 하나같이 이를 배격한다. 130억 년도 더 전에 우주에 시작점이 있었다는 증거가 점증하고 있기 때문이다.

기적인가
우연인가

확증되는 빅뱅

나 ____ 빅뱅 이론을 확증해 주는 과학적 발견으로는 그동안 무엇
이 있었습니까?

스트라우스 세 가지가 있습니다. 첫째, 1929년에 미국 천문학자 에드
윈 허블(Edwin Hubble)은 먼 은하들로부터 오는 빛에서 소위
"적색 편이"를 발견했습니다. 이는 은하들이 어마어마한
속도로 서로에게서 날아가 말 그대로 갈라진 결과인데요.
이로써 우주가 급속히 팽창하고 있음을 알 수 있습니다.

둘째, 1964년에 아르노 펜지아스(Arno Penzias)와 로버트 윌
슨(Robert Wilson)이 우주배경초단파복사(輻射)를 측정한 결과
빅뱅의 잔여 열이 -450℉로 나타났습니다. 이는 빅뱅이
발생했을 경우 예상되는 바로 그 수치입니다.

셋째 발견은 가벼운 원소들의 기원과 관계가 있습니다.
무거운 원소들은 나중에 항성에서 생성되어 초신성에 의
해 우주 공간 속으로 방출되었습니다. 그러나 수소와 헬
륨처럼 아주 가벼운 원소는 빅뱅처럼 훨씬 뜨거운 환경에
서 생성되어야 했지요. 우주에 있는 이 두 원소의 양을 측
정해 보면 1만분의 1 이내로 빅뱅 이론의 예측과 정확히
맞아떨어집니다.

나 ____ 그러니까 당신에게는 이게 빈틈없는 논증이군요.

스트라우스 증거로 보건대 빅뱅을 믿지 않는 것은 곧 지구가 평평하
다고 믿는 것과 같습니다. 내가 보기에 데이터가 그 정도

우주에는 시작점이 있다

로 탄탄합니다. 빅뱅은 공간, 시간, 물질, 에너지 등 우리가 아는 모든 것의 기원입니다.

나   혹시 단서 조항이 있습니까?

스트라우스 아마 한 가지는 있습니다. 빅뱅 이후 1초의 몇분의 1 사이에 벌어진 일을 측정할 수 없습니다. 대부분의 과학자는 그때부터 급팽창이 시작되어 순간적으로 우주가 광속보다 빠르게 팽창했다고 봅니다.

나   (손을 들며) 잠깐만요. 그 무엇도 광속보다 빠르게 움직일 수는 없는 줄로 아는데요.

스트라우스 우주 안에는 그런 게 없지만 우주 자체는 실제로 빛보다 빠르게 팽창할 수 있습니다. 요컨대 빅뱅 후 급팽창이 시작되기 전인 1초의 1조($兆$)분의 1조분의 1조분의 1 사이에 벌어진 일에 대해서는 아무런 정보도 없습니다. 그때 벌어진 일을 기술하려면 중력의 양자론이 필요한데 아직 우리에게 그게 없습니다.

나   그래도 당신이 믿기로는 모든 게 하나의 시작점으로 거슬러 올라가는군요?

스트라우스 예, 분명히 그렇다고 봅니다. 그 마이크로 초 사이에 벌어진 일을 설명하려고 별 이상한 이론을 다 내놓는 사람들도 있습니다. 그런데 우주학자 로렌스 크라우스(Lawrence Krauss)는 노골적인 무신론자인데도 최근의 한 토론에서, 설령 중력의 양자론이 나와 있다 해도 우주는 분명히 존

재하기 시작한 시점이 있다고 시인했습니다.[9]

나 발견되는 사실이 점점 더 많아짐에 따라 빅뱅의 증거는 더 탄탄해집니까, 아니면 더 약해집니까?

스트라우스 당연히 더 탄탄해지지요. 예컨대 우리가 연구하는 우주 배경복사는 플랑크(Planck) 위성 덕분에 정밀도가 더욱 높아졌는데, 이 또한 여전히 빅뱅을 지지해 줍니다. 모든 증거로 확실히 증명되듯이 우주는 팽창하고 있을 뿐 아니라 그 속도도 더 빨라지고 있습니다.

아울러 2003년에 저명한 우주학자 셋이 소위 보드-구스-빌렌킨(Borde-Guth-Vilenkin) 이론을 정리했습니다.[10] 어떤 우주든 자체 역사 내내 평균적으로 팽창하고 있다면 과거가 영원할 수 없고 시작점이 있어야만 한다는 내용입니다. 이 이론이 옳다면 우리의 우주에도 적용됩니다. 빅뱅 이후 마이크로 초 사이에 무슨 일이 벌어졌든 관계없이 말입니다.

우주의 시작점에 대한 문제

윌리엄 레인 크레이그를 비롯한 많은 철학자가 신의 존재를 증명하는 다양한 논증을 제시한다. 그러나 근년 들어 각종 철학지에 발표된 기사 수를 세어 보면, 유신론에 대한 현대의 다른 어떤 변증보다도 크레이그의 칼람(kalam) 우주론적 논증에 대한 논의가 더 많이 등장한다. *The Cambridge Companion to Atheism*(케임브리지 무신론 안내서)에 보면 "유신론자든 무신론자든 공히 '크레이그의 칼람 논증을 외면할 수 없다'"고 되어 있다.[11]

칼람 논증이라는 명칭은 이슬람의 "중세 신학"을 뜻하는 아랍어에서 유래했다.[12] 이를 처음 정리한 사람이 '11세기 무슬림 철학자' 알 가잘리(al-Ghazâli)이니 적절한 명칭이다. 그의 논리를 세 단계로 요약할 수 있다.

1. 무엇이든 존재의 시작점이 있으면 원인도 있다.
2. 우주는 존재의 시작점이 있다.
3. 그러므로 우주에는 원인이 있다.[13]

나　　　당신은 칼람 논증을 어떻게 평가하십니까?

스트라우스　지극히 탄탄합니다. 생각해 보십시오. 없다가 생겨난 것 치고 배후 원인이 없는 게 있습니까? 어떤 과학자들은 원인 없는 양자(量子) 사건도 있을 수 있다지만 내가 보기에 심히 의심스럽습니다.[14] 또 증거로 보아 우주가 없다가 생겨났음은 확실합니다. 논증의 이 두 전제가 참일진대 결론도 불가피합니다. 우주에도 원인이 있다는 겁니다.

나　　　천문학자 고 칼 세이건(Carl Sagan)을 비롯한 일부 회의론자들은 진동우주론의 개념에 일리가 있다고 말합니다. 우주가 시작점 없이 팽창과 수축을 무한히 반복한다는 건데

기적인가
우연인가

요. 이를 뒷받침할 만한 증거가 있습니까?

스트라우스 별로 없습니다. 주기가 반복될수록 엔트로피는 계속 증가합니다. 엔트로피는 대략 무질서의 양이라 할 수 있습니다. 즉 진동이 다음번으로 넘어갈수록 무질서가 증가한다는 뜻입니다. 그러니 테이프를 거꾸로 재생하면 진폭이 점점 좁아져 결국 시작점에 이릅니다. 게다가 "암흑 에너지"는 과학계에서 우주 팽창을 가속화하는 요소로 추정되는데, 진동우주론이 성립되려면 이 에너지가 돌연 방향을 바꾸어 우주를 수축시켜야 합니다. 그야말로 믿기 힘든 억측이지요.

나 그런가 하면 우주가 그냥 무에서, 텅 빈 공간에 요동하는 양자 거품에서 튀어 나왔다는 사람들도 있습니다. 말이 됩니까?

스트라우스 양자 거품은 우주의 시공(時空) 구조입니다. 무가 아니라는 말이지요. 따라서 우주가 거기서 튀어 나왔다면 양자 거품은 어디서 나왔는지 설명해야 합니다. 물론 양자 요동 덕분에 짧은 기간 동안 가상 입자들이 생겨났다 도로 없어지기는 합니다. 그 입자들이 생겨나는 원인은 양자 에너지고요.

나 그 짧은 기간이 얼마나 됩니까?

스트라우스 1초의 1조분의 1입니다. 그러므로 1초의 1조분의 1 사이에 발생하는 일이 장차 수십억 년이나 지속될 우주 전체를

우주에는 시작점이 있다

만들어 낼 수 있다는 주장은 지극히 불합리해 보이는 견강부회(牽强附會)입니다. 신을 피해 가려는 시도가 아니고서야 아무도 이를 생각조차 하지 않았으리라는 게 내 솔직한 생각입니다.

나 ____ 회의론자 마이클 셔머는 나와 인터뷰할 때, 그냥 "모른다"가 우주의 기원에 대한 최선의 답이라고 말하더군요. "하나님이 하신 일이다" 외에도 다른 설명들이 가능하다는 겁니다.

스트라우스 과연 그럴까요. 우리가 살아가는 삶의 기초는 막연한 가능성이 아니라 실제의 개연성에 있습니다. 오늘 아침에 내가 먹은 시리얼에 아내가 독을 탔을 가능성이 있을까요? 무슨 일이든 가능하지만 그렇다고 다 개연성이 있는 건 아닙니다. 진짜 질문은 이겁니다. 우리가 관찰할 수 있는 우주에 근거하여 무엇이 가장 개연성이 높을까요? 모든 증거로 보아 우주의 시작점은 정말 존재했습니다. 나머지는 다 가능성일 뿐 이를 뒷받침해 줄 관찰 증거나 실험 증거가 없습니다.

크레이그도 비슷한 결론에 도달하여 이렇게 썼다. "어떤 의미에서 20세기의 우주론 역사는 절대적 시작점을 부인하려던 온갖 시도의 실패의 연속이라 볼 수 있다. 이렇게 줄줄이 실패한 이론들은 우주의 존재에 시작점이 있었다는 표준 빅뱅 이론의 예측을 더욱

기적인가
우연인가

확증해 줄 뿐이다."[15]

터프츠대학교 우주학연구소 소장 알렉산더 빌렌킨(Alexander Vilenkin)의 표현이 최고가 아닐까 싶다. "현재까지 나와 있는 증거로 보아 우주학자들은 우주의 과거가 영원하다는 가능성 뒤에 더는 숨을 수 없다. 피할 길이 없다. 우주의 시작점이라는 문제를 직시해야 한다."[16]

무에서 창조된 우주는 광대한 기적이지만 그게 다가 아니다. 빅뱅이 아무렇게나 벌어진 사건이 아니라 고도의 질서정연한 현상이었듯이 우주의 지속적 운행도 안무가이신 신의 존재를 보여 주는 놀랍도록 정교한 춤이다.

마이클 스트라우스는 이에 대해 할 말이 아주 많았다. 나는 기대를 품고 앞으로 다가앉았다.

생각 정리

1. 과학, 역사, 인문, 기타 분야 중에서 당신의 관심이 더 기우는 쪽은 무엇인가? 과학 중에서는 어떤 면에 가장 흥미를 느끼는가? 왜 그런가? 과학적 방법 외에 사안의 진위를 가릴 수 있는 방법으로 또 무엇이 있겠는가?

2. 로마서 1장 20절에 "창세로부터 그의 보이지 아니하는 것들 곧 그의 영원하신 능력과 신성이 그가 만드신 만물에 분명히 보여 알려졌나니 그러므로 그들이 핑계하지 못할지니라"라는 말씀이 있다. 이 구절에 근거하여 물리학자 마이클 스트라우스는 하나님이 존재하심을 알기 위해 반드시 기적이 필요한 건 아니라고 지적했다. 그분이 계시다는 증거는 그분이 지으신 세상에 더 흔히 드러난다는 것이다. 당신이 보기에 자연의 어떤 면이 하나님의 존재를 가장 확실히 보여 주는가? 왜 그렇다고 생각하는가?

3. 스트라우스는 과학적 데이터의 양이 워낙 압도적이라서, 빅뱅을 믿지 않음은 곧 지구가 평평하다고 믿는 것과 같다고 했다. 당신은 세상이 빅뱅으로

시작되었음을 얼마나 확신하는가? 당신이 보기에 그 사건은 하나님이 만물을 창조하셨다는 성경의 주장과 모순되는가, 아니면 오히려 이를 뒷받침해 주는가?

4. 칼람 우주론적 논증에 따르면 무엇이든 존재의 시작점이 있으면 원인도 있고, 우주는 존재의 시작점이 있으며, 그러므로 우주에는 원인이 있다. 당신에게 이 논증은 얼마나 탄탄해 보이는가? 시작점은 있으나 원인이 없는 사례를 알고 있는가?

5. 철학자 윌리엄 레인 크레이그는 하나님이 우주를 창조하셨을진대 동정녀 출생 같은 기적은 식은 죽 먹기에 불과하다고 했다. 당신은 이 말에 동의하는가, 동의하지 않는가? 이유를 말해 보라.

6. 스트라우스는 "우리가 살아가는 삶의 기초는 막연한 가능성이 아니라 실제의 개연성에 있습니다. 오늘 아침에 내가 먹은 시리얼에 아내가 독을 탔을 가능성이 있을까요? 무슨 일이든 가능하지만 그렇다고 다 개연성이 있는 건 아닙니다"라고 말했다. 이 말은 기적의 주장을 조사하는 일과 어떻게 연관되는가?

우주와 지구라는 기적

기막힌 정확성,
하나님 말고는 설명할 길이 없다

(마이클 G. 스트라우스 박사와 인터뷰)

《신은 위대하지 않다》(*God Is Not Great*, 알마 역간)의 저자이자 이 시대 최고의 열렬한 무신론자였던 고 크리스토퍼 히친스가 자주 받은 질문이 있다. 신의 존재를 증명하는 가장 탄탄한 논증이 무엇이냐 는 것이다. 그 외에도 많은 회의론자들이 이런 질문을 받는다. 히친 스는 답변이 준비되어 있었다. "내 생각에는 우리 모두 미세 조정을 가장 흥미로운 논증으로 꼽는다."

오클라호마대학교 물리학 교수 마이클 스트라우스에게 우주와 지구의 기막힌 정확성은 흥미로운 정도가 아니라 기적을 행하는 설계자가 계시다는 설득력 있는 증거다.

스트라우스 지난 50년 넘게 물리학자들이 발견한 바와 같이 우주의 운행을 지배하는 숫자들은 머리가 어찔어찔할 정도로 정확하게 조정되어 있습니다. 지성적 생명체가 존재할 수 있도록 말이지요. 머리가 어찔어찔하다는 말은 결코 과장이 아닙니다. (그가 씩 웃으며 덧붙였다.) 눈금판이 100개쯤 되는 제어반을 떠올려 보십시오. 각 단추마다 물리학의 서로 다른 매개변수를 관장합니다. 어느 것 하나라도 왼쪽이나 오른쪽으로 조금만 돌리면 우주 어디에도 지성적 생명체가 존재할 가능성은 훅 날아가 버립니다!

눈금판 하나를 실수로 툭 치기만 해도 세상은 황량한 불모지로 변하다 못해 아예 소멸될 수도 있습니다. 이는 비단 기독교 과학자들만의 견해가 아닙니다. 사실상 모든 과학자가 우주의 미세 조정을 인정합니다. 문제는 어떻게 이 상태에 이르렀느냐는 거지요.[2] 내 생각에 가장 개연성 있는 설명은 창조주가 우주를 설계하셨다는 겁니다.

나 미세 조정의 예를 몇 가지만 들어 주시겠습니까?

스트라우스 물론이지요. 우주 내 물질의 양도 하나의 매개변수입니다. 우주가 팽창하면 중력 때문에 모든 물질이 다른 물질을 끌어당깁니다. 물질이 너무 많으면 항성과 행성이 생성되기도 전에 우주가 자체적으로 붕괴합니다. 물질이 너

	무 적으면 항성이나 행성이 결코 융합될 수 없습니다.
나	물질의 양은 얼마나 미세하게 조정되어 있습니까?
스트라우스	빅뱅 직후에 우주 내 물질의 양은 10^{60}분의 1까지 정밀하게 조정되어 있었음이 밝혀졌습니다. 1 뒤에 0이 자그마치 60개입니다! 다시 말해서 물질을 동전 하나만큼만 더 얹어도 우주는 존재하지 않는 겁니다.

이것이 얼마나 정교한 수치인지 알려면 이렇게 생각해 보라. 가시권 우주의 지름은 276억 광년이다(1광년은 약 10조 킬로미터). 이 어마어마한 지름에서 단 1밀리미터의 오차도 위의 미세 조정 매개변수에 비하면 불가해할 정도로 크다![3]

스트라우스	불가지론자인 영국 물리학자 폴 데이비스(Paul Davies)는 "이런 어마어마한 정밀성이야말로 우주의 커다란 신비 중 하나다"라고 말했습니다. [4]
나	그는 이를 어떻게 설명하려 했습니까?
스트라우스	우주의 급팽창 때문에 우주 내 물질이 딱 적정량이 되었을 수도 있다고 말했습니다.
나	그게 말이 됩니까?
스트라우스	설령 우주의 급팽창이라는 장치가 통한다고 가정해도 미세 조정의 문제는 사라지지 않습니다.
나	왜 그렇습니까?

기적인가
우연인가

스트라우스 예를 들어 봅시다. 잔디 깎는 기계에 기름을 넣을 때 아주
작은 구멍에다 부으려 하면 무척 힘듭니다. 왜 그럴까요?
구멍이 미세하게 조정되어 있기 때문입니다. 그러나 똑같
은 기름을 깔때기에 부으면 연료 탱크를 쉽게 채울 수 있
습니다. 그렇다면 나한테 깔때기(통하는 장치)가 있다고 해
서 미세 조정의 문제가 사라진 겁니까? 물론 아닙니다. 통
하는 장치가 있다는 말은 오히려 설계자도 존재한다는 뜻
이 됩니다.

나 그러니까 우주의 급팽창이 사실이라 하더라도 기껏해야
설계의 문제를 한 단계 뒤로 돌리는 것뿐이군요.

스트라우스 맞습니다.

우주 모든 입자의 수만큼 0을 붙인다 해도

이어 스트라우스는 자신이 연구했던 내용에서 미세 조정의 다
른 예를 제시했다. 바로 강한 핵력(strong nuclear force)의 강도다. "이게
원자의 핵을 결합시켜 줍니다. 결국 원소 주기율표도 이 핵력의 강
도에서 나오는 겁니다." 그의 설명이다.

화학 시간에 공부했던 색색의 주기율표를 머릿속에 떠올려 보
았다. 원자번호 1번(수소)부터 94번(플루토늄)까지 자연 생성되는 모든
원소는 물론이고 실험실이나 원자로에서만 합성되는 몇 가지 무거
운 원소도 그 속에 망라되어 있다.

"강한 핵력을 조작하면 어떻게 됩니까?" 내가 물었다.

"다른 상수를 다 동결해 둔 상태에서 핵력을 2퍼센트만 더 강하게 하려면 주기율표에 훨씬 많은 원소를 더해야 합니다. 하지만 그런 원소는 방사능이 있어 생명체를 죽입니다. 게다가 우주에 수소가 거의 남지 않습니다. 물론 수소가 없으면 물도 없어져 생명체가 존재할 수 없지요."

"눈금을 반대쪽으로 돌리면 어떻게 될까요?"

"핵력을 5퍼센트만 낮추면 남는 거라곤 수소뿐입니다. 역시 생명체가 없는 우주지요. 내가 연구한 다른 분야로 중성자와 양성자를 구성하는 쿼크가 있습니다. 가벼운 쿼크의 질량을 2-3퍼센트만 바꾸면 우주에 탄소가 없어집니다."

"탄소가 없다는 건 어떤 의미입니까?" 내가 물었다.

스트라우스는 몸짓으로 우리 둘을 가리키며 말했다. "그러면 당신과 나도 이 자리에 없는 겁니다."

예를 들자면 한이 없다. 그런 내용만으로도 시중에 책들이 많이 나와 있다. 또 다른 예로 전자기력과 중력의 비율은 10^{40}분의 1까지 미세하게 조정되어 있다. 천체물리학자 휴 로스(Hugh Ross)는 그 숫자를 이해하려면 북미 크기의 대륙 십억 개를 동전으로 덮어 38만 3천 킬로미터 거리인 달나라까지 쌓는다고 상상해 보라고 했다. 그중 동전 하나를 무작위로 집어 빨간색으로 칠한 뒤 다시 더미 속에 섞는다. 친구에게 눈가리개를 씌운 뒤 십억 개의 대륙에서 그 동전을 골라내게 한다. 빨간색 동전을 뽑을 확률은 얼마나 될까? 그게

바로 10^{40}분의 1이다.[5]

　그러나 여태 내가 보았던 가장 특단의 예는, 스티븐 호킹과 함께 *The Nature of Space and Time*(공간과 시간의 성질)이라는 책을 쓰기도 했던 옥스퍼드의 수학물리학자 로저 펜로즈(Roger Penrose)가 내놓은 것이다. 낮은 엔트로피는 우주의 필수 상태인데, 펜로즈의 계산을 보면 그런 우주가 시작되려면 모든 조건이 무려 10^{125}분의 1까지 정확하게 맞아야 한다. 그에 따르면 머릿속이 하얘지는 이 숫자는 "보통의 십진법으로 표기가 불가능하다. 우주의 모든 입자 수만큼 0을 붙인다 해도 입자가 모자랄 테니 말이다."[6]

생명체가 살 수 있는 행성의 조건

　신앙이 없는 과학자들도 우주의 이런 비범한 "우연"을 피해 갈 수 없었다. 애리조나주립대학교 물리학 교수 폴 데이비스는 이렇게 말했다. "내가 보기에 이 모두의 배후에 뭔가 있다는 증거가 강력하다. 마치 누군가 자연의 숫자들을 미세하게 조정하여 우주를 만든 것 같다. …… 설계되었다는 인상이 압도적이다."[7]

　영국 우주학자 에드워드 R. 해리슨(Edward R. Harrison)은 한 치의 오차도 없이 조정된 우주를 보며 주저 없이 딱 잘라 결론지었다. "여기 신이 존재한다는 우주론적 증거가 있다. 미세 조정은 우주를 신이 설계했다는 자명한 증거다."[8]

　스트라우스의 말도 아직 끝나지 않았다.

스트라우스   우주만 숨 막힐 정도로 정밀하게 조정된 게 아니라 지구의 좌표도 생명체가 살 수 있는 신기한 행운의 조건을 갖추고 있습니다.

나   어떤 면에서 그렇습니까?

스트라우스   지구처럼 생명체가 존재하려면 행성이 우선 특정 부류의 은하에 속해 있어야 합니다. 은하에는 타원 은하, 나선 은하, 불규칙 은하 이렇게 세 종류가 있는데 지구처럼 그중 나선 은하 속에 있어야 합니다. 그래야만 꼭 필요한 무거운 원소들이 생성되고 방사능 수위도 적절하기 때문입니다.

그 은하 속이라 해서 아무 데나 살 수도 없습니다. 중앙에 너무 가까우면 방사능이 과다해져 블랙홀이 생기므로 피해야 합니다. 중앙에서 너무 멀어지면 꼭 필요한 무거운 원소들이 없어져 산소와 탄소가 부족하고요. 그러니까 소위 "골디락스 지대"라 하는 은하 내 생존 가능 구역에 살아야 합니다. 거기에만 생명체가 존재할 수 있습니다.

나   지성적 생명체를 말씀하시는 건가요?

스트라우스   박테리아보다 복잡한 생명체라면 다 해당됩니다. 생명체가 존재하려면 주위에 저 태양 같은 별이 필요합니다. 태양은 오랫동안 적정 위치에서 행성 궤도를 안정되게 떠받쳐 온 G급 항성입니다. 또 이 별은 나이도 중년이어야 광도가 일정합니다. 또 홑별이어야 합니다. 우주의 많은 별

기적인가
우연인가

이 쌍성(雙星)이거든요. 이는 두 별이 서로 궤도를 그리며 돈다는 뜻인데, 그러면 행성 궤도가 안정되지 못해 좋지 않습니다. 아울러 이 별은 저 태양처럼 3세대 항성이어야 합니다.

나　　그게 무슨 뜻인가요?

스트라우스　1세대 항성들은 빅뱅 때 수소와 헬륨으로 만들어졌습니다. 비교적 단기간밖에 존속하지 못했습니다. 2세대 항성들은 탄소, 산소, 실리콘, 철 등 우리에게 꼭 필요한 무거운 원소들을 만들어 냈습니다. 3세대를 구성하는 항성들은 재료가 충분하여 지구처럼 암석이 많은 행성과 또 탄소 기반의 생물 형태를 생성합니다.

지구에 생명체가 살 수 있으려면 수많은 매개변수가 딱 맞아야 합니다. 태양과의 거리, 자전 속도, 물의 양, 지축의 기울기 등은 물론이고 지구의 크기도 적당해야 중력이 메탄 같은 기체는 떠나보내고 산소는 묶어 둘 수 있습니다.

지구의 기울기가 일정하게 유지되려면 우리네 달 같은 위성도 필요합니다. 큰 위성을 딱 하나만 거느리는 경우는 극히 드물거든요. 직관에 반하게 들리겠지만 지각변동 활동까지도 필요합니다. 전문가들에 따르면 이는 "행성에 생명체가 사는 데 핵심적인 필수조건"일 수 있습니다.[9] 판구조론은 생물의 다양성을 촉진하고, 대륙 없는 해양 세계를 방지하고, 자장(磁場)을 생성해 줍니다. 아울러 주변에 목성처럼 진공청소기 역할을 하는 거대 행성이 있는 것도 좋습니다. 자칫 재앙을 부를 수 있는 혜성과 유성을 저 멀리 다 끌어가 버리니까요.

나 이따금씩 언론에서 천문학의 표현으로 "지구 같은 행성"을 발견했다고 떠들어 댈 때가 있습니다.

스트라우스 예, 하지만 대개 그 의미는 행성의 크기가 지구와 비슷하다거나 위치상 표층수가 허용될지도 모른다는 게 고작입니다. 하지만 지구는 그 두 가지 요인 이상으로 훨씬 많은 조건을 갖추고 있습니다.

나 지구 같은 행성을 만들려면 몇 가지 조건을 충족시켜야 합니까?

스트라우스 휴 로스는 322가지로 보았습니다.[10] 그러니까 확률을 계산해 보면 다른 데서 참으로 지구 같은 행성을 찾아낼 가망성은 10^{-304}로 나옵니다.

나 그래도 잠재 후보는 저 우주에 많습니다. 어느 추산에 보니까 행성의 수가 10^{21}개도 더 될 수 있거든요.

스트라우스 좋습니다. 그러면 그 수치를 위의 확률 공식에 대입해 봅시다. 그래 봐야 생명체가 살 만한 고등 행성이 존재할 확률은 자그마치 10^{282}분의 1쯤 되겠지요.

(그는 느낌조차 오지 않는 그 어마어마한 수치를 잠시 던져 두었다가 덧붙였다.) 이런 확률을 지칭하는 과학 용어가 있습니다.

나 정말요? 그게 무엇입니까?

기적인가
우연인가

스트라우스 (그가 히죽 웃으며 말했다.) **그럴 일 없음**이라 합니다.

다중우주론의 실체

우주의 명백한 설계를 인식한 일부 과학자들은 이 불가사의한 정밀성이 순전히 자연주의적 방식으로 발생했을 수 있다며 각종 괴상한 설명을 꾸며냈다. 일례로 존 배로우(John Barrow)와 프랭크 티플러(Frank Tipler)는 공저 *The Anthropic Cosmological Principle*(인류 중심의 우주론 원리)에 우주는 분명히 설계되었고 그러려면 지성이 필요한데 지성은 인류에게만 있다고 말했다. 그래서 이들의 가설인즉 인류가 앞으로 계속 진화하여 결국 언젠가는 신처럼 될 텐데, 그때 시대를 거슬러 올라가 스스로 우주를 창조한다는 것이다.[11]

"둘 다 똑똑한 과학자인데 기껏 최선이라고 내놓은 게 그겁니다." 스트라우스는 그렇게 말하며 고개를 내둘렀다. "말할 것도 없이 아무런 주목도 끌지 못했지요."

외면당하기는 이런 개념도 마찬가지다. 우주가 사실은 매트릭스 같은 시뮬레이션이며, 어떤 초지능 프로그래머가 대용량 컴퓨터로 이를 작동하고 있다는 것이다. 그래도 그 우주가 어떻게 생겨났는가 하는 문제는 여전히 남는다.

다음은 마이클 셔머가 나와 인터뷰할 때 언급했던 개념인데, 블랙홀에서 생겨나는 아기 우주들이 블랙홀을 통해 더 많은 우주를 만들어 내는 식으로 끝없이 계속된다는 것이다. 하지만 우주를 만들어 내는 첫 블랙홀이 어디서 왔는가 하는 문제가 남는다. 한 학자는 "이 개념 배후의 물리학은 기껏해야 억측에 불과하다"라고 비웃었다.[12]

미세 조정이 임의의 우연의 산물이라는 가설 역시 금방 자취를 감추었다. 과학자들에 따르면 그럴 확률은 사실상 불가능에 맞먹는다. 윌리엄 레인 크레이그는 "그 정확도는 그야말로 환상적이고 수학적으로 너무나 정밀한 것이라서 그것이 우연일 수 있다는 생각 자체가 한마디로 어리석은 것입니다"라고 말했다.[13]

물리학자 로빈 콜린스(Robin Collins)가 내게 했던 말이 있다. "동전을 던져 50회 연속 앞면이 나온다는 쪽에 내가 천 달러를 걸어서 실제로 그렇게 되었다고 합시다. 당신은 받아들이지 않을 겁니다. 확률이 약 10^{15}분의 1로 너무 낮아서 도저히 있을 법하지 않은 일이니까요. 그런 기막힌 경쟁률을 뚫고 실제로 그 일이 일어났다는 사실은 이 내기가 조작되었다는 강력한 증거일 겁니다. 우주의 미세 조정도 마찬가지입니다. 임의의 우연 탓이라고 결론짓기 전에 이런 결론부터 나올 겁니다. 강력한 증거로 보아 우주가 '조작'되었다는, 즉 설계되었다는 거지요."[14]

그렇다면 미세 조정에 대한 가장 타당한 설명은 무엇일까? 2007년 옥스퍼드대학교 출판부에서 간행한 *The Metaphysics within Physics*(물리학 속의 형이상학)의 저자인 과학철학자 팀 모들린(Tim Maudlin)은 우주의 명확한 설계를 개연성 있게 설명할 방안이 둘뿐이라고 했다. "가능한 반응은 다중우주나 설계자 중에서 어느 한쪽을 받아들이는 수밖에 없어 보인다."[15]

"다중우주론부터 논해 봅시다." 내가 스트라우스에게 말했다. "스티븐 호킹은 다른 우주가 무한 수에 가깝게 존재할 수 있다는 M 이론을 제창했습니다. 물리학의 모든 눈금판을 무작위로 돌리다 보면 조만간 어느 한 우주가 복권에 맞아 생명체에 적합한 조건이 이루어진다는 거지요."

"우선 M 이론이 맞는지 여부를 모릅니다." 스트라우스가 말했다. "그 기초가 되는 끈 이론(string theory)은 애매한 개념이라서 아직 관여되는 모든 방정식조차 풀리지 않았습니다. 이 이론은 시험을 통해 허위로 입증되기가 불가능할 수 있습니다. 관찰 증거도 전혀 없고요. 그래도 이게 정말 과학일까요?"

스트라우스에 따르면 호킹이 M 이론을 제창했을 때 과학 저술가 존 호건(John Horgan)은 〈사이언티픽 아메리칸〉에 이렇게 썼다. "이제 이론가들도 알거니와 M 이론은 무한 수에 가까운 버전으로 넘쳐난다. …… 물론 만사를 예측하는 이론은 정작 아무 일도 예측하지 못한다."[16]

스트라우스의 말이 이어졌다. "그동안 물리학자들은 다중우주가 출현할 법한 경위에 대해 다양한 개념을 내놓았습니다. 그러나 역시 관찰 증거나 실험 증거가 없습니다. 사실 현 우주 너머의 뭔가를 발견할 방도가 우리로서는 요원합니다. 설령 다중우주가 존재한다 해도 보드-구스-빌렌킨 이론에서 보듯이 그 모두는 하나의 시작점으로 회귀할 수밖에 없습니다. 결국 우리는 애초에 누가 또는 무엇이 우주를 창조했는가 하는 문제로 되돌아가는 겁니다."

그의 결론은 무엇일까? "여러 다중우주론 중 하나라도 믿으려면 기본적으로 맹신이 필요합니다."[17]

케임브리지의 수학물리학 교수였던 존 폴킹혼도 비슷하게 말했다. "다중우주론은 때로 순전히 과학인 양 제시되지만 사실 다양한 우주의 충분한 집합은 추측 과정을 통해서만 생겨날 수 있다. 이는 냉엄한 과학이 정직하게 지지할 수 있는 차원을 훌쩍 벗어난다."[18]

철학자 리처드 스윈번의 표현은 직설적이다. "질서정연한 우주를 설명하려고 하나의 신 대신 무수히 많은 우주를 가정하는 일이야말로 불합리의 극치로 보인다."[19]

하나님으로만 설명 가능한 우주

옥스퍼드 출신의 물리학자이며 영향력 있는 책 *Universes*(우주들)를 쓴 존 레슬리(John Leslie)에 따르면, 우주가 하나뿐일진대(다른 우주가 존재한다는 과학적 증거는 역시 없다) 미세 조정은 "**하나님이 실존하신다**는 …… 진정한 증거"다.[20]

스트라우스 내 생각도 같습니다. 과학자로서 내가 확실히 아는 사실로 돌아가 봅시다. 내가 아는 하나의 우주는 아무래도 시작점이 있고, 자연주의적 설명을 일절 따돌릴 만큼 기막히게 조정되어 있습니다. 또 지구는 도저히 성립되기 힘든 행성이며, 그 있을 법하지 않은 제반조건 때문에 우리가 존재할 수 있습니다. 내가 보기에 이 모두는 신이 계셔야 비로소 설명이 가능합니다.

나 ＿＿＿＿ (손을 들며) 잠깐만요. 어쩌면 이 우주는 별로 미세하게 조정되지 않았는지도 모릅니다. 예컨대 창조주가 인류의 서식지를 창조하려 했다면 왜 이토록 큰 공간을 낭비합니까? 우주는 상상을 초월할 정도로 광활하지만 생명체가 살아갈 수 없는 황무지가 대부분입니다.

스트라우스 사실 생명체가 존재할 수 있으려면 지금의 우주가 최소 규모입니다.

나 ＿＿＿＿ (깜짝 놀랐다.) 그 말씀은 좀 더 설명을 듣고 싶습니다.

스트라우스 빅뱅에서 출발하여 이런 태양계를 만드는 게 목표라면 그 전에 항성의 두 세대를 통과해야 합니다. 1세대는 주기율표의 일부 원소들을 남겼으나 탄소와 산소와 질소가 적정량에 못 미쳐 암석이 많은 행성이나 복잡한 생명체를 만들어 내지 못했습니다. 그 후 1세대의 잔해로부터 2세대의 항성들이 생성되었고, 그게 연소하면서 무거운 원소들이 더 많이 생겨나 우주 전체에 흩어졌습니다. 저 태양은 그 잔해가 융합된 결과입니다.

요지인즉 항성의 3세대에 가서야 비로소 이런 태양계가 가능해진다는 겁니다. 즉 빅뱅에서 출발하면 이런 태양계를 만들어 내기까지 90억 년이 걸립니다. 우리 태양계는 대략 그 시점에 형성되었는데 그때가 지금으로부터 45억 년 전입니다. 그러니까 하나님이 인간에게 적합한 지구를 창조하실 목적으로 이런 과정을 거치신다면 그 기간이 135억 년쯤 걸립니다. 그동안 우주는 무엇을 하고 있을까요?

나 팽창하고 있겠군요.

스트라우스 맞아요, 점점 더 커지고 있습니다. 그러므로 현재의 우주가 놀랍도록 크다고 해도, 생명체가 서식할 만한 행성을 하나 만들자고 하면 지금의 우주가 가장 어린 상태이며 가장 작은 규모입니다.

나 그렇군요, 이제 알겠습니다. 그런데 회의론자들은 이런 질문을 자주 합니다. 신이 우주를 만들었다면 신은 누가 만들었느냐는 겁니다.

스트라우스 아무도 신을 만들지 않았습니다. (즉답이었다.) 칼람 논증을 보면 "무엇이든 존재하는 것에는 원인이 있다"고 하지 않고 "무엇이든 존재의 시작점이 있으면 원인도 있다"고 했습니다. 정의상 하나님은 존재의 시작점이 없이 항상 존재해 오셨습니다. 그분은 영원히 자존하는 필연적 존재입니다. 하나님의 정의(定義) 자체에 그게 들어 있습니다. 왜 삼각형의 변을 셋으로 가정합니까? 삼각형의 의미 자체에 그게 들어 있기 때문이지요. 진짜 질문은, 이런 신의 존재를 떠받쳐 주는 증거가 있느냐는 건데 나는 그렇다고 믿습니다. 비단 우주론과 물리학의 증거만도 아닙니다.

나는 이전에 윌리엄 레인 크레이그와 나누었던 각각의 인터뷰에서 그가 했던 말을 떠올렸다. "이는 하나님을 변호하려는 특수 변론이 아닙니다."[21] "무신론자들은 우주가 영원히 원인 없이 존재한다는 입장을 아주 편하게 고수해 왔습니다. 문제는, 우주가 빅뱅으로 시작됐다는 증거 때문에 그 입장을 더는 고수할 게 없게 된 것입니다. 만약 하나님에 대해서 똑같이, 하나님은 영원하며 원인 없이 존재한다고 주장해도 그들은 정당한 반론을 펼 수 없습니다."[22]

예술가의 영혼

"우주와 지구를 하나님으로 가장 잘 설명할 수 있다면 그분을 과학적 증거를 사용해 논리적으로 추론할 수 있는 내용은 무엇입니까?" 내가 물었다.

"여러 가지가 있습니다." 그는 각 요지로 넘어갈 때마다 손가락을 꼽아 가며 말했다. "첫째, 그분은 틀림없이 초월적 존재입니다. 자신의 창조세계와 별도로 존재하니까요. 둘째, 그분은 틀림없이 무형의 존재 내지 영(spirit)입니다. 물질계 이전부터 존재했으니까요. 셋째, 그분은 틀림없이 시간을 초월하여 영원합니다. 물리적 시작이 창조되기 전부터 존재했으니까요. 넷째, 그분은 틀림없이 능력이 많습니다. 빅뱅의 어마어마한 에너지를 보면 압니다. 다섯째,

그분은 틀림없이 똑똑합니다. 빅뱅이 무슨 아수라장이 아니라 수려한 미세 조정이었다는 사실을 보면 압니다. 여섯째, 그분은 틀림없이 인격체입니다. 창조하기로 결정해야 했으니까요. 일곱째, 그분은 틀림없이 창의적입니다. 우주의 경이를 보십시오. 여덟째, 그분은 틀림없이 사랑이 많습니다. 분명한 목적이 있어 우리가 살아갈 곳을 빚었으니까요."

"하지만 서머도 물었듯이 왜 신들이 아니라 단 하나의 신입니까?"

"과학과 철학에 오컴의 면도날이라는 원리가 있습니다. 전체 현상을 설명하는 데 꼭 필요한 만큼 이상으로 원인을 늘려서는 안 된다는 거지요." 그가 말했다.

"그래도 이 창조자가 기독교의 하나님인 줄을 어떻게 압니까?" 내가 물었다.

"증거에서 도출되는 앞의 모든 속성이 성경의 하나님과 일치합니다. 창조자가 하나뿐이면 다신론은 배제됩니다. 그분은 창조세계 바깥에 존재하므로 범신론도 배제됩니다. 우주에 윤회가 없음은 동양 종교들의 신조와 반대됩니다. 또 빅뱅은 우주가 정지되어 있다는 고대 종교들의 가정을 부정합니다."

토론토대학교에서 박사 학위를 받은 휴 로스가 지적했듯이 고문서인 성경은 현대 우주학에서 밝혀낸 사실과 여러모로 일치한다. 다음은 로스의 말이다. "성경에 다음 내용이 언급되어 있음은 주목할 만하다. 시간 자체를 포함한 물리적 실재의 초월적 시작점 (창 1:1; 요 1:3; 골 1:15-17; 히 11:3 참조), '펴시다, 치시다'로 표현되는 우주의

기적인가
우연인가

지속적 팽창(욥 9:8; 시 104:2; 사 40:22; 45:12; 렘 10:12 참조), 불변의 물리 법칙(렘 33:25 참조)과 그중 하나인 보편 쇠퇴의 법칙(전 1:3-11; 롬 8:20-22 참조) 등이다. 이런 기술은 우주가 영원히 정지되어 있다던 고대의 끈질긴 지배적 가정에 위배되었으나 20세기에 와서 달라졌다."[23]

밖에서 트럭이 지나가며 어쩌나 시끄러운 소리를 내는지 잠시 대화가 끊겼다. 스트라우스는 자리에서 일어나 "물 좀 드릴까요?"라고 묻더니 주방으로 가서 물 두 잔을 따라 한 잔을 내게 건넸다. 나는 시계를 보았다. 스트라우스에게 다음 약속이 있었던 터라 우리는 시간이 부족했다.

그러나 내가 방문한 목적은 이루어졌다. 스트라우스의 탄탄한 논증을 생각해 보면, 기적을 행하는(또한 성경에 기술된 하나님과 일치하는) 창조주의 존재는 합리적 의심의 여지없이 입증되었다.

스트라우스는 도로 앉아 창밖을 흘긋 보더니 대화의 마지막을 철학적으로 마무리했다. "내 친구 중에 화가가 있는데, 미술작품을 보면 그 예술가의 영혼이 보인다더군요. 나야 그렇게 못하지요. 하지만 과학자니까 우주와 아원자의 세계를 깊이 들여다보면 최고의 예술가이신 그분의 영혼이 보입니다. 예컨대 그분의 초월성의 증거가 보입니다. 그게 나에게 무엇을 말해 줄까요? 자신이 지으신 세상에 개입하시는 일이 그분께는 단순하다는 겁니다. 기적은 사소한 일입니다. 그분께는 쉬운 일입니다.

나는 또 양자역학의 별난 세계를 봅니다. 리, 그건 당신이나 내가 상상할 수 있는 무엇과도 사뭇 다릅니다. 가상 입자가 순식간에 생겨났다 없어지는가 하면, 하나의 입자가 동시에 두 곳에 있는 것도 가능해 보이거든요. 내게는 이것이 이사야 55장 말씀의 한 예로 보입니다. 하나님의 길이 우리 길과 다르고 그분의 생각이 우리 생각보다 크다고 하신 말씀이지요.[24]

예술가는 그림을 보며 '이 필치에서 화가의 심경이 전해진다'고 말합니다. 물리학자인 나는 양성자 속 가상 입자들의 질량이 미세하게 조정된 덕분에 내가 존재할 수 있음을 압니다. 내게도 거기서 창조주의 심경이 전해집니다. 그분은 독창적이고도 사랑이 많으신 분입니다. 그렇지 않고서야 왜 우리의 유익을 위해 창조세계 전체가 생겨나도록 하겠습니까?

솔직히 나는 그림을 봐도 '음, 좋군' 하고 맙니다. 내게는 화폭 위의 물감일 뿐이지요. 화가에게 보이는 깊은 실체를 나는 볼 줄 모릅니다. 그러나 과학자의 특권으로 나는 남들이 보지 못하는 자연의 복잡하고 미묘한 뉘앙스까지 볼 수 있습니다. 그리고 이런 관찰은 항상 하나의 결론으로 이어집니다. 우주를 설명할 가설로 하나님에 필적할 게 없다는 겁니다."

기적인가
우연인가

생각 정리

1. 무신론자 크리스토퍼 히친스는 우주의 미세 조정이야말로 그리스도인들이 신의 존재를 증명하려고 내놓는 가장 흥미로운 논증이라고 시인했다. 당신에게는 이 증거가 얼마나 탄탄해 보이는가?

2. 미세 조정의 예 중에서 가장 인상 깊은 것은 무엇인가?

3. 옥스퍼드의 리처드 스윈번은 우주의 미세 조정을 설명하려고 하나의 신을 믿기보다 확실한 증거도 없는 다수의 우주를 가정하는 일이야말로 "불합리의 극치"라고 말했다. 당신은 이 말에 동의하는가, 동의하지 않는가? 이유를 말해 보라.

4. 천체물리학자 휴 로스는 이렇게 말했다. "성경에 다음 내용이 언급되어 있음은 주목할 만하다. 시간 자체를 포함한 물리적 실재의 초월적 시작점(창 1:1; 요 1:3; 골 1:15-17; 히 11:3 참조), '펴시다, 치시다'로 표현되는 우주의 지속적 팽창(욥 9:8; 시 104:2; 사 40:22; 45:12; 렘 10:12 참조), 불변의 물리 법칙(렘 33:25 참조)과 그중 하나인 보편 쇠퇴의 법칙(전 1:3-11; 롬 8:20-22 참조) 등이다." 잠시 시간을 내서 이중 가장 관심이 가는 구절들을 찾아보라. 성경이 말하는 창조 내용이 과학으로 어떻게 확인되는가?

5. 과학철학자 팀 모들린에 따르면 우주의 미세 조정을 개연성 있게 설명할 방안은 두 가지, 즉 다중우주론과 설계자뿐이다. 당신이 보기에 전체 증거에 가장 잘 맞는 설명은 어느 쪽인가? 당신의 결론을 뒷받침해 주는 근거는 무엇인가?

6. "신이 우주를 창조했다면 그 신은 누가 창조했는가?" 회의론자들이 흔히 제기하는 반론이다. 이에 대한 마이클 스트라우스와 윌리엄 레인 크레이그의 답변은 얼마나 설득력이 있는가? 왜 그런가?

No 11.

부활의 기적

가장 값진 기적,
죄인이 영생을 얻다

(J. 워너 월리스 형사와 함께)

한때 J. 워너 월리스(J. Warner Wallace)는 남다른 수사 기술로 수십 년 묵은 각종 살인 사건을 해결했다. 하지만 그런 그도 2천 년이나 거슬러 올라가는 사건과 씨름해 본 적은 없었다. 게다가 이번에 그가 하려던 일은 단지 옛날 범행의 가해자를 찾아내는 게 아니라 피해자가 정말 죽었는지, 그리고 모든 자연주의적 법칙을 거스르고 사흘 만에 다시 살아났는지를 밝혀내는 것이었다. 당시 깊은 회의에 빠진 무신론자였던 그로서는 쉽지 않은 일이었다.

월리스는 경찰관의 아들이자 경찰관의 아버지이기도 하다. 그의 부친은 로스앤젤레스 남쪽의 주거 지역이자 첨단기술 단지인 캘리포니아주 토랜스에서 범죄와 싸웠다. 월리스는 아버지의 뒤를 잇고 싶지 않았다. 그래서 처음에는 예술 분야로 들어서 학부에서 디자인을 전공한 뒤 건축학으로 석사 학위를 받았다. 그러나 머잖아 경찰관 배지의 유혹이 너무 강해졌다.

로스앤젤레스 경찰국에서 훈련받은 월리스는 토랜스에 배치되어 특수기동대와 갱단 부서에서 일하며 강도 및 살인 사건을 수사했다. 나중에 강력반 내에 미제사건과를 만들어 여태 아무도 풀지 못한 살인 사건 해결을 전담했다. 성공한 그에게 각종 포상과 기회가 찾아들었다. 머잖아 그는 NBC 〈데이트라인〉을 비롯한 뉴스 매체에 출연했다. 여기저기서 완전범죄를 꾀하는 살인범을 체포하는 법을 그에게 자문하곤 했다.

월리스의 회의론은 강력 범죄가 횡행하는 각박한 현실에서 더욱 굳건히 다져졌고 오랜 세월 그에게 아주 유용했다. 그는 "사람들의 말을 곧이곧대로 다 믿는 경찰은 결코 누구도 체포하지 못합니다"라고 강조했다. 그는 확실한 사실관계, 믿을 만한 목격자, 설득력 있는 증거를 고집했다. 항상 확증을 중시했고 미심쩍은 알리바이는 어떻게 해서든 사실대로 밝혀냈다. 마이클 셔머도 그의 회의적 자세를 감탄해 마지 않았다.

그는 사춘기 때부터 회의론에 눈을 떴고 동시에 무신론에 빠져들었다. 그가 어렸을 때 부모가 이혼했는데 어머니의 뜻대로 아버지는 일요일마다 그를 성당에 데려다주었다. 거기서 그는 혼자 라

턴어 미사에 참석하곤 했다.

"한마디도 알아듣지 못했지만 상관없었습니다. 어차피 하나도 믿지 않았으니까요. 게다가 그런 내용을 왜 받아들이는지 내게 설명해 줄 만한 신앙의 역할 모델도 없었습니다." 그의 말이다.

서른다섯 살이 되던 해, 월리스는 다양한 수사 기법을 써서 몇 달 동안 복음서를 꼼꼼히 분석했다. 그중에 수사 분야의 표현으로 "과학수사 진술 분석"이 있는데, 이는 어떤 사건과 관련하여 관련자들이 한 진술을 어휘 선택과 문장 구조까지 정밀 분석하여 그 말이 참인지 거짓인지 가려내는 기술이다.[1] 결국 그는 기독교가 합리적 의심의 여지없이 참임을 확신하게 되었다. 그는 말했다. "어떤 의미에서 내 회의론이 나를 신앙으로 이끌었습니다. 거기에 떠밀려 매사에 의문을 품고, 나 자신의 회의까지 회의하며 어떤 반론도 이겨낼 만한 해답을 추구했기 때문입니다."

그런 해답 덕분에 결국 그는 예수께서 시공 속에서 정말 무덤을 정복하여 그분의 신성을 설득력 있게 입증하셨다는 확신을 얻었다. 내가 비행기를 타고 캘리포니아 남부까지 날아간 것은 그가 부활의 기적을 그토록 면밀히 조사했기 때문이다. 오렌지카운티에 있는 농장식 자택에서 그를 만났다.

베테랑 형사 출신 기독교 변증가

"나는 이거다 싶으면 완전히 몰입하는 사람입니다." 월리스가 말했다. "C. S. 루이스가 그랬지요. 기독교가 진리가 아니라면 하나도 중요하지 않지만 기독교가 진리라면 그보다 중요한 건 없다고요.² 내 생각도 같습니다. 그래서 두 발로 뛰어들었지요."

1996년에 그리스도인이 된 월리스는 골든게이트침례신학대학원에서 신학석사 학위를 받고 중고등부 사역자로 섬기다가 교회를 개척했다. 현재는 바이올라대학교 변증학 겸임교수이자 콜슨기독교세계관센터 선임연구원이며 콜로라도의 서밋사역기관에서 가르치고 있다.

몇 년 전, 월리스의 책 《베테랑 형사 복음서 난제를 수사하다》 (Cold-Case Christianity, 새물결플러스 역간)에 서문을 쓰면서 나는 그와 친구가 되었다. 그 책에 그의 수사 경력을 바탕으로 복음서의 신빙성을 조사하는 데 적용 가능한 열 가지 원리를 제시했다.

그 밖의 저서로, 하나님의 존재를 입증해 주는 우주의 여덟 가지 증거를 탐색한 God's Crime Scene(하나님의 범죄 현장), 부활에 초점을 맞춘 Alive(살아 있음), 독자를 도와 기독교를 더 잘 변증하게 해 주는 Forensic Faith(과학수사 신앙) 등이 있다. 여전히 예술가적 재능이 살아 있어 자신의 책에 삽화도 직접 그려 넣었다.

수사관으로 일하던 20년 동안 월리스는 경찰소방무공훈장 장기(長期)우수상을 받았고, 어느 살인 사건을 해결한 공로로 1979년에는 캅스웨스트상도 받았다. 지금은 경찰직에서 은퇴했지만 여전히 미제 살인 사건에 대해 조언하고, 여러 텔레비전 방송국의 수사자문위원으로 활동한다. 월리스와 나는 영화 〈신은 죽지 않았다 2〉

기적인가
우연인가

에 카메오로 출연하여 허구의 송사에서 예수의 역사성을 증언하기도 했다.

한때 회의하는 무신론자였던 그가 지금은 전국을 돌아다니며 '크리스천 변론가'가 되는 법을 강연한다. 기독교 신앙의 본질적 주장을 떠받쳐 줄 증거를 제대로 명확히 진술할 수 있는 사람을 뜻하는 말이다.

월리스는 톡톡 튀는 에너지 덩어리다. 빠른 말투에 또박또박 끊어지는 문장으로 어떤 때는 따발총처럼 쉴 새 없이 정보를 쏟아 낸다. 안경이 소품이라도 되는 양 안경을 벗었다 쓰기를 쉬지 않는다. 체구가 호리호리하고 다부져서 지금이라도 강도를 추격하는 일쯤 거뜬히 해낼 수 있어 보인다. 그러면서도 바짝 깎은 희끗희끗한 머리에서 베테랑 형사의 기품이 풍겨 난다.

월리스의 겉모습은 이실직고가 아니면 통하지 않는다는 듯 자못 진지한데, 나는 이 점을 늘 좋게 보았다. 기자 출신인 내 근성과도 죽이 잘 맞는다. 그뿐만 아니라 그의 내면도 감탄을 자아낸다. 그의 마음속에 다른 사람들을 향한 긍휼과 은혜가 넘쳐 난다. 고맙게도 과거에 나도 그의 호의를 받아 보았기에 잘 안다.

그런데 이상하게도 그가 어떤 이유로 무신론에서 신앙으로 옮겨 갔는지 한번도 그와 진지하게 이야기를 나눈 적이 없었다. 그의 집 휴게실에 앉아 한동안 가족들 얘기를 나누다 내가 물었다. "처음에 복음서를 조사하게 된 계기가 무엇입니까?"

"내 아내 수지(Susie)는 가톨릭 문화에서 자랐는데 아이들을 교회에 데려가는 일을 중요하게 여겼습니다. 자연스레 저도 따라갔고요. 어느 일요일에 목사가 이런 말을 하더군요. '예수는 역사상 가장 똑똑한 사람이었고, 그분의 도덕적 가르침이 서구 문화의 기초를 이룹니다.' 그때 문득 이런 생각이 들었습니다. '나는 형법을 시행하는 경찰관이지만 형법 위에 보편 도덕법이 있음을 안다.' 간음이 합법이지만 옳지는 않거든요. '옳지 않다'는 도덕법이 어디서 온 건지 궁금해지더군요. 그래서 밖에 나가 이걸 샀습니다."

그는 책장에서 빨간색 표지의 성경책을 꺼내 내게 건네며 "6달러에 샀습니다"라고 덧붙였다.

그 성경책을 받아 쓱 넘겨 보니 직접 만든 견출지가 무언가를 표시하느라 곳곳에 붙어 있고, 좁은 여백에 깨알 같은 글씨가 빼곡했다. 거기다 책 전체에 밑줄을 색깔별로 치는 등 아주 깔끔하면서도 철두철미하게 표시가 돼 있었다. 마가복음을 펴 보니 아예 주석이 달려 있었다.

그는 이렇게 설명했다. "과학수사 진술 분석으로 복음서를 분석했거든요. 예를 들어 여기 마가복음에서는 베드로의 영향력을 찾아보았습니다. 그중 한 색깔이 바로 이 표시입니다. 세세한 것 하나까지 꼬치꼬치 따졌어요. 다 마쳤을 때는 성경책 세 권이 소요되었더군요."

"분석하는 데 시간은 얼마나 걸렸습니까?"

"6개월 걸렸습니다."

"그래서 판결은 어떻게 나왔나요?"

기적인가
우연인가

"실제 있었던 사건들만 복음서에 신빙성 있게 기록되었다는 겁니다. 그런데 그게 내게 문제가 되었습니다."

"왜요?"

"복음서에 부활을 비롯한 여러 기적도 나오니까요. 예수께서 빵을 잡수셨다는 기록이야 믿을 수 있지만 빵 덩이가 공중부양을 했다고 말한다면 그거야 믿을 수 없었거든요. 기적의 가능성을 믿지 않았기에 나는 기적을 즉각 배척했습니다."

집요한 걸림돌에서 벗어나다

초자연의 방해라면 나도 공감할 수 있었다. 내 영적 탐사에도 그것이 집요한 걸림돌이 되었기 때문이다.

나   그런데 어떻게 생각이 바뀌었습니까?

월리스   초자연 현상을 내가 하나라도 믿는지 속으로 따져 보았습니다. 그런데 무신론자인 나도 자연 외적인 현상을 정말 믿을 때가 있다는 결론이 나오더군요.

나   예를 들면요?

월리스   빅뱅입니다. 만물은 무(無)에서 나왔지요. 우리 주변에 보이는 게 다 자연이라 한다면 그전에 반드시 뭔가 있었어야만 합니다. 시간과 공간과 물질을 초월하는 제1원인 말입니다. 그 원인은 시간이나 공간이나 물질의 제약을 받을 수 없다는 뜻입니다. (나는 물리학자 마이클 스트라우스와 나누었던 대화가 떠올라 슬며시 웃음이 났다. 바로 앞 두 장에 담은 내용들이다.)

그러다 깨달았습니다. 창세기 1장 1절에 기록된 대로 자연 외적인 원인이 있어서 모든 시간과 공간과 물질이 거기서부터 시작되었다면, 그 동일한 원인이 복음서에 기록된 모든 기적도 능히 일으킬 수 있음을 말입니다. 다시 말해서 신이 존재한다면 기적은 합리적이다 못해 어쩌면 당연하기까지 합니다.

나   그렇게 기적에 대한 부정적 선입견에서 벗어난 거로군요.

월리스   그렇습니다. 나는 형사 출신이다 보니 선입견 때문에 수사가 틀어질 수 있다는 것을 잘 압니다. 어떤 여자가 자기 침대에서 시체로 발견되었던 사건이 생각나는군요. 그 일대에서 악명 높은 마약 중독자인 데다 침대 머리맡에 놓인 탁자에도 마약 봉지가 있었습니다. 그래서 현장에 일착으로 온 순찰 경찰관들은 굳이 이불을 들추어 보지도 않았습니다. 보나마나 약물 과다복용이 뻔했으니까요. 하지만 나중에 형사들이 와서 이불을 걷어 보니 여자는 칼에 찔려 죽은 거였습니다.

(이 말의 의미가 내게 와닿도록 그는 잠시 뜸을 들이다 말을 이었다.) 선입견은 진실을 알아내는 데 방해가 될 수 있습니다. 부활이야말로 모든 증거에서 도출되는 가장 합리적 추론인데도 나는 처음부터 기적을 배제했던 겁니다.

기적인가
우연인가

나   그렇다면 우주의 이 제1원인이 단지 어떤 힘이 아니라 인 격체라는 결론에는 어떻게 도달했습니까?

월리스   보편 도덕법의 존재를 알고 있었거든요. 예를 들어 재미 삼아 아기를 괴롭히는 일은 시대와 지역을 불문하고 어느 문화에서나 악입니다. 이런 도덕법은 그냥 진실 정도가 아니라 인격체 사이에서 당연히 지켜 행해야 할 의무입니 다. 객관적이고 초월적이고 도덕적인 의무가 존재한다면, 이를 설명할 수 있는 최선은 먼저 객관적이고 초월적이고 도덕적인 인격체가 존재함을 인정하는 겁니다.

나   좋습니다. 당신은 복음서가 신빙성 있는 목격자 진술로 이루어져 있다는 결론을 내렸습니다. 기적까지도 포함해 서 말입니다. 그다음은 어떻게 되었습니까?

월리스   '왜'라는 질문에서 막혔습니다. 예수는 왜 이 땅에 오셔서 죽으시고 부활하신 걸까요? 그때부터 바울 서신을 분석 하다가 "육에 속한 사람" 즉 죄성을 지닌 인간에 대한 그 의 통찰에 깜짝 놀랐습니다. 오싹할 정도로 나한테 딱 들 어맞는 말이라서요.

게다가 은혜의 메시지는 너무도 직관에 어긋납니다. 다른 종교는 다 행위에 달려 있습니다. 인간은 성취하고 경쟁 해서 상을 얻기를 좋아하니까 그것도 말이 되지요. 그런 데 이 은혜의 메시지, 공로 없이 받는 용서만은 인간에게 서 기원한 것 같지 않았습니다. 터무니없는 소리거나 신에게서 왔거나 둘 중 하나겠다 싶었지요. 이 자체만으로 아무것도 입증되지는 않지만 그래도 내게는 또 하나의 퍼즐 조각이었습니다.

나 결국 증거가 누적된 거로군요. (질문이라기보다 선언에 가까웠다.)

윌리스 (딱 부러지게 말했다.) 바로 그겁니다. 증거의 총합이 나를 압도했습니다. 살인 사건을 해결하려 할 때는 대개 모든 사실관계를 칠판에 늘어놓고 증거가 성립되는지 따져 봅니다. 그런데 이 경우는 그럴 필요조차 없었습니다. 증거가 저절로 성립되었으니까요.

목격자 진술로 이루어진 복음서

나도 한때 사법정의를 담당하던 언론인이었는지라 수십 년 묵은 범죄가 DNA 증거로 해결될 때마다 거기에 매료된다. 그러나 윌리스는 미제사건을 푸는 데 DNA를 동원한 적이 없다.

윌리스 대체로 우리는 목격자 증언을 분석하여 미제사건을 풀었습니다. 내가 복음서를 검증한 방식도 그와 똑같았습니다.

나 마이클 셔머는 복음서가 도덕적 이야기일 뿐 역사적 알맹이는 없다고 합니다. 그런데 당신은 어째서 복음서가 목격자 진술에 입각해 있다고 확신합니까?

기적인가
우연인가

월리스	요한과 마태가 기록한 복음서는 예수의 제자로서 자신들의 목격담에 기초했다는 증거가 충분히 있습니다. 누가는 목격자가 아니었으나 "그 모든 일을 근원부터 자세히 미루어 살폈다고" 했습니다(눅 1:1-3 참조). 아마 목격자들을 인터뷰했을 겁니다. 히에라볼리 주교였던 파피아스(Papias)에 따르면 마가는 사도 베드로의 대필 작가였습니다. 이 점은 마가복음을 나의 과학수사 분석으로 살펴본 결과 확실합니다.
나	어떤 식으로 말입니까?
월리스	마가는 베드로를 더할 나위 없이 존대하며 그의 행적임이 확실한 세부 사항을 담아냅니다. 또 지나치다 싶을 정도로 자주 베드로를 언급했고요. 다른 복음서와 달리 마가복음의 처음과 마지막을 장식하는 제자는 베드로입니다. 이는 역사의 한 페이지를 특정 목격자에게 귀속시킬 때 사용하던 고대의 쌍괄식 기법입니다. 물론 베드로도 본인이 목격자임을 밝혔고(벧전 5:1; 벧후 1:16-17 참조), 요한도 "우리가 눈으로 본 바"를 전한다고 말했습니다(요일 1:1 참조). 부활을 증언한다는 이유로 체포되었을 때 실제로 이들 둘은 "우리는 보고 들은 것을 말하지 아니할 수 없다"고 했습니다(행 4:20 참조). 번번이 사도들은 "유대인의 땅과 예루살렘에서 그[예수]가 행하신 모든 일에 증인"으로 자처했습니다(행 10:39 참조).

나	하지만 당신도 알다시피 근년 들어 목격자 증언이 뒤집힌 사례가 꽤 있습니다. 목격자 증언으로 인해 유죄 판결을 받았던 피고가 새로운 DNA 증거 덕분에 실제로 혐의를 벗곤 하니까요.
월리스	물론입니다. 모든 목격자 진술은 신빙성이 검증되어야 합니다. 캘리포니아주의 경우 목격자 진술을 평가하는 배심원단에게 판사가 열두 가지도 넘는 요인을 주어 저울질하게 합니다. 이런 검증을 복음서에도 적용할 수 있습니다. 예를 들어 다른 확증이 있습니까? 거짓말할 동기가 목격자에게 있었습니까? 시간이 가면서 말이 바뀝니까? 그렇게 해 보면 복음서는 검증을 거뜬히 통과합니다.
나	복음서가 기록된 시기가 얼마나 이르다고 보십니까?
월리스	사도행전에는 바울과 베드로와 야고보의 순교 등 AD 60년대에 벌어진 몇 가지 큰 사건이 나오지 않습니다. 아마 그전에 기록했기 때문일 겁니다. 누가복음이 사도행전보다 먼저인 건 확실하고, 누가가 마가복음을 자료로 활용했으니 마가복음이 더 먼저인 것도 확실합니다. 그보다 더 전에 바울은 예수께서 처형당하신 지 불과 몇 년 내에 쓴 편지에 부활을 확증했습니다(고전 15장 참조). 그분이 죽으신 때가 AD 30년이나 33년임을 감안하면, 전혀 문제가 못 될 정도로 시간 간격이 좁아집니다.
나	그러니까 당신은 복음서 기록이 이전에 구전을 거쳤다는

사실이 아무런 문제도 못 된다는 겁니까?

월리스　전혀 걸림돌이 되지 않습니다. 전에 미제사건 목격자들에게서 35년 전 기억이 어제 일 같다는 말을 듣곤 했습니다. 왜 그럴까요? 모든 기억이 다 똑같이 생겨나지는 않기 때문입니다.

나　무슨 뜻입니까?

월리스　5년 전 밸런타인데이에 무엇을 했느냐고 내게 묻는다면 아마 기억나는 게 썩 많지 않을 겁니다. 아내와 함께 축하한 많은 밸런타인데이 가운데 하루일 뿐이니까요. 하지만 1988년 밸런타인데이에 대해 묻는다면 그때 무슨 일이 있었는지 자세히 말해 줄 수 있습니다.

나　왜 그렇지요?

월리스　(씩 웃으며) 그날이 아내와 내가 결혼한 날이니까요. 독특하고 반복되지 않으며 개인적으로 중요하거나 감격스러운 일을 목격하면 그 경험은 기억에 남을 소지가 아주 큽니다. 물론 제자들이 예수를 목격한 일은 이 기준에 부합하는 경우가 많습니다. 그들의 배가 풍랑을 만난 적이 한두 번이 아닐 텐데 그게 일일이 다 기억날까요? 아마 아닐 겁니다. 하지만 예수께서 광풍을 잠잠하게 하셨던 그때만은 그들의 기억에 있습니다. 또 부활을 생각해 보십시오. 이거야말로 그들에게 그 어떤 경험 못지않게 독특하고 반복되지 않으며 지극히 감격스러운 일이었습니다.

복음서의 서로 일치하지 않는 부분

나   하지만 복음서 기사의 여러 상충되는 부분은 어떻습니까? 목격자 증언의 신빙성에 의심이 가지 않습니까?

윌리스   내 오랜 수사관 경력에 비추어 볼 때 네 편의 복음서에 서로 차이가 있음은 당연합니다. 생각해 보십시오. 초대 교회 신자들은 그런 불일치를 제거하기 위해 복음서를 하나만 남겨 놓고 다 없앨 수도 있었습니다. 하지만 그러지 않았지요? 왜일까요? 이야기의 관점과 강조점만 서로 다를 뿐 복음서가 진실임을 알았기 때문입니다.

나   상충된다 해서 그것이 거짓이라는 증거는 아니라는 말이군요?

윌리스   목격자를 상대로 일해 본 적이 없는 사람이라면 거짓이라 단정할지 모릅니다. 그러나 내 경험상 목격자 진술은 서로 일치하지 않아도 신빙성이 있을 수 있습니다. 오히려 너무 완벽하게 맞아들면 그게 공모의 증거일 겁니다.

미국에서 가장 비중 있는 법조인 중 하나인 하버드법대의 사이먼 그린리프(Simon Greenleaf)도 사복음서를 연구한 뒤에 비슷한 평가를 내놓았다. "충분한 불일치는 복음서 저자들 사이에 사전 협의가 없었음을 보여 주고, 동시에 본질적 일치는 그들 모두가 동일한 대업의 자주적 해설자라는 것을 보여 준다."[3]

흥미롭게도 이번 장을 쓰는 동안 나는 옥스퍼드대학교 출판부에서 간행된 신약학자 마이클 R. 리코나(Michael R. Licona)의 책을 읽었다. 복음서의 불일치를 해결하는 한 가지 혁신적 방법으로 새로운 지평을 열어 주는 책이다.[4] 남아프리카공화국 프리토리아대학교에서 박사 학위를 받은 그는 부활 분야의 저명한 학자이며 휴스턴침례대학교의 내 동료 교수이기도 하다.

그의 연구에 따르면 복음서에 많이 나오는 외관상 불일치는 그리스-로마 전기작가들이 그 시대에 흔히 썼던 표준 작문 기법들로 설명이 가능하다. 크레이그 키너가 이 책을 위해 나와 인터뷰할 때 지적했듯이 복음서는 고대 전기 장르에 속한다.

예컨대 역사가 플루타르크(Plutarch)가 선례를 남긴 흔한 기법으로 "문학적 스포트라이트"라는 게 있다. 리코나는 이를 연극 공연에서 무대에 다수의 배우가 있으나 전체 조명을 끄고 그중 하나에만 스포트라이트를 비추는 기법에 비유했다.

"무대에 다른 배우들도 있음을 누구나 알지만 조명이 한 사람에게 집중되어 있으므로 나머지 사람들은 보이지 않는다." 리코나의 말이다. 그는 이를 복음서에 다음과 같이 적용한다. 마태와 마가와 누가에 따르면 예수의 무덤에 갔다가 무덤이 비어 있음을 발견한 여인은 여럿이다. 그런데 요한복음은 막달라 마리아만 언급한다. 이 불일치 때문에 복음서에 의문을 품어야 할까?

리코나의 말을 들어 보자. "요한도 다른 여인들이 함께 있었음을 아는 듯하다. 다만 마리아에게 스포트라이트를 비출 뿐이다. 나중에 마리아가 베드로와 그 사랑하시던 제자에게 했던 말을 전할 때는 요한도 '사람들이 주님을 무덤에서 가져다가 어디 두었는지 우리가 알지 못하겠다'라고 기록했다(요 20:2).[5] 마리아가 지칭하는 '우리'란 누구인가? 동행했던 다른 여자들일 것이다.

그다음에 벌어진 일도 보라. 요한복음에는 베드로와 그 사랑하시던 제자가 무덤으로 달려가 보니 무덤이 비어 있었다고 되어 있다. 반면에 누가복음 24장 12절에 보면 달려간 사람은 베드로고 요한은 언급하지 않는다. 하지만 불과 열두 구절 후에 누가도 무덤에 여러 사람이 갔음을 밝혀 놓았다.[6] 이상에서 보듯 누가와 요한은 부활의 사건을 전할 때 문학적 스포트라이트를 활용했을 소지가 매우 크다."

리코나가 복음서를 종합적으로 분석하여 도달한 결론은 이렇다. "복음서의 차이점 중 절대다수는 …… 전기라는 장르에 비추어 읽으면 지극히 자연스럽게 설명된다. 이 말이 맞다면 거의 모든 불일치들을 불편하지 않게 받아들일 수 있다."[7]

그래서 그는 불일치 때문에 복음서가 역사적 신빙성을 잃는다는 주장은 "더는 성립되지 않는다"고 말했다.

복음서의 수수께끼들이 풀리다

여기서 월리스가 직관에 반하는 말을 했다. 복음서 사이의 일부 불일치는 오히려 통일성을 보여 준다는 것이다. 그러면서 각각 신원이 확실한 독립 목격자 진술에 입각한 기록이라면 그게 당연하다고 했다.

월리스   어느 한 복음서의 기록에는 사건의 세부 사항이 빠져 있
어서 마음속에 의문이 들었는데, 그 의문의 답이 본의 아
니게 다른 복음서 저자에게서 나오는 경우를 보곤 합니
다.

나   소위 부지중에 합치를 말하는 거로군요.

월리스   맞습니다. 이렇게 본의 아니게 서로 떠받쳐 주는 목격자
증언이 신약에 40군데도 더 나옵니다.[8]

나   몇 가지 예를 들어 볼까요?

월리스   마태복음에 예수께서 베드로와 안드레와 야고보와 요한
을 처음 만나시는 장면이 나옵니다. 어부로서 그물을 깁
던 그들은 "나를 따르라"는 그분의 말씀에 아니나 다를까
자연스럽게 따릅니다(마 4:18-22 참조). 좀 이상하지 않습니
까? 모든 것을 버리고 처음 만난 사람을 즉각 따른다는 게
말입니다.

나   거기서 수수께끼가 생겨나는군요.

월리스   다행히 누가복음이 있습니다. 거기에 보면 예수께서 베드
로의 배에 올라 말씀을 전하십니다. 이어 베드로에게 그
물을 내리라고 명하시자 그는 마지못해 따릅니다. 일행이
밤새도록 수고하여 아무런 성과가 없었는데도 말이지요.
잠시 뒤 기적이 일어나 그물마다 물고기가 가득 차 찢어

지기 시작합니다. 아예 두 배가 만선입니다. 누가에 따르면 이때 일행이 크게 놀란 가운데 베드로가 예수를 주님으로 인정합니다(눅 5:1-11 참조).

나   갑자기 마태복음 기사의 의미가 더 살아납니다.

월리스   바로 그겁니다. 증언을 종합하면 전체 그림이 나옵니다. 제자들은 예수의 설교를 들었고 물고기가 많이 잡히는 기적을 경험했습니다. 그들이 호숫가로 돌아온 뒤에 예수께서 따르라고 하십니다. 그들이 그분을 따른 데는 그분의 혁명적인 가르침과 친히 보여 주신 초자연적 능력이 기초가 되었던 겁니다.

나   경찰관으로 일할 때도 이런 부지중에 합치를 경험한 적이 있습니까?

월리스   한 목격자의 진술만으로 의문이 풀리지 않다가 나중에 추가 목격자가 나온 경우가 왕왕 있습니다. 진정한 목격자 진술에 흔히 나타나는 특성입니다.

나   다른 예로는 또 무엇이 있을까요?

월리스   마태복음에 보면 예수께서 재판받으실 때 대제사장들과 공회원들이 그분을 치며 "그리스도야 우리에게 선지자 노릇을 하라 너를 친 자가 누구냐"라고 말합니다(마 26:67-68 참조). 참 이상한 일도 다 시킵니다. 예수께서 그냥 그 공격자들을 보고 누구라고 지목하시면 되는 거 아닙니까? 하지만 누가복음의 같은 장면에는 세부 사항이 하나 더 나

기적인가
우연인가

옵니다. 예수의 눈이 가려져 있었다는 거지요. (그는 손가락을 마주쳐 딱 소리를 냈다.) 이렇게 해서 수수께끼가 또 풀립니다.

나   결론은 무엇입니까?

월리스   가장 합리적인 설명은 여러 목격자가 각자 본 대로 복음서를 썼으며, 그때 입을 맞추지 않고도 서로 떠받쳐 주는 세부 사항이 본의 아니게 포함되었다는 겁니다.

나   이 또한 당신에게 또 하나의 퍼즐 조각이었겠군요.

월리스   그 외에도 많습니다. 복음서의 특기 사항들이 고고학으로 확증되고, 성경 이외의 비기독교 문헌으로도 복음서의 여러 핵심 주장이 사실로 확인됩니다. 사도들이 가르친 내용은 직속 제자들이 남긴 기록물에서도 일관성을 보입니다. 게다가 복음서는 고대 사본이 워낙 많아 원문을 추적하기가 쉽습니다.

나   좋습니다, 수사관님. 그렇다면 당신의 판결은 무엇입니까?

월리스   복음서는 어수선할 수 있고 각자 개성이 물씬 풍겨납니다. 관점도 다르고 서로 일치하지 않는 부분도 있습니다. 어떤 목격자 진술이든 모아 놓으면 그게 당연합니다. 그래서 이제 나는 복음서가 예수의 삶과 가르침과 죽음과, 나아가 부활에 대한 신빙성 있는 증언이라고 확신합니다.

예수는 십자가에서 정말 숨이 끊겼는가

드디어 부활을 논할 차례가 되었다. 회의론자들조차도 사도 바울의 주장에 동의하듯이, 부활이 오류로 증명된다면 기독교 신앙은 통째로 무너져 엉뚱한 소리가 되고 만다(고전 15:17 참조). 그래서 반대 세력은 늘 새로운 반론을 지어내 기독교의 이 핵심 교리를 허물려 한다. 예컨대 근년 들어 불가지론자 신약학자인 바트 어만(Bart Ehrman) 등은 각종 새로운 시도를 전개하여 예수께서 과연 죽으시고 무덤에서 다시 살아나셨는지를 문제 삼아 왔다.

그래서 나는 윌리스에게 말했다. "복음서의 기록이 목격자 증언에 근거했음을 인정한다 해도, 부활이라는 어마어마한 기적이 말이 되는가 하는 문제는 여전히 남아 있습니다. 예수의 부활에 대한 가장 강경한 반론 몇 가지로 당신에게 이의를 제기해 보겠습니다."

"좋습니다! 어서 해 보시지요."

"내가 보기에 관련된 문제는 둘입니다. 첫째는 예수께서 십자가형으로 정말 목숨이 끊어지셨느냐이고, 둘째는 그 후에 반드시 무덤을 비우고 살아나 사람들을 만나셨느냐입니다." 내가 말했다.

"동의합니다." 윌리스는 팔짱을 끼며 대답했다.

"우선 그분이 정말 죽었는지를 어떻게 압니까? 그렇게 금방 숨이 끊긴다는 게 말이 됩니까? 양쪽의 두 강도는 아직 살아 있었습니다."

"하지만 예수와 두 강도는 십자가를 지기까지의 과정이 완전히 달랐습니다."

"어떻게 말입니까?"

"군중은 예수를 십자가에 못 박으라고 성화였지만 빌라도는 그럴 마음이 없었습니다. 그래서 이런 식으로 일종의 제안을 합니다. '이러면 어떻겠는가? 내가 그를 거의 죽다시피 때리겠노라. 그러면 당신들의 양이 차겠는가?' 그래서 예수는 유난히 무참한 채찍질을 당하십니다. 그래도 군중의 양이 차지 않아 결국 십자가형이 언도되었지요. 하지만 그분은 이미 몸 상태가 극도로 나빠져 십자가를 지지도 못하셨습니다."

"그 병사들은 의사가 아니었습니다. 죽지도 않은 예수를 죽었다고 착각했을지도 모르지요." 내가 말했다.

"대개 시체를 접해 본 적이 없는 사람들한테서 나오는 반론인데요. 부검을 많이 목격했던 전직 경찰관으로서 한마디 할까요. 사람의 시신은 영화에 나오는 송장 같지 않습니다. 모습도 다르고 느낌도 다릅니다. 싸늘하게 경직되고 울혈이 발생합니다. 그 병사들은 주검이 어떤 모습인지 알았습니다. 그분의 사망을 확인해야 할 동기까지 있었습니다. 죄수가 살아서 도망치면 자기들이 처형당해야 했으니까요. 게다가 사도 요한이 본의 아니게 중요한 단서를 제공합니다."

"그게 무엇입니까?"

"사망을 확인하려고 예수를 창으로 찔렀을 때 물과 피가 나왔다고 했거든요. 당시에는 아무도 그 뜻을 몰랐습니다. 초대 교회의 일부 지도자들은 이를 세례나 무엇의 은유인 줄로 생각했습니다. 그러나 오늘 우리는 그게 당연한 결과임을 압니다. 십자가의 고통에 시달리는 동안 그분의 심장과 허파 주위에 액체가 고였던 겁니다. 이렇듯 요한은 자기도 모르게 세부 사항으로 확증해 줍니다."

나는 가방에서 코란을 꺼내 탁자에 올려놓으며 말했다. "하지만 예수가 십자가에 달리셨음을 믿지 않는 무슬림이 10억도 넘습니다.[9] 그중에는 하나님이 예수 대신 유다를 십자가에서 죽게 하셨다고 믿는 사람도 많습니다."

윌리스는 코란을 손에 들고 쭉 넘기다가 내게 건네며 말했다. "문제가 있습니다. 코란이 기록된 때는 예수의 생애로부터 600년 후입니다. 이에 비하면 1세기의 자료는 하나같이 예수의 사망 사실을 증언합니다. 복음서에만 그렇게 기록된 게 아니라 성경 이외의 다섯 가지 고대 원전도 마찬가지입니다."[10]

"그래도 하나님이 십자가의 주인공을 초자연적으로 바꿔치기하셨다는 주장을 어떻게 논박할 수 있습니까?" 내가 물었다.

"그랬다면 예수께서 나중에 사람들에게 나타나신 일은 속임수가 됩니다. 물론 이는 우리가 아는 그분의 성품에 어긋나지요. 또 그분이 도마에게 손의 못 자국과 옆구리 상처를 보여 주신 일은 어떻게 설명하겠습니까?"

"그러니까 추호도 의심 없이 그분이 정말 죽으셨다는 거군요."

"그렇습니다. 게리 하버마스(Gary Habermas)와 마이클 리코나가 부활에 대한 지난 30년간의 학술 문헌을 전수 조사한 결과, 사실상 만장일치로 동의한 사실이 바로 예수의 죽음이었습니다."[11]

기적인가
우연인가

이어 그는 이렇게 덧붙였다. "십자가형은 치욕입니다. 초대 교회가 이를 지어냈을 리가 없습니다. 게다가 정식으로 로마의 십자가형에 처해진 사람치고 살아남았다는 기록은 전무합니다."

목격자들이 공모했을 가능성?

예수께서 십자가에서 숨을 거두셨음은 회의론자 바트 어만도 인정하는 바다. 그런데 그는 최근에 쓴 책에 예수가 무덤에 장사되었을 "소지가 낮다"고 말했다. "범죄자의 시신은 통상적으로 방치된 채로 부패했고, 청소 동물의 먹이가 되었다"는 것이다.[12]

"물론 예수께서 아예 장사되지 않았다면, 무덤이 비어 있던 이유가 깔끔히 설명되지 않겠습니까?" 내가 말했다.

윌리스는 씩 웃더니 나를 가리키며 말했다. "그 문제라면 당신학교의 동료 교수가 거의 완벽하게 답한 것 같은데요."

휴스턴침례대학교에 나와 함께 교수로 재직 중인 저명한 신약학자 크레이그 A. 에반스를 두고 하는 말이었다. 에반스는 어만을 논박한 저서에서, 십자가에 처형된 시신을 로마의 정책상 장사하지 않았다는 어만의 설명이 "무분별하고 부실하다"고 지적했다.[13] 에반스는 이렇게 썼다. "로마가 십자가형 등으로 처형된 시신 매장을 허락하지 않았다는 주장은 순전히 오류다."[14] "복음서의 내러티브는 유대인의 관습과 온전히 일치하며, 로마 당국도 평시에는 그 관습을 존중했다."[15] 또 "결론적으로 예수의 시신은 유대인의 율법과

관습에 따라 어느 알려진 무덤에 장사되었을 소지가 매우 높다"라고 했다.[16]

"하나 덧붙일 게 있습니다." 윌리스가 내게 말했다. "1968년에 발굴된 어느 납골실에서 십자가형에 처해진 사람의 유해가 나왔습니다. 발꿈치 뼈에 굵은 쇠못이 일부 박혀 있는 채로 말입니다. 이는 십자가형에 처해진 죄수들 중 적어도 일부는 장사되었다는 증거입니다. 예수의 죽음에 대한 가장 이른 기록물에 그분이 장사되었다고 나와 있는 바와 같습니다"(고전 15:4 참조).[17]

바트 어만은 노스캐롤라이나대학교 채플힐 캠퍼스 교수인데, 얄궂게도 같은 학교의 동료 교수인 조디 매그니스(Jodi Magness)라는 유태계 고고학자는 "예수를 십자가에서 내려 장사했다는 복음서의 기록은 고고학적 증거와 유대인의 율법에 일치한다"라고 확언했다.[18]

2천 년 전에 무슨 일이 일어났든, 제자들이 예수께서 죽었다 살아나 자기들 앞에 나타나셨다고 믿었다는 데는 이론의 여지가 없다. 사복음서에만 그렇게 기록되어 있는 게 아니라 사도들의 제자들(클레멘트, 폴리캅)도 확증했고, 고린도전서 15장 3-8절에 나오는 교회의 초기 신경(信經)과 사도행전 2장에 나오는 베드로의 설교도 마찬가지다.

나 _____ 당신은 경찰관 시절에 공모 사건을 많이 밝혀냈지요. 이 사람들도 혹시 서로 짜고 거짓말했을 가능성이 있을까요?

월리스	공모에 성공하려면 공모 가담자 수가 최소여야 하고, 거짓말의 유효 기간이 최단기여야 하고, 완벽한 소통으로 확실히 말을 맞추어야 하고, 가능하면 가까운 가족관계여야 하고, 막상 거짓말할 사람에게 가해지는 압력이 없다시피 해야 합니다. 그런데 부활의 목격자들에게는 이런 기준이 들어맞지 않습니다. 그뿐 아니라 그들은 속일 동기가 없었습니다. 오히려 적어도 일곱 가지 고대 원전에 보면 제자들은 부활하신 예수를 만났다는 확신 때문에 기꺼이 고난당하고 죽기까지 할 각오가 되어 있었습니다.[19]
나	하지만 여러 연구를 보면 그들 중 일부는 실제로 어떻게 됐는지 역사적으로 애매합니다.[20]
월리스	그야 그렇지만 중요한 건 그들의 죽을 각오입니다. 그것만은 증거가 확실합니다. 그들은 사건의 진실을 알았습니다. 내 경험상 뻔한 거짓말을 위해 고난당하거나 죽기로 각오하는 사람은 없습니다. 더 중요하게, 그 목격자들 중 누구도 진술을 번복했다는 고대 문건이나 주장이 단 하나도 없습니다. 잠시 생각해 보십시오. 2세대, 3세대, 4세대 그리스도인들이 강요에 못 이겨 신앙을 부인했다는 고대 기록은 있습니다. 하지만 부활하신 예수를 목격한 사람이 나중에 자신의 증언을 뒤집었다는 기록은 전무합니다. 그만큼 목격자들의 진실성이 확실하다는 뜻입니다.

나는 다르게 접근해 보았다.

나 ──── 피살자와 가장 가까운 가족과 친구들이 워낙 슬픔에 잠기다 보니 사건에 대한 기억이 윤색되는 경우를 당신도 틀림없이 보았겠지요.

월리스 ──── 어느 정도는 그럴 수 있습니다. 무슨 말을 하려는지 알겠군요. 제자들이 슬퍼서 예수가 되살아난 환상을 본 걸까요? 하지만 이는 전혀 다른 문제입니다.

나 ──── 왜지요?

월리스 ──── 첫째, 허깨비를 집단적으로 보는 일은 없습니다. 그런데 부활을 기록한 가장 앞선 문건을 보면 500명이 그분을 보았습니다. 둘째, 다양한 집단이 다양한 자리에서 예수를 만났습니다. 이런 가지각색의 정황에는 환상설이 어울려 보이지 않습니다. 게다가 적어도 한 사람은 환상 따위에 끌리지 않았습니다.

나 ──── 바울인가요?

월리스 ──── 예, 바울은 이를테면 마이클 셔머만큼이나 회의론자였으니까요.

나 ──── 제자 중 하나, 어쩌면 베드로가 슬픔에 겨워 환상을 본 뒤 나머지 모두에게 예수의 부활을 확신하게 하지는 않았을까요? 알다시피 베드로는 성격이 강하니까 충분히 모두를 설득시켰을 수도 있잖아요.

월리스   살인 사건에서 주장이 센 목격자 하나가 다른 이들에게 특정 사안을 확신시키는 경우를 나도 더러 보았습니다. 그 경우 설득하는 쪽은 모든 세부 사항까지 아주 확실히 알고 있는 데 반해 다른 이들은 어쩔 수 없이 뭉뚱그리는 경향이 있습니다. 실제로 직접 본 사건이 아니니까요. 하지만 다양한 집단이 따로따로 많은 횟수에 걸쳐 예수를 본 일은 이 이론으로 설명이 불가능합니다. 그분을 만난 사건은 매번 아주 구체적으로 묘사되어 있거든요. 게다가 베드로는 부활하신 예수를 처음 본 사람도 아닙니다.

나   잘 지적하셨습니다.

월리스   마지막으로 한 가지만 더 말하지요. 환상이니 허깨비니 하는 이 모든 이론대로라면 시신은 여전히 무덤에 남아 있어야 합니다.

나   이상의 어떤 도피 수단에도 불구하고 당신에게는 부활이 실제로 발생했다는 결론이 불가피했군요. 최종 결론에 도달하고 나서 어떻게 되었습니까?

월리스   어느 일요일에 교회에서 있었던 일이 기억납니다. 아내 쪽으로 몸을 기울이며 귀엣말로 나도 이제 신자가 되었다고 말했지요.

나   그렇게 쉽게 말입니까?

월리스   (멋쩍게 웃으며) 그렇게 쉽지는 않았습니다. 물론 내 철학적 자연주의는 증거 앞에 무너졌고, 복음서는 우리가 목격자 진술을 평가할 때 쓰는 모든 시험을 통과했습니다. 그래서 나는 예수 자신에 대한 예수의 주장이 사실임을 믿게 되었지요. 하지만 다른 단계가 더 남아 있더군요. 바로 예수를 나의 구주요 인도자로 믿고 그분의 용서를 받아들이는 일이었습니다.

나 그 일은 어떻게 일어났습니까?

월리스 예수의 참모습을 알아 갈수록 내 참모습이 더 드러났고 그런 내가 싫었습니다. 나는 경찰관 시절에 인간에 대한 믿음을 이미 잃었어요. 마음이 좁아졌지요. 내가 보기에 모든 인간은 사악한 행동을 저지를 수 있는 거짓말쟁이였습니다. 그러면서도 나만은 다른 누구보다도 낫다고 여겼지요. 냉소적이고 오만하고 냉담했습니다.

그의 고백에 솔직히 나도 놀랐다. 여태 월리스를 따뜻하고 진실하고 너그러운 사람으로만 알고 있었으니 말이다. 하지만 내가 알던 그는 예수를 따른 이후의 모습이었다.

월리스가 말을 이었다. "진부하게 들리겠지만 그리스도를 믿고 나서 나는 시간이 가면서 완전히 변했습니다. 많이 용서받은 사람이니 남을 용서할 줄 알게 되었고, 하나님의 은혜를 받았으니 긍휼을 더 잘 베풀게 되었습니다. 그리스도를 믿는 신앙은 그저 주관적 감정이 아니라 부활의 진리에 근거한 것입니다. 그래서 지금은 이 사실을 남에게 알리는 데 내 삶을 다 바치고 있습니다."

문득 사도 바울의 말이 떠올랐다. 그 역시 완고한 법 집행자였으나 부활하신 예수를 만난 뒤로 변화되었다. "그런즉 누구든지 그리스도 안에 있으면 새로운 피조물이라 이전 것은 지나갔으니 보라 새것이 되었도다"(고후 5:17).

유태인은 왜 부활을 받아들이지 않는가

인터뷰를 마치기 전에 월리스가 내게 서재를 구경시켜 주었다. 벽마다 경찰관 재직 중에 받은 각종 상패, 그 당시의 기념품, 가족 사진들이 걸려 있었다. 아버지와 그와 아들 이렇게 경찰 삼대(三代)가 함께 찍은 사진도 있었다.

"마지막으로 하나만 더 묻겠습니다." 내가 녹음기를 끄기 전에 말했다. "마이클 셔머는 유태 민족이 성경의 많은 부분을 기독교와 공유하면서도 부활을 받아들이지 않는 이유를 물었습니다. 왜 그럴까요?"

월리스는 책상에 기대어 잠시 생각을 정리한 뒤에 말했다.

"사람들이 부활을 배척하는 데는 세 가지 이유가 있을 겁니다. 첫째는 이성적 이유입니다. 당연히 누구나 자신의 배척을 이성적으로 표현합니다. 그런 걸 믿기에는 자신이 너무 똑똑하다고 말해야 기분이 좋으니까요. 그러나 유태인 중에 이런 문제를 직접 심층 분석해 본 사람이 몇이나 될지 의문입니다. 일부 회당에서 선교사

퇴치 세미나를 열어 기독교를 반박하는데, 사람들은 직접 확인해 보지도 않고 그냥 거기서 말하는 대로 받아들입니다.

둘째는 정서적 이유입니다. 유태인 가정에는 문화와 전통의 벽이 있습니다. 기독교인은 예수를 유대교 예언의 성취로 보지만, 유태인이 그리스도를 믿으면 대개 유대교의 정체를 배반하거나 버린 걸로 간주됩니다. 그래서 거부당할 것에 대한 두려움이 걸림돌로 작용할 수 있습니다.

셋째로 사람들은 의지적 이유로 배척합니다. 유태 민족은 자기네가 하나님의 율법을 지켜 왔다는 자부심이 있습니다. 심지어 율법을 600가지나 더 만들어 냈고, 독실한 이들은 이를 꼼꼼히 지키려 애씁니다. 인간은 행위에 기초한 방식을 좋아합니다. 자신의 진척 상황을 재서 남보다 유리하게 비교할 수 있으니까요. 은혜에 기초한 방식은 '율법이란 용서의 필요성을 예증하려고 주어졌으며 어차피 다 지킬 수 없다'고 말하기 때문에 받아들이기 힘듭니다. 받아들이기 싫다는 사람이 많지요."

직접 시간을 들여 알아보고 나서 그리스도를 믿게 된 내 유태계 친구들이 문득 떠올랐다. 우선 월남전에서 환멸을 느끼고 돌아온 군인 루이스 래피데스(Louis Lapides)가 있었다. 노방 전도를 받은 계기로 그는 유대교 성경에서 예수를 찾고자 탐색에 나섰다. 그리고 메시아에 대한 옛 예언들을 통해 그분을 만났다. 그런 불가능에 가까운 예언을 친히 다 성취하신 예수를 말이다.[21]

또 왕성한 사업가였던 고 스탠 텔친(Stan Telchin)도 있다. 대학으로 떠난 딸이 예수를 메시아로 영접한 뒤로 그는 기독교가 "이단"임을 폭로하러 나섰다. 그 조사 덕분에 아내와 함께 그는 부활하신 예수를 만났고 나중에 목사가 되었다.[22]

이 유태계 친구들도 윌리스처럼 부활의 기적을 통해 제2의 기적에 이르렀다. 후자도 전자 못지않게 입이 떡 벌어질 만큼 비범한 일이다. 저마다의 삶에서 이들은 죄 대신 하나님의 은혜를 누렸고, 깊은 영적 거듭남을 경험했고, 인간의 말로는 도저히 설명할 수 없을 정도로 변화되었다.

부활의 기적에는 이런 영속적 위력이 있다. 나 자신은 물론 다른 허다한 무리도 경험했듯이 부활의 기적은 고금을 막론하고 각 개인에게 용서와 구속(救贖)과 새 생명의 기적을 낳는다.

생각 정리

1. 텔레비전 프로그램에서 여태 아무도 풀지 못했던 해묵은 살인 사건을 해결하는 수사팀을 본 적이 있는가? 그런 미제사건을 성공리에 파헤치려면 수사관에게 꼭 필요한 몇 가지 기술은 무엇일까? 예수께서 정말 부활하셨는지를 알아내는 데 그런 전문 기술을 어떻게 적용할 수 있겠는가?

2. J. 워너 월리스 형사는 수사관이 진실을 알아내는 데 선입견이 방해가 될 수 있다며 칼에 찔려 피살된 사람을 예로 들었다. 선입견은 기적의 가능성에 마음이 열리거나 닫히는 데 어떤 영향을 미칠 수 있는가? 당신도 기적에 마음이 닫혀 있던 적이 있는가? 그 배경은 무엇인가?

3. 월리스는 무신론자 시절에 사복음서를 평가해 본 결과, 저자들이 의도적으로 실제 있었던 일을 기록했다는 확신에 이르렀다. 반면에 회의론자 마이클 셔머에 따르면 복음서는 도덕적 요지를 밝히기 위한 가상의 이야기들이다. 양쪽 설명을 다 들어 본 당신이 보기에, 그중 가장 증거가 탄탄한 견해는 어느 쪽인가? 왜 그런가?

4. 월리스의 말마따나 독특하고 반복되지 않으며 개인적으로 중요하거나 감격스러운 일을 목격하면 그 경험은 기억에 남을 소지가 아주 크다. 당신의 삶에도 그런 예가 있었는가? 이런 원리는 복음서의 신빙성을 논하는 데 어떻게 적용할 수 있는가?

5. 부활의 역사성을 조사하는 일은 두 가지 문제로 귀결될 수 있다. 예수는 십자가에 달려 정말 목숨이 끊어지셨는가? 그 후에 살아나 확실히 사람들을 만나셨는가? 월리스가 이 두 가지를 다 충분히 확증했다고 보는가? 당신에게 가장 설득력 있게 다가온 사실은 무엇인가?

6. 월리스는 부활에 대한 몇 가지 흔한 반론을 짚어 나갔다. 예컨대 예수의 무덤이 비어 있었음은 시체를 장사하지 않고 방치했기 때문이라든지, 제자들이 공모하여 십자가형 이후에 살아 있는 예수를 보았다고 거짓말했다든지, 제자들이 본 예수는 환상이나 허깨비라든지, (코란에 따르면) 예수는 애초에 처형된 적이 없다는 식이다. 그중 가장 강력해 보이는 반론은 무엇이며, 왜 그렇다고 생각하는가? 월리스는 각 반론에 어떻게 답했는가? 그의 설명이 얼마나 만족스러운가?

7. 월리스는 예수의 정체를 확신하게 된 뒤로 "예수의 참모습을 알아 갈수록 내 참모습이 더 드러났고 그런 내가 싫었습니다"라고 고백했다. 이 불편한 경험에 당신도 공감하는가? 어떤 점에서 공감이 가는가?

THE CASE FOR MIRACLES

Part 5

복음주의와
기적의 난점,
실마리를
찾아 나가다

당혹스러운 초자연 세계

현대 복음주의,
왜 기적을 불편해하는가

(로저 E. 올슨 박사와 인터뷰)

간단한 주문이었다. "당신이 신앙에 이르게 된 여정을 말해 보십시오."

나는 회의실에서 담임목사와 교회의 여러 장로와 대학의 신학교수에 둘러싸여 복음 사역자로 안수를 받고자 면접을 보던 중이었다. 그전에 60퍼센트의 임금 삭감을 감수하며 언론계 직장을 떠나 시카고 근교에 있는 어느 큰 교회의 교역자가 되었다. 이제 안수를 받는 단계가 남아 있었다.

〈시카고 트리뷴〉 기자 시절에 무신론자였던 내가 어떻게 예수를 따르기로 헌신했는지는 주저 없이 나눌 수 있는 이야기였다. 전공 분야인 언론학과 법학을 활용하여 기독교의 과학적, 역사적 증거를 조사한 경위도 그 자리에 있던 모든 사람의 공감을 살 게 분명했다.

사실 그 교회에는 상류층 교외 지역에 사는 성공한 사람들이 가득했다. 사고하고 성취하고 이끌고 영향력을 미치는 부류였다. 그들이라면 하나님이 논리와 이성을 통해 나를 다음과 같은 결론으로 이끄셨다는 사실에 당연히 공감할 터였다. 즉 부활은 실제로 있었던 역사적 사건이며, 이로써 예수께서 하나님의 유일한 아들로 입증되셨다는 것이다.

그러나 나머지 이야기는 어디까지 말해야 할지 고민이었다. 예컨대 그 영향력 있는 꿈을 언급해야 할까? 이 책의 8장 부분에 말했듯이 어렸을 때 꿈속에 천사가 나타나 내게 예언을 주었고 16년 후에 그대로 이루어졌는데, 이런 초자연 현상을 말한다면 그들은 어떻게 반응할까? 통상적 이성과 증거를 넘어서는 이상해 보이는 사건이 아닌가?

물론 그 방 안에 있던 사람들은 모두 기적을 행하시는 하나님을 믿었다. 주권자이신 하나님이 언제라도 개입하여 그분의 임재를 알리시고 목적을 이루실 수 있다고 고백할 이들이었다. 그래도 꿈과 천사와 개인적 예언 이야기를 하면 내가 그들에게 좀 모자라 보일까? 도에 지나친 걸까? 그 꿈속에서 전능자의 사자를 실제로 대면했다고 주장하면 다들 입이 쩍 벌어질까? '전혀 불합리한 상태'와

'하나님이 내 삶에 기적으로 개입하셨다는 합리적 믿음,' 이 둘 사이의 선(線)은 어디인가?

결국 나는 천사가 찾아왔던 그 꿈을 말했고 그들은 충격받거나 당황하지 않았다. 이견 없이 안수도 허락되었다. 그럼에도 그 이야기를 해야 할지를 결정할 때의 그 꺼림칙했던 느낌은 늘 기억에 남아 있다. 사실 지금도 나는 공적인 자리에서는 그 꿈을 거의 언급하지 않는다.

그래서 어느 신학자의 블로그에서 "당혹스러운 초자연 세계"라는 게시물 제목을 보았을 때 절로 관심이 끌렸다. 읽어 보지 않아도 그 심정에 공감이 갔다. 21세기 미국에서 나 같은 그리스도인들조차도 삶에 개입하시는 하나님을 공개적으로 말하기가 꺼려지는 그 심정 말이다.

우리는 이상해 보이거나 주류에서 벗어나 보이기를 원하지 않는다. 현란한 신유 사역자와 함께 도매금으로 넘겨지기는 싫다. 세속 문화에서 사람들에게 존중받고 받아들여지기를 원한다. 그 결과는 무엇인가? 하나님은 지금도 기적을 행하시건만, 교회에서는 물론 심지어 기도할 때도 우리는 그런 그분을 무의식중에 온전히 받아들이지 않을 때가 있다.

그 블로그 운영자는 텍사스주 웨이코의 베일러대학교 교수로 나와 있었다. 우리 집에서 몇 시간밖에 걸리지 않는 거리다. 전화 한 통으로 약속이 잡혔고, 지체 없이 나는 다시 길을 떠났다.

기적인가
우연인가

다양한 기독교 진영을 경험한 복음주의자

로저 E. 올슨(Roger E. Olson)은 엄격하지만 사랑이 많은 오순절교 목회자의 가정에서 성장했다. 텔레비전과 영화와 춤은 집에 없었다. 그는 교회 예배에 가는 게 즐거웠다("한번도 지루한 적이 없었습니다"). 고등학교 때 학교에 성경책을 가지고 다니기까지 했다. "아이들이 비웃었지만 상관없었습니다. 내 친구들은 학교에 있지 않고 교회에 있었으니까요"라고 그는 말했다.

휴스턴의 라이스대학교에서 석사과정을 밟던 중에 올슨은 더 주류 쪽의 교회 문화로 옮겨 장로교회에서 중고등부 사역자로 섬겼다. 나중에 같은 학교에서 종교학으로 박사 학위를 받았다.

현재 올슨은 베일러대학교 내 조지 W. 트루엣신학대학원의 기독신학 및 윤리학 석좌교수다. 자칭 "열정적 복음주의자"인 그는 이 말을 "하나님을 경외하고, 성경을 믿고, 예수를 사랑하는 그리스도인"이라 정의하며 미소를 지었다.

학계에서 열렬한 아르미니우스주의자'로 알려진 그는 신학적 차이점을 두고 칼빈주의자들과 자주 (효과적으로) 설전을 벌인다. 사실 그의 저서 *Against Calvinism*(칼빈주의 반대)은 반대 입장인 개혁주의 신학자 마이클 호튼(Michael Horton)의 《칼빈주의 찬성》(*For Calvinism*, 부흥과 개혁사 역간)과 짝을 이룬다.

그러나 올슨은 보수와 자유로 대비되는 신학 구분법에 깔끔히 들어맞지 않는다. 나는 그를 "왕성한 신학자"라 부른다. 《보수와 자유를 넘어 21세기 복음주의로》(*How to Be Evangelical without Being Conservative*,

죠이선교회출판부 역간), *Reclaiming Pietism*(경건주의의 회복), *Reformed and Always Reforming*(항상 개혁되는 개혁교회), *Counterfeit Christianity*(사이비 기독교)와 같은 책들을 썼기 때문이다.

학술 서적으로는 스탠리 J. 그렌츠와 함께 쓴 《20세기 신학》(*20th-Century Theology*, IVP 역간), 《이야기로 읽는 기독교 신학》(*The Story of Christian Theology*, 대한기독교서회 역간), 《복음주의 신학사 개관》(*The Westminster Handbook to Evangelical Theology*, 크리스천투데이 역간), *Arminian Theology: Myths and Realities*(아르미니우스주의 신학: 신화와 실체), *The Essentials of Christian Thought*(기독교 사상의 본질), *The Mosaic of Christian Belief*(기독교 신앙의 모자이크) 등이 있으며 이중 몇은 유수한 상을 받기도 했다.

대중적 차원에서 올슨은 오래전부터 〈크리스채너티 투데이〉(*Christianity Today*)에 글을 기고해 왔고, 유명한 웹사이트 파테오스(Patheos)를 통해 "복음주의적 아르미니우스주의 신학 단상"이라는 자신의 블로그에 글을 올린다. 이 블로그는 신앙과 삶에 대한 사유와 때로는 아주 개인적인 소회로 구성되어 있다.

우리 둘은 내가 투숙하고 있던 웨이코시의 호텔에서 만났다. 인구 13만 5천 명의 웨이코(아메리카 원주민의 부족에서 딴 이름)는 댈러스와 오스틴의 중간쯤 위치에 브래저스강을 끼고 있는 활기찬 대학 도시다. 아직도 "웨이코 참사"의 오명을 씻으려 애쓰고 있다. 이는 1993년에 다윗파라는 이단종교가 50일간 연방 경찰과 교착 상태로 대치하다가 화재로 신도 74명이 사망한 사건이다.

자그마한 키(163센티미터)에 안경을 낀 올슨은 조깅(일주일에 나흘씩)

기적인가
우연인가

과 역도에 열심이다. 희끗희끗한 머리를 뒤로 빗어 넘겼고, 반백인 단정한 콧수염을 자랑해 보인다. 우연히도 우리는 같은 1952년생인 데다 생일도 며칠밖에 차이 나지 않았다. 아내 베키(Becky)와 결혼한 지 45년이 다 된 그는 슬하에 두 딸을 두었고 손자와 손녀가 하나씩 있다. 현재 협동침례교단 소속의 캘버리침례교회에서 활동하고 있다.

나는 올슨이 다양한 기독교 진영을 경험했다는 사실에 마음이 끌렸는데, 각 진영마다 오늘의 세상에 역사하시는 하나님의 초자연적 활동을 받아들이는 정도가 다르다. 우선 그는 25세까지는 오순절교단의 교인이었고 한동안 오럴로버츠대학교에서 가르치기도 했다. 그 후에 잠깐 장로교회에 몸담으면서 주류의 관점을 익혔다. 나중에 침례교인이 되어 미네소타주의 주류 복음주의 학교인 베델칼리지(현재의 베델대학교)에 교수로 재직하다가 1999년에 베일러대학교로 옮겼다.

관련된 다양한 관점에서 그가 지혜의 좋은 출처가 되어 주리라 생각했는데 과연 그는 나를 실망시키지 않았다.

마치 하나님이 없는 것처럼

30년도 더 전에 명망 있는 두 기독교 사상가가 미국의 주류 개신교회를 고발하는 도발적인 글을 썼다. 듀크대학교신학대학원의 신학윤리 교수 스탠리 하우어워스(Stanley Hauerwas)와 역시 듀크의 기독교사역 교수 윌리엄 H. 윌리몬(William H. Willimon)이 그들이다.

〈크리스천 센추리〉(Christian Century)에 실린 그 기사의 제목은 "당혹스러운 하나님의 임재"였다.[2] 세 지면 가까이 대체로 정중한 문체가 이어지다가 그들이 직설적으로 내놓은 최종 평가는 이렇다. "교회의 신학과 윤리의 핵심 문제는 교회가 순전히 무신론적이라는 데 있다."[3]

그들은 주류 교회가 매사를 마치 하나님이 전혀 중요하지 않다는 듯이 수행한다고 질책했다. "우리는 성직자에게 연금을 지급하고 교회 성장 전략을 짤 때 마치 하나님이 없는 것처럼 한다."[4]

그런 불경한 전제는 교회에 어떤 영향을 미칠까? "하나님이 우리 모임과 세상에 임재하심을 정말 믿어야 한다. 또 우리가 듣는 말씀, 남을 섬기는 봉사, 빵을 떼는 교제가 다 하나님을 하나님 되시게 해 드리는 위험한 시도임을 알아야 한다. 그렇지 않으면 일요일 예배가 부도덕하고 냉담해진다(아예 바보짓이 될 수도 있다)."[5]

초록색 소파에 자리를 잡은 올슨에게 이 기사를 언급했더니 그는 이렇게 말했다.

올슨   물론 그들은 요점을 밝히려고 과장법을 썼습니다. 하지만 그 논증 속에 박힌 진리의 알갱이는 현대 서구 기독교를 지배하는 세속성에 대한 인식을 높이는 데 도움이 되었습니다. 지난 세월 내가 활동했던 몇몇 교회에서도 그런 현상을 직접 보았습니다.

기적인가
우연인가

나   어떤 식으로 말입니까?

올슨   교회마다 사역 운영 방식을 성경적으로나 신학적으로 생각하지 않는 경향이 오래전부터 보이더군요. 기업체 회의실이라도 되는 양 매사에 내리는 결정도 내게는 세속적으로 보였습니다. 물질을 더 공급해 주실 수 있다는 믿음 따위는 간곳없고 "우리 예산에 맞는 일인가?"만 묻는 겁니다. 그들은 예측 가능성을 원했습니다. 또 소송이 두려워 교회와 기독교 기관 내에서 변호사의 발언권이 갈수록 세졌습니다.

나   그러면 당신도 하우어워스와 윌리몬의 말에 동의하는 겁니까?

올슨   기본적으로 그렇습니다. 표현은 그만큼 강경하지 않겠지만요. 교단마다 상황이 다르긴 하지만 내가 보기에도 미국의 종교는 전반적으로 세속화되었습니다. 그러니까 소위 인간의 지혜나 이성을 통해서가 아니고는 하나님의 개입이나 인도하심을 믿지 않는 교회가 많습니다.

나는 미국 복음주의자들이 세속주의 문화를 물리치는 데 내심 자부심을 느낀다고 지적했으나 올슨은 동의하지 않고 이렇게 말했다.

올슨   내 요지는 미국의 복음주의 기독교가 현대의 합리주의와 자연주의에 순응해 왔다는 겁니다. 실제로 그들은 자기 내면의 신앙생활에서 말고는 하나님이 무엇이든 역사하리라는 기대가 별로 없습니다. 성경 자체가 초자연으로 흠뻑 젖어 있는데 그들에게 초자연은 입에 발린 말에 불과하지요.

나 예를 좀 들어 주세요.

올슨 하나님이 사람을 변화시키실 수 있다는 개념을 고수하긴 하지만, 흔히들 생각하는 의미는 근본적 변화가 아니라 그저 마음가짐을 새로이 하는 차원일 뿐입니다. 근본적 거듭남이 실제로 벌어지면 "와! 아직도 이런 일이 가능하다니 정말 몰랐는걸! 더 자주 있었으면 좋겠다"라고 말합니다. 그래 놓고는 막상 그런 일이 또 있기를 별로 기대하지는 않습니다. 너무 광적으로 빠지고 싶지는 않은 거지요.
알다시피 성령은 확실히 우리 예측을 초월하시는 분입니다. 그런데 주류 복음주의자들은 예측 가능성을 아주 좋아하거든요. 우리는 크게 놀랄 일을 원하지 않습니다. 문을 열었다가 정말 충격적인 일이 벌어지는 게 싫지요. 우리 힘으로 통제할 수 없으니까요.

나 조금 두렵기도 하겠지요?

올슨 물론입니다. 하나님은 지금도 초자연적으로 활동하시는데 많은 복음주의자들은 영혼 깊숙이 그런 확신이 없습니다. 그래서 교회나 자신의 삶에 그런 활동의 여지를 남겨두지 않습니다.

기적인가
우연인가

나	그래도 균형이 중요하지 않습니까?
올슨	맞습니다. 내가 속했던 어떤 교회들에서는 정반대 태도가 지배적이었습니다. 교인들이 기적을 일상사로 여기는 거지요. 사사건건 다 기적이었습니다. 이 또한 위험한 일입니다. 특수성이 사라지니까요. 내가 보기에 사도행전이 최고의 길잡이입니다.

초대 교회의 이야기가 전개되는 사도행전을 내 머릿속에 쭉 넘겨보았다. 사도들은 예수와 그분의 부활이 선포되는 곳이면 으레 초자연적 일도 수반되리라 예상하며 돌아다닌 듯싶다. 그런데 오늘날은 그렇지 못하다고 올슨은 말했다.

올슨	요즘 우리가 예수와 그분의 부활을 선포하며 예상하는 일이라곤 사람들이 얌전히 고개를 끄덕이며 "네, 동의합니다"라고 말하는 게 고작입니다. 그런데 그들이 집에 돌아가서는 마치 그런 일이 없었다는 듯이 살아갑니다. 기적을 더는 기대하지 않기 때문입니다. 설명할 수 없는 일을 행하실 하나님을 우리는 기대하지 않습니다. 그러면 삶이 예측 불가능해지니까요.
나	그리스도인이 품기에는 서글픈 관점이군요.
올슨	그렇고말고요. 그래도 많은 사람들이 자신의 삶에 특이한 일을 행하실 하나님을 정말 기대하기보다는 차라리 예측

현대 복음주의, 왜 기적을 불편해하는가

가능한 삶을 더 행복해합니다. 아프리카에서 초자연적 활동과 기적이 벌어지고 있다는 말을 들으면 "오, 하나님을 찬양합니다"라고 말하지만, 그 이면에는 이런 무언의 말이 숨어 있습니다. '여기서는 그런 일이 없기를 다행이다. 그건 무섭고 위험하니까.'

왜 귓속말로 하는 거지?

올슨의 요지는 분명했다. 미국의 많은 복음주의자들은 알게 모르게 초자연과 기적을 과거(성경 시대)와 다른 곳(선교지)으로 몰아냈다. 자신의 삶에도 그런 가능성이 상존한다고는 보지 않는 것이다.

올슨　　환자에게 반응하는 방식을 보면 분명히 알 수 있습니다. 물론 우리는 환자를 위해 기도합니다. 하지만 뭐라고 구하지요? 고난 중에도 환자를 위로해 주시고, 수술하는 의사의 손길을 주관해 주시며, 의료진에게 지혜와 분별력을 주시도록 기도합니다. 무엇이 빠져 있습니까?

나　　초자연적으로 환자를 치유해 달라는 기도가 없습니다.

올슨　　바로 그겁니다. 성경에는 분명히 손을 얹고 기름을 부으며 병 낫기를 위해 기도하라고 했건만, 주류 복음주의자들은 그대로 행하는 교회를 낮추봅니다. 그런 교회를 이단시하거나 환자에게 의학적 치료를 받지 못하게 막는다고 의심합니다. 그뿐 아니라 그들은 귀신이라면 아예 언급조차 피하며, 축사를 원시적 미신으로 보고 금합니다. 예수께서 하실 때만 빼고는 말이지요.

올슨의 말을 듣자니 2012년에 내가 침실 바닥에서 의식을 잃었던 일이 떠올랐다. 다행히 아내에게 발견되어 급히 구급차에 실려 병원으로 갔는데, 나중에 깨어난 뒤에 의사가 이렇게 말했다. "조금만 더 심해지면 다시 혼수상태에 빠져 결국 목숨을 잃을 수도 있습니다."

병명은 혈중 나트륨 수치가 급격히 떨어지는 중증 저나트륨혈증이었다. 이로 인해 뇌세포에 물이 흡수되면서 뇌세포가 두개골의 한정된 용량 내에서 팽창하고 있었다. 제때에 치료하지 않으면 정신이 혼미해지면서 환각 증세와 발작과 혼수상태를 거쳐 죽음에 이르는 병이다.

급박하게 치료가 이루어지던 며칠 동안 친구들이 잇달아 와서 기도해 주었다. 그중 다수는 정확히 올슨의 말대로 의사에게 지혜를 주시고 내게 힘을 주시도록 기도했다. 물론 다 아주 고마웠다. 하지만 나를 초자연적으로 치유해 달라고 하나님께 단도직입적으로 담대하게 구한 사람은 없었다.[6]

올슨 많은 주류 복음주의자들이 '기도로 바뀌는 건 상황이 아니라 나 자신이다'라는 개념에 세뇌되었습니다. 현대 자유주의 신학의 아버지인 프리드리히 슐라이어마허(Friedrich Schleiermacher)의 가르침을 자신도 모르게 수용한 겁니다. 그는 어찌할 바 모르는 어린아이들이나 하는 게 간구 기도라고 폄하했습니다.

(올슨은 자신이 어느 침례교 목사 부부를 만났던 일화를 소개했다. 그 목사의 아내는 의사였다.) 그들에게 내 몸이 치유되었던 일을 들려주던 참이었습니다. 평소에는 복음주의자들에게조차 잘하지 않는 이야기입니다. 그들이 의심의 눈초리를 보내니까요. 그런데 그 목사가 목소리를 낮추어 조용히 말하더군요. "사실은 내 딸도 아주 아팠는데 내가 기름을 바르고 간절히 기도하여 나았습니다. 그야말로 초자연적 사건이었지요." 속으로 이런 생각이 들었습니다. '그런데 왜 귓속말로 하는 거지?'

나　(씩 웃으며) 크게 외쳐야 할 일인 것 같은데요.

올슨　문제점을 잘 보여 주는 예화입니다. 그도 내게 시인했습니다. 자기 교회는 이 이야기에 좋은 반응을 보이지 않을 거라고 말입니다.

어떻게든 주위에 섞여 들려는 우리

많은 복음주의 그리스도인들이 초자연 세계를 당혹스러워하는 이유를 한 단어로 요약한다면 무엇이겠느냐고 올슨에게 물었다.

그는 잠시 생각하더니 "체면"이라 답했다.

나	왜 하필 그 단어입니까?
올슨	복음주의자들은 과거의 오명을 씻으려 애쓰고 있습니다. 가짜 설교자, 사이비 신유 사역자, 지나치게 감정적인 부흥사, 돈만 밝히는 위선자 등 할리우드 버전의 우리 모습을 잘 알고 있거든요. 그래서 그런 시선에서 벗어나려 합니다. 남들과 별로 다를 바 없는 정상적인 사람들로 이웃에게 비쳐지려 합니다. 어떻게든 주위에 섞여 들려는 거지요.
나	초자연 현상이 세상의 눈에 이상해 보이니까 우리까지 거기에 등을 돌리는 거로군요.
올슨	맞습니다. 자신이 잘 속거나 미신적인 게 아니라 교양 있고 세련된 사람이며, 텔레비전에 나오는 지나친 광신도와는 다름을 이웃에게 보이고 싶은 겁니다. 사실 내 경험으로 보아 더 부유하고 교육 수준이 높은 복음주의자일수록 기적이 벌어지기를 진심으로 기대할 소지는 낮습니다.
나	왜 그럴까요? 세상 물정에 너무 밝아서 그럴까요?
올슨	주차장에 늘어선 자동차 브랜드를 보면 그 교회가 무엇을 믿는지 거의 예측할 수 있습니다. 세상 기준의 성공을 하고 학벌이 좋을수록 기도의 능력을 자신의 똑똑함과 성취로 대체하는 경향이 있습니다. 그게 우리를 유혹하는 형

통의 위력입니다. 하나님을 덜 의지하게 만들지요. 모든 일이 자신의 통제하에 있다고 생각하는 겁니다.

(이어 그가 덧붙인 말에 깊이 공감이 갔다.) 의사에게서 불치병에 걸렸다는 말을 듣기 전까지는 초자연 세계를 정말 믿지 않는 복음주의자가 많습니다.

나 역시 죽을 수도 있다는 말을 듣고 병상에 누워 있던 그때는 갑자기 한없이 약해지면서 하나님의 치유에 훨씬 더 의지했던 기억이 있다. 어찌 그렇지 않겠는가. 그런 때가 닥치면 혼자 힘으로 다 된다던 생각은 싹 사라지고 하나님의 직접적인 기적의 손길에 사활을 걸게 마련이다.

올슨 그런 순간이 발생하기 전에는 자신의 삶에 초자연적인 일을 행하실 여지를 하나님께 내드리지 않는 사람이 많습니다. 물론 그들은 하나님을 믿고 예수를 사랑합니다. 하지만 그들에게 그분은 살아 계신 실체라기보다 환영에 훨씬 가깝습니다.

올슨의 말을 듣노라니 내가 이 책을 쓰기 위해 의뢰했던 전국 여론조사가 다시금 생각났다. 아닌 게 아니라 그 자료를 보더라도 교육 수준과 소득이 높은 사람일수록 하나님이 자신의 삶에 초자연적으로 개입하셨다고 믿는 비율은 낮아졌다.

기적인가
우연인가

하나님의 기적으로밖에 설명될 수 없는 일을 경험했느냐는 질문에 그렇다고 답한 사람이 고졸자는 41퍼센트인 반면 대졸자는 29퍼센트에 불과했다. 또 연봉이 5만 달러(약 5천만 원) 미만인 사람은 그런 경험이 있다고 답한 비율이 43퍼센트가 넘어, 소득이 10만 달러(약 1억 원) 이상인 사람의 29퍼센트와 대비되었다.

올슨　　부자가 되고 학력이 높아질수록 기적은 더 불편해집니다. 정말 기적의 필요성을 못 느낍니다. 이대로도 잘 살고 있으니까요. 성공했으니까요.

신학의 낙수효과 이론

역시 신학 역사가답게 올슨에게는 여태 복음주의 하부문화가 어떻게 더 세속화되었고 초자연 현상에 더 폐쇄적이 되었는지를 설명하는 이론이 있다.

올슨　　나는 이를 신학의 낙수효과 이론이라 부릅니다. 다시 말해서 우리는 생전 들어 본 적도 없는 과거 사상가들의 영향을 받았습니다.

나　　앞서 언급하셨던 슐라이어마허 같은 사람들 말입니까?

올슨　　예, 1834년에 죽은 그는 자유주의 신학의 아버지입니다. 천문학의 코페르니쿠스, 물리학의 뉴턴, 심리학의 프로이트, 생물학의 다윈이 했던 역할을 기독교에서는 그가 했습니다. 유례없는 개척자였다는 뜻입니다. 이후의 신학자들이 무시할 수 없는 사상가가 하나 있다면 바로 그입니다.

슐라이어마허와 스피노자의 영향으로 방법론적 자연주의가 성장했는데, 이에 따르면 모든 진지한 탐구를 수행하는 바른 방법은 현상을 해석할 때 자연주의적 설명에 초점을 맞추어야 합니다. 기적을 배제하는 겁니다.

나   과학의 전형적 세계관이군요.

올슨   그렇습니다. 과학계에서 흔히 볼 수 있지요. 그런데 슐라이어마허는 자연주의적 세계관 전체를 개신교의 신학 사조에 도입했습니다. 그에 따르면 기적을 믿으면 곧 하나님을 의심하는 겁니다. 하나님이 어련히 알아서 세상을 폐쇄계(closed system)로 지었는데 기적은 이를 부인하기 때문이라는 겁니다.

나   그래서 그는 기적의 가능성을 부인했습니까?

올슨   그가 기적을 믿었는지는 심히 의문스럽습니다. 기적이 일어난다 해도 틀림없이 처음부터 하나님의 보편 계획의 일환으로 이미 우주 안에 설계되어 있던 거라고 말했으니까요. 다시 말해서 기적은 어떤 새로운 사건에 대한 반응일 수 없으며, 따라서 정말 초자연 현상이 아닙니다.

나   그는 부활의 기적도 부인했습니까?

올슨   예, 맞습니다. 그는 예수께서 전통적 의미의 성육신하신

기적인가
우연인가

하나님이라는 사실도 믿지 않았습니다. 기독교 전체의 기초를 경험에 두려 했으나 초자연적 경험은 아닙니다. 그래서 신앙이 주관화됩니다.

나   그게 어떻게 오늘의 교회에 낙수효과를 일으켰습니까?

올슨   심지어 많은 침례교회에서도 대체로 하나님을 그리고 그분과의 관계를 주관화합니다. 하나님이 우리 의식과 내면 생활에만 역사하시고, 바깥세상에는 그렇지 않다는 뜻입니다. 하나님은 안에만 머무시고 나머지 바깥은 다 과학으로 설명이 가능합니다. 결국 종교는 영성과 윤리라는 두 영역으로 축소됩니다.

나   (그가 어떻게 답할지 익히 알면서도 물었다.) 무엇이 빠져 있습니까?

올슨   사도행전입니다! 초자연 세계가 없는 겁니다. 알지 못하는 사이에 그게 우리에게 낙수효과를 일으켰습니다. 솔직히 주류 복음주의자들은 대부분 신앙의 기적을 아쉬워하지 않습니다. 그런 차원이 없이 자랐으니까요. 그들에게 익숙한 종교는 주로 경건 생활과 어쩌면 전도와 도덕에 치중합니다.

나   내 삶에도 그런 모습이 있습니다. (내키지 않지만 솔직히 고백했다.)

올슨   나도 마찬가지입니다.

나   정말입니까?

올슨   물론이지요.

나	어떻게 말입니까?
올슨	언젠가 아주 인상적인 경험을 했습니다. 하나님이 내게 말씀하신 건데요. 육성으로 들리지는 않았지만 말씀하신 내용은 아주 분명했습니다. 내가 원하던 방향은 아니었으나 그 말씀대로 순종했더니 놀라운 일이 벌어졌습니다. 그런데 그 경험이 닥쳐왔을 때 나는 완전히 충격에 빠졌습니다. 내가 자라났던 교회에서 그리스도인이 하나님의 음성을 듣는 게 정상이었으니 망정이지 그렇지 않았더라면 그때 어떻게 반응했을지 모릅니다. '이런, 내 머리가 딸꾹질을 일으켰군' 하고 말았을지도 모르지요.
나	성경을 믿으면서도 기적이 폐지되었다고 말하는 신학자들은 어떻습니까?
올슨	은사폐지론에는 두 부류가 있습니다. 하나는 하나님이 더는 치유의 은사를 주지 않으신다는 쪽이고, 또 하나는 기적 자체가 끝났다는 쪽입니다. 다시 말해서 일단 성경이 기록되고 초대 교회가 로마 제국에 뿌리를 내린 뒤로는 기적이 더 필요 없어져 하나님이 기적을 그만 행하신다는 겁니다.
나	당신은 어떻게 생각하십니까?
올슨	황당하지요. 분명히 내게 기적이 일어나곤 했으니 그런 입장이 옳을 수는 없습니다. 하나님이 전능하시므로 초자연적 활동을 계속하시는 게 나로서는 이치에 맞아 보입니다.

기적인가
우연인가

현대 기독교가 잃어버린 것들

올슨이 언급했듯이 그의 삶에는 초자연적 개입이 여러 번 있었다. 그중 어렸을 때 그의 몸이 치유되었던 일에 대해 물어 보았다.

올슨   내가 두 살 반 무렵 친어머니가 서른두 살 나이에 류머티즘열로 인한 심장 손상으로 돌아가셨습니다. 그런데 열 살 때 나도 급성 인후염증에 걸려 아주 심하게 앓게 되었어요. 우리 집은 기도를 통한 하나님의 치유를 믿었고 병원은 최후 방편이었어요. 그래도 어쨌거나 나를 의사에게 데려갔고 의사는 페니실린 처방전을 써 주었습니다.

나   그래서 인후염증이 나았습니까?

올슨   나을 수도 있었을 텐데 새어머니가 처방전을 버렸습니다.

나   이런! 정말입니까?

올슨   새어머니는 "너한테 이게 정말 필요할 것 같지는 않아"라고 말했습니다. 결국 일주일 후에 나도 친어머니처럼 류머티즘열에 걸렸어요. 아파서 석 달 동안 병원을 들락거렸지요. 류머티즘열은 심장판막을 망가뜨리기 때문에 웬만한 환자는 결국 심장판막 이식수술을 받아야 합니다. 친어머니는 그런 수술이 아직 없을 때라서 목숨을 잃은 거고요.

나   가족들과 교회에서 기도했겠군요.

올슨   교회 장로들이 집으로 심방 와서 기름을 바르며 안수 기도를 해 주던 기억이 납니다. 형식적인 기도가 아니었어요. 그다음 주에 정기 검진을 받으러 갔더니 의사가 심장에서 아무런 잡음도 들리지 않는다고 하더군요.

나 — 그전에는 잡음이 있었는데 말입니까?

올슨 — 그럼요. 그때는 의사가 심하다고 했거든요. 그런데 이번에는 아무 소리도 들리지 않으며, 염증을 나타내는 혈액검사 결과도 정상이라고 했습니다.

나 — 의사가 놀라던가요?

올슨 — 아주 많이 놀라면서도 그동안 치료를 잘해서라고 둘러대더군요. 어쨌든 지금도 내 심장판막은 조금도 문제가 없습니다. 해마다 검진을 받는데 심장전문의가 매번 내 심장에 류머티즘열이 없다고 진단합니다.

나 — 하나님이 치유해 주셨다고 믿으십니까?

올슨 — 두말할 필요도 없습니다. 그게 아니라면 뭐라고 달리 할 말을 찾을 수가 없네요.

나 — 그래도 새어머니가 항생제 처방전을 버렸다니 아찔합니다. 그 약으로 애초에 류머티즘열을 예방할 수도 있었는데 말이지요.

올슨 — '하나님이 고쳐 주실 테니 나는 기도만 하겠다'는 자세는 최선의 접근법이 아니라고 봅니다. 대개 하나님은 자연적 수단을 통해 일하십니다. 의약과 기술 등 그분이 제공하신 선물을 우리가 잘 활용하기를 바라십니다. 그렇지 않

기적인가
우연인가

다면 길 건너에 식품점을 두고도 하늘에서 만나가 내려오
기만 바라는 꼴이 되겠지요.

나 (웃으면서) 좋은 비유입니다.

올슨 기도와 의약을 통합하는 게 최선의 접근법입니다.

 그의 아버지가 목회하던 오순절교회 교인들은 올슨의 병이 나
은 일을 당연히 하나님이 베푸신 기적의 선물로 받아들였다. 그들
에게 초자연 현상은 삶에 상존하던 요소였다.

올슨 기억나는 사건이 있습니다. 우리 교회에 열 살쯤 되던 남
    자아이가 있었는데 자동차가 달리는 중에 실수로 문을 열
    었다가 밖으로 떨어졌습니다. 아이가 죽은 줄로만 알고
    가족들이 데리러 달려가 보니 아이는 멀쩡히 서 있었습니
    다. 어떻게 된 일이냐는 물음에 아이는 "어? 못 보셨어요?
    그 사람이 나를 잡아 주었잖아요"라고 하더랍니다. (올슨은
    목을 가다듬으며 천천히 안경을 벗더니 주머니에서 손수건을 꺼내 눈가를 훔
    쳤다.) 좀 울컥했네요. 이런 일이 그리워서 그렇습니다. 정
    말 아쉽거든요. 의심의 여지없이 나는 천사가 그 아이를
    잡았다고 믿습니다.

    (안경을 도로 쓰면서) 오럴로버츠대학교에서 가르치던 시절
    에 한번은 내 차가 고장 났는데 수리비가 부족했습니다.
    그런데 고장 사실을 전혀 모르던 한 동료가 나를 찾아와

500달러짜리 수표를 건네며 하나님이 나한테 주라고 하셨다는 겁니다. 차를 고치는 데 꼭 필요한 액수였습니다.

나   나도 아주 비슷한 경험이 있습니다. 내가 돈을 주는 쪽이긴 했지만요.

올슨   내가 보기에 그리스도인의 삶이란 그게 정상이어야 합니다. 그가 손수건을 주머니에 도로 넣으며 대답했다. 그런 걸 본 지 하도 오래되어 어떤 때는 그냥 마음이 아픕니다.

창피당하고 싶지 않아서

전 세계에서 온 학생들이 베일러에서 로저 올슨의 강의를 듣는다. 그중 제3세계 국가들의 기독교는 미국과는 사뭇 달라 보이며 초자연 세계를 대하는 태도도 마찬가지다.

나   서구 복음주의를 처음 접한 아프리카와 아시아 출신의 학생들은 이를 어떻게 평가합니까?

올슨   간청하지 않으면 말을 아낍니다. 하지만 일단 들어 보면 실망 일색입니다.

나   어떻게 말입니까?

올슨   그들은 이렇게 말합니다. "우리의 기독교는 이렇지 않습니다. 아프리카의 기독교는 영적 전투에 둘러싸여 있어요. 그걸 미신으로 일축할 수는 없습니다. 하나님이 정말 개입하여 놀라운 일을 행하십니다. 그런데 여기서는 그게 보이지 않아요. 당신네 번영과 개인주의와 물질주의 때문이고, 또 영의 세계에 대한 믿음이 부족해서라고 봅니다."

영의 세계란 초자연 세계를 뜻하는 말이지요.

(올슨은 자기 수업 시간에 나이지리아의 가톨릭 신부를 초대하여 강연을 들은 적이 있다고 한다.) 그가 원한 주제는 가톨릭 교리가 아니라 기적이었습니다. 나이지리아에서 역사하시는 하나님의 초자연적 활동에 대해 한 시간 20분 동안 말했습니다.

나 학생들이 어떤 반응을 보이던가요?

올슨 믿어지지 않는 듯 경외심에 젖었습니다.

나 그래서 학생들 사이에 불이 붙었습니까?

올슨 물론이지요.

나 어떤 사람들은 아프리카 등지의 제3세계에 기적이 빈발하는 이유가 거기가 복음의 최전방이라서 그렇다고 말합니다.

올슨 예, 벤저민 워필드(Benjamin Warfield)가 20세기 초에 《기독교 기적론》(Counterfeit Miracles, 나침반사 역간)이라는 책에 그런 논리를 처음 폈습니다.

나 그 주장을 어떻게 생각하십니까?

올슨 말도 안 됩니다. (솔직한 답변이었다.)

나 왜 그렇지요?

올슨 초자연 현상은 중국 못지않게 우리에게도 필요합니다. 미국은 아직도 선교지입니다. 내가 보기에 진정한 기독교는 소수집단이며, 스스로 기독교인이라 칭하는 사람들 사이에도 마찬가지입니다. 우리는 미국 내에 복음을 전하려면 하나님이 행하시는 초자연적 역사를 보기보다는 변증과 증거와 토론과 논증만 있으면 된다고 생각할 때가 너무 많습니다. 그래서 워필드도 계몽된 서구 사회에는 기적이 일어나지 않는다는 설명을 내놓았던 겁니다. 우리가 이미 기독교화되었다는 이유로 말이지요. 글쎄요, 나는 거기에 정중히 이의를 제기합니다.

나는 많은 그리스도인이 초자연 세계를 불편해하는 또 다른 이유로 넘어갔다.

나 _____ 기도를 받는다고 누구나 건강이 회복되는 건 아닙니다. 어쩌면 그래서 교회가 이런 기도에 힘쓰지 않는지도 모릅니다. 응답되지 않을 경우 창피당하고 싶지 않아서요. 하나님이 병을 고쳐 주지 않으실 때, 이를 어떻게 설명해야 할까요?

올슨 _____ 그건 우리가 설명할 일이 아닙니다. 내가 믿기로 하나님은 독단적인 분이 아니라 주권자이십니다. 어련히 알아서 하시지요. 기도가 바라던 대로 응답되지 않는다면 우리가 모르는 특수한 사정이 있을 수 있습니다. 사도 바울도 자

기적인가
우연인가

기 몸에 가시가 있다고 하지 않았습니까? 기도했는데도 하나님이 끝내 고쳐 주지 않으셨지요.

나 (나는 일부 오순절 진영에서 흔히 볼 수 있는 현상을 지적했다.) 하나님이 병을 고쳐 주지 않으시면 그들은 믿음이 부족해서라며 환자를 탓합니다.

올슨 그건 아주 해롭습니다. 친어머니가 돌아가셨을 때 신유 전도자와 관계 있는 한 여자가 우리 아버지에게 말하기를, 부부가 선교지로 나가라는 하나님의 부르심에 따르지 않았기 때문이라고 했습니다.

나 저런, 가혹하군요.

올슨 다행히 아버지는 헛소리라며 무시했습니다. 어쨌든 그런 식의 무지한 발언은 큰 해를 끼칠 수 있습니다. 우리는 특정한 개인이 왜 치유되지 않았는지 설명하려는 일을 그만두어야 합니다. 그건 하나님의 소관입니다. 우리가 아는 거라곤 그분이 병 낫기를 위해 기도하라고 명하셨다는 사실뿐이니 거기에 순종하면 됩니다.

나 그게 도전일 수 있겠군요.

올슨 예, 하지만 솔직히 그리스도인의 삶 자체가 도전입니다.

하나님의 조용한 속삭임

기적이라고 다 불치병의 거창한 치유는 아니다. 초자연적 개입이라고 다 죽은 사람의 부활처럼 지축을 흔드는 일도 아니다. 하나님은 조용한 속삭임으로 말씀하실 때가 더 많다. 격려나 바로잡음이나 소망이 절실히 필요한 사람에게 그분은 일상사를 지휘하여 그런 메시지를 보내신다.

많은 그리스도인이 하나님의 이런 세미하고 귀에 들리지 않는 '인도' 내지 '감화'를 경험하지만, 회의적 반응이 돌아올까 두려워 대개 말하기를 꺼린다. 그래서 초자연 세계를 당혹스러워하며 입을 다문다.

하나님은 그분을 따르는 이들에게 지금도 말씀하실까? 올슨의 의견을 물었더니 즉시 거침없는 답이 나왔다. "물론입니다. 나는 하나님이 오늘도 그분의 사람들에게 말씀하신다고 믿습니다. 그런데 솔직히 나만 그런가 싶을 때도 있습니다."

올슨이 블로그에 올린 한 게시물을 보면, 그가 건강검진을 받은 직후 깊은 근심과 낙심에 빠진 당시의 심경이 적혀 있다. 의사가 어떤 문제점을 발견하고는 수술이 필요할지도 모른다는 말로 불안을 불러일으켰다. 이튿날 올슨의 머릿속에 오래된 찬송가 하나가 흐르기 시작했다. 어린 시절 이후로는 들어 본 적이 없는 노래였다. 고장 난 레코드판처럼 일주일 내내 가사가 계속 재생되면서 배경음악으로 깔렸다.

다음은 그의 글이다. "어떤 상황에도 하나님이 임재하신다는 위로와 확신에 찬 찬송이었다. 독실한 침례교인답게 나는 현재 겪고 있는 정서적 고통을 내 머리가 그런 식으로 처리하는 줄로만 알

왔다."

그 주 일요일에 올슨은 아내의 교회에 갔는데 맨 처음 부를 찬송이 220장 〈면류관 가지고〉로 나와 있었다. 그런데 좌석 앞에 꽂혀 있는 찬송가를 꺼내 220장을 펴니 그 찬송이 아니라 일주일 내내 그의 머릿속에 흐르던 바로 그 노래였다.

그는 이렇게 썼다. "알고 보니 그 찬송가는 그 교회 것이 아니었고 〈면류관 가지고〉라는 곡은 들어 있지도 않았다. 표지에 아예 다른 교회 이름이 금박으로 새겨져 있었다. 전에는 이 찬송가를 본 적이 없다. 제자리가 아닌데 어떻게 거기에 와 있었는지 모르겠다."

실제로 예배당 안에 그 찬송가는 딱 한 권뿐이었다. 그런데 하필 올슨이 앉은 자리 바로 앞에 꽂혀 있었다.

"이 일을 어떻게 해석해야 할까? 순전히 우연의 일치일까? 그럴 수도 있다. 혹시 하나님이 그 노래를 내게 보내 주셨다는 그분의 메시지가 아닐까? 그렇게 믿는다면 그냥 미신적 생각일까? 그럴 수도 있다. 내 안의 침례교인은 '우연의 일치일 뿐이니 확대 해석하지 말라'고 말했고, 내 안의 오순절교인은 '그건 불신이다. 하나님의 메시지로 받아들이라'고 말했다."

흔히 그리스도인들이 '하나님의 음성'을 부당하게 여기는 이유는 그분이 더는 사람들에게 말씀하실 필요가 없다는 생각 때문이다. 즉 성경 정경이 완결되었으므로 지금은 설교자들이 성경의 가르침에 기초하여 메시지를 전하고, 하나님은 일부러 그들을 통해 말씀하신다는 것이다.

올슨은 이렇게 썼다. "내가 보기에 이는 터무니없는 주장이다. **과거에** 개인과 집단에게 인격적 인도와 위로와 교정을 주실 만큼 은혜로우신 하나님이었다면 왜 지금은 그 일을 멈추셔야 하는가?"

하나님이 지금은 목사들을 통해서만 메시지를 소통하신다는 개념은 "만인 제사장직이라는 침례교 신조에 완전히 어긋난다. 일종의 교권주의다."

물론 그도 이런 주의 사항을 덧붙였다. "하나님이 오늘날 다른 통로로도 말씀하신다 해서 그 영감과 권위가 성경과 대등하다는 뜻은 아니다. 무엇이든 성경을 기준으로 시험하여 타당성을 분별해야 한다."

회의론자가 하나님의 음성에 "미신적 생각"이라는 딱지를 붙이는 거야 그렇다 해도, 올슨의 걱정은 많은 그리스도인의 태도도 똑같다는 데 있다. "그들은 말로만 하나님이 지금도 '말씀하신다'고 할 뿐 즉시 태도를 바꾼다. 그리고 누가 사례를 제시하면 미신적 생각이라 치부한다."

다시 찬송가 사건으로 돌아가 올슨은 이렇게 썼다. "그 일이 정말 **하나님의 음성**이었다고 자신 있게 말할 수는 없다. 그럴 수도 있고 아닐 수도 있다. 어쩌면 그냥 절묘한 우연의 일치였는지도 모른다. 우연의 일치가 존재함을 나도 믿는다. 하지만 어떤 일은 우연의 일치치고는 너무 기이해서 잠시 멈추어 혹시 그 이상이 아닌가 생각하지 않을 수 없다."

그의 고찰은 곰곰 생각해 봄직한 다음 질문으로 끝을 맺는다.

기적인가
우연인가

"하나님이 우리에게 관심을 두시는 정도가 아니라 친히 우리를 돌보시는 분이시니, 이런 일을 하지 않으실 까닭이 무엇인가?"

올슨과 다른 많은 이들처럼 나도 하나님이 정말 그렇게 음성을 들려주신다고 믿는다. 꿈속에 천사를 보내 영적으로 혼란에 빠진 아이에게 언젠가는 그분의 놀라운 은혜를 이해하게 될 거라고 확신시켜 주실 정도로까지 말이다. 이는 기뻐하고 축하할 일이지 당혹스러워할 일이 아니다.

생각 정리

1. 초자연적으로 보이는 일을 경험하고도 남들에게 광신도로 비쳐질까 봐 입 밖에 내기를 주저했던 적이 있는가? 그때 일을 말해 보라. 혹시 당신이 직접 그런 일을 겪지 않았더라도, 왜 사람들이 그렇게 느낄 만한지 이해가 되는 가? 그렇게 주저하는 몇 가지 이유는 무엇일까?

2. 30년도 더 전에 명망 있는 두 기독교 사상가가 "당혹스러운 하나님의 임재" 라는 기사를 써서, 일부 교회가 매사를 마치 하나님이 전혀 중요하지 않다는 듯이 수행한다고 질책했다. "교회의 신학과 윤리의 핵심 문제는 교회가 순전 히 무신론적이라는 데 있다"고 그들은 썼다. 이 가혹한 평가가 지금도 유효 하다고 보는가? 어떻게 그런가? 신앙의 교리를 인정하면서도 마치 하나님과 는 무관한 듯이 살아가는 교회나 그리스도인 개개인의 사례를 본 적이 있는 가?

3. 로저 올슨에 따르면 일부 교회와 그리스도인은 하나님이 지금도 초자연적으 로 활동하고 계시다는 온전한 확신이 없다. 당신은 이 말에 동의하는가? 이 것이 어떻게 그들의 삶과 태도로 나타날 수 있겠는가?

4. 올슨은 "부자가 되고 학력이 높아질수록 기적은 더 불편해집니다"라고 말했다. 당신은 이 말에 동의하는가, 동의하지 않는가? 그는 또 일부 그리스도인이 체면을 차리느라 초자연 세계를 당혹스러워한다며 "어떻게든 주위에 섞여 들려는 거지요"라고 했다. 당신은 이런 관점을 어떻게 생각하는가?

5. 올슨은 기적을 너무 덥석 믿어서도 안 되지만 그래도 하나님의 초자연적 활동에 마음이 열려 있어야 한다며 균형의 중요성을 강조했다. 이런 균형이 당신의 삶에 어떻게 나타날 수 있겠는가? 그리스도인이 어떻게 하면 회의론에 빠지거나 너무 쉽게 속지 않을 수 있을까?

6. 올슨의 글에 찬송가와 관련된 그의 흥미로운 경험이 나온다. 결국 그는 그 일이 우연의 일치였을 수도 있고, 하나님이 보내신 세미한 메시지였을 수도 있다고 말을 맺었다. 당신이 보기에는 어느 쪽인가? 어째서 그렇게 생각하는가?

일어나지 않은 기적

그토록 기다려도
하나님이 침묵하실 때

(더글러스 R. 그로타이스 박사와 인터뷰)

내 아내 레슬리는 날마다 고통 속에 살아간다. 일반 의술로 소용이 없어서 침술, 안마, 건강 보조식품, 대체요법 등을 써 보았다. 더러 일시적으로 나아지기도 했으나 아내를 괴롭히는 만성 근육통은 무슨 수를 써도 없어지지 않았다. 섬유근육통은 중추신경계에서 통증 신호를 처리하는 방식에 영향을 미치는 신경생물학적 질환으로, 아직 알려진 치료법이 없다. 그래서 벌써 수십 년째 아내는 쑤시고 욱신거리는 통증을 최대한 달래 가며 살고 있다.

아내는 온전히 헌신하여 예수를 따르는 사람이다. 기도의 여인이며 영적으로 깊이가 있다. 아내의 끈질긴 중보기도야말로 내가 그리스도를 믿는 데 가장 큰 영향을 미친 요인이었다. 아내는 날마다 성경을 탐독하고 영의 양식을 꾸준히 섭취한다. 영적 혼란에 빠져 아파하는 이들을 향한 아내의 긍휼은 끝이 없다. 아내는 내가 아는 가장 훌륭하고 경건한 사람이다.

우리는 아내를 고통에서 벗어나게 해 달라고 기도했을까? 늘 그랬다. 치유해 달라고 하나님께 매달렸을까? 자주 간절히 그랬다. 그래서 차도가 있었을까? 정반대다.

죄로 물든 세상에 고난이 존재하는 신학적 이유를 내가 대여섯 가지쯤 댈 수 있을까? 물론이다. 나는 그 주제로 강의하는 기독교 변증가다. 하지만 이 경우는 나의 레슬리, 사랑하는 나의 아내다. 바로 그녀의 고통이고 고난이다. 그래서 철저히 내 문제이기도 하다.

이 책을 쓰려고 자료를 조사하는 동안 나는 하나님이 보지 못하는 이에게 시력을, 듣지 못하는 이에게 청력을, 죽은 이에게 생명을 회복시켜 주신 감동적인 기적의 사례를 많이 접했다. 그들이 가시적으로 표현되는 하나님의 은혜를 받을 때마다 나도 그 입장이 되어 함께 즐거워했다.

그러나 매번 사연을 기록하고 나면 드는 의문이 있었다. 레슬리에게는 왜 기적이 없을까? 물론 우리가 그분께 헌신되어 있으면 고난을 통해서도 선을 이루신다는 하나님의 약속을 나는 안다. 그런데 왜 아내에게는 기적이 없을까? 물론 고난이 인내를 낳고 우리의 성품을 빚는다는 사실도 나는 안다. 그런데 왜 아내에게는 기적이 없을까? 물론 천국에는 눈물이 없음도 나는 안다. 그런데 왜 아내에게는 기적이 없을까? 내 아내는 날마다 고통 속에 살아간다. 기적이 필요하다.

마이클 셔머는 하반신이 마비된 자신의 여자 친구를 위해 드린 기도가 하늘로 상달되지 않은 것 같다고 말했다. 그때 나도 그 비통한 심정에 공감이 갔다. 나는 신앙을 잃지 않았지만, 그가 신앙을 잃은 이유도 이해가 된다. 당신도 동감일지 모른다. 삶의 절박한 필요를 채워 달라고 하나님께 간구해 왔으나 아무런 기적도 일어나지 않아서 말이다. 그래서 이번 장은 당신과 내 아내와 셔머와 나를 위한 장이다.

〰

아내는 가끔 섬유근육통 환자 특유의 일시적 인지 장애를 겪을 때면 정신이 흐릿해지거나 건망증을 보인다. 내 친구 더글러스 R. 그로타이스(Douglas R. Groothuis)도 자기 아내 레베카(Rebecca)에게 벌어지는 일이 그런 증세인 줄로만 알았다. 그녀도 몇 년 전에 섬유근육통 진단을 받았기 때문이다.

그러던 어느 날 베키(레베카의 애칭)는 몇 년째 다니던 미용실에 갔다가 집에 오는 길을 잃었다. 실종 상태로 몇 시간이 지나 결국 더그(더글러스의 애칭)는 경찰의 도움을 청해야 했다. 분명히 잠깐 한눈을 판 정도가 아니었다. 그렇게 치매로 악화되기 시작하여 결국 베키는 진행성 뇌질환을 진단받았다. 예외 없이 죽음을 부르는 불치병이다. 한때 멘사 회원으로서 책을 집필하고 편집하는 기품과 안목이 아주 뛰어났던 그녀가 이제 평범한 가정용품의 용어를 몰라 쩔쩔매게 되다니 지독한 아이러니다.

인간적으로 말해서 희망은 없다. 죽음은 기정사실이다. 말하고 생각하고 계획하고 가장 단순한 일을 수행하는 능력도 서서히 쇠퇴할 수밖에 없다. 헌신된 그리스도인인 이 부부는 하나님의 도움을 간절히 구해 왔다. 하지만 그러는 내내 그녀는 점차 제정신을 잃어 가고 있다.

고난 속 깊은 소망을 고백하는 철학자

그로타이스는 알래스카주에서 외동아이로 자랐다. 노동 운동가였던 아버지는 그가 열한 살 때 비행기 추락으로 사망했다. 이 비극은 여러모로 그의 형성에 영향을 미쳤다. 아버지의 빈자리를 받아들이기 위해 성취욕을 불태우게 되었고, 타고난 우울질 기질도 더 깊어졌다. 그는 책에서 위안을 얻었고 재즈음악 마니아가 되었다.

기자가 되려던 본래 목적은 대학에서 타자 시험에 떨어지는 바람에 좌절되었다. 수동 타자기로 분당 25단어를 찍어 내지 못했던 것이다. 머잖아 그는 호기심 많은 성격, 학구열, 심층 문제에 끌리는 성향 등으로 보아 자기가 철학에 소질이 있음을 깨달았다.

어려서는 하나님을 믿도록 배웠으나 그릴리의 노던콜로라도대학교에 다니면서 동양 신비주의를 깊이 파고들기 시작했다. 잠깐 기웃거렸던 무신론은 장엄한 로키산맥을 볼 때마다 무너졌다. 결국 그는 몇몇 그리스도인을 만나고 덴마크 철학자 쇠렌 키에르케고르(Søren Kierkegaard)의 《죽음에 이르는 병》(The Sickness unto Death, 육문사 역간) 같은 책을 읽으면서 열아홉 살 때 그리스도를 믿고 세례를 받았다.

그로타이스는 저널리스트의 짜임새 있는 글쓰기 방식을 그대로 유지하면서 오리건대학교에서 철학으로 박사 학위를 받았다. 12년간 캠퍼스 사역자로 섬기다가 1993년에 덴버신학대학원 교수가 되었다.

그 뒤로 《뉴에이지 운동 정체》(Unmasking the New Age, 기독교문서선교회 역간), Deceived by the Light(빛의 기만), Truth Decay(진리의 부패), The Soul in Cyberspace(사이버 공간의 영혼), Jesus in the Age of Controversy(논쟁 시대의 예수), Philosophy in Seven Sentences(일곱 문장에 담은 철학) 등 13권의 책을 펴냈다. 특히 752쪽에 달하는 Christian Apologetics(기독교 변증학)는 기독교 유신론의 증거를 명쾌하게 제시한 종합 개괄서다. 그의 관심 분야는 역사학, 심리학, 사회학에서 예술, 시, 신학에 이르기까지 그야말로 백과사전적이다.

그동안 한 일반 대학에서 가르쳤고, 무신론자들과 변론했고, The History of Science and Religion in the Western Tradition(서구 전통에서의 과학과 종교의 역사)과 The Encyclopedia of Empiricism(경험주의 백과사전) 같은 책에 기고했다. "건설적인 잔소리꾼"이라는 기치하에 몇 년째 블로그 활동을 하는데, 이 제목은 그의 우울질 성격에나 예리한 유머감각에나 다 잘 들어맞는다.

끝으로 그가 결코 쓰고 싶지 않았던 책이 있다. 참담하리만치 진솔한 회고록 *Walking through Twilight*(황혼의 여정)은 1차 진행성 실어증에 걸린 아내 베키의 고뇌를 담아낸 연대기다.[1] 과장이 아니라 이 회고록은 걸작이다.

커버넌트대학의 신학 교수 켈리 M. 캐픽(Kelly M. Kapic)은 "읽기 힘든 책이다. 뉴스에서 전쟁과 빈곤과 기근을 접하는 일과 같다. 차라리 외면하고 무시하며 모른 체하고 싶어진다"라고 평했다. 철학자 J. P. 모어랜드도 이런 책은 읽어 본 적이 없다며 이렇게 썼다. "값싼 기독교적 구호도 없고, 다 죽게 된 환부에 성경 구절 하나를 반창고로 붙이지도 않으며, 동화처럼 행복하게 끝난다는 단순논리도 없다. 그러나 이 책에는 희망이 있다. 그 희망의 기초는 기독교, 삶의 의미, 고난 등에 대한 깊은 성찰이다."

60번째 생일을 앞둔 그로타이스는 턱수염이 들쭉날쭉했다. 콜로라도주 리틀턴에서 그를 만나 인터뷰한 곳은 책이 빼곡히 들어차 있어 비좁은 그의 사무실이었는데, 그때만 해도 그는 아직 회고록을 쓰기 전이었다. 나중에야 알았지만, 그는 자기네 부부가 겪고 있는 일을 차마 말하기가 힘들어 나와의 만남을 취소하려 했다. 그러나 고통스러운 곤경에서 구해 줄 기적을 기다리는 비슷한 처지의 누군가에게 자신들의 이야기가 도움이 될 것을 믿고 마침내 인터뷰에 응하기로 결심했다.

그로타이스는 아침 산책을 나가는 사람처럼 편안한 복장으로 사무실 의자에서 몸을 돌려 나를 마주보았다. 나이에 비해 젊어 보였으나 얼굴에 새로 몇 가닥 주름이 잡혀 있었다. 갈색 머리는 손으로 빗어 넘긴 모양새였다.

나는 대화의 출발점으로 그가 공동으로 편집한 학술서 *In Defense of Natural Theology: A Post-Humean Assessment*(자연신학 변호: 흄 이후의 평가)를 언급했다.[2] 데이비드 흄이 신과 기적에 대해 내놓은 반론을 체계적으로 해체하는 책인데, 앞서 마이클 셔머는 흄의 이 논리가 기독교를 무너뜨린 "압도적" 논증이라 했다.

그로타이스 흄의 논증은 오랫동안 난공불락의 성역으로 여겨져 왔으나 근년 들어 활발하게 부활한 기독교 철학 덕분에 형세가 바뀌었습니다. 비판적 사고와 유신론의 긍정적 증거라는 용해제가 흄의 논리를 다분히 용해시켰습니다. 개인적으로 나는 그의 논증에 설득력이 없다고 봅니다. 흄의 비판은 결국 문제를 회피했거나 신약의 증거를 신중히 고려하지 않았습니다.

나 그러니까 기적을 믿는 일은 합리적이군요.

그로타이스 예, 우주론적 증거, 미세 조정의 증거 등 창조주와 설계자를 보여 주는 탄탄한 증거를 보면 기적은 얼마든지 가능합니다. 아울러 기적의 주장들에 대한 역사적 증거도 설득력 있고, 실제로 일어나는 기적의 사건들도 볼 수 있습니다. 초자연적 창조주가 계시므로 얼마든지 역사에 개입하실 수 있으며, 기독교의 모든 기초는 보란 듯이 예수의 부활이라는 기적에 있습니다.

나 _____ 말이 나왔으니 말이지만 부활의 기적은 고난을 통과 중인 이들에게 희망을 가져다줍니다. 전에 한 철학자가 내게 이런 말을 하더군요. 우주 역사상 최악의 일(십자가에서 죽으신 아들)을 취하여 우주 역사상 최선의 일(모든 따르는 사람을 천국에 들이심)로 반전시키실 수 있는 하나님이라면 능히 우리의 역경도 취하여 거기서 선을 이끌어 내실 수 있다고 말입니다.[3]

그로타이스 맞는 말입니다. 내가 자주 묵상하는 창세기 50장 20절에 보면 요셉이 자기를 배신한 형들에게 "당신들은 나를 해하려 하였으나 하나님은 그것을 선으로 바꾸셨다"라고 말합니다. 선하신 하나님이 무슨 일을 이루시려는지 우리가 당장은 모를 수 있습니다. 그러나 기독교의 신빙성과 또 그리스도인으로서 내 40년의 경험으로 미루어 나는 고난에 의미와 목적이 있다고 당당히 믿습니다.

나 _____ 하지만 대개 고통 중에는 그게 큰 위로가 안 됩니다.

그로타이스 우리는 하나님의 마음을 읽을 수 없습니다. 그분이 왜 어떤 때는 기적을 행하시고, 어떤 때는 그러지 않으시는지 우리는 속사정을 모릅니다. 사랑하는 사람을 치유해 달라

며 금식 기도를 해도 하나님이 안 된다거나 영원히 기다
리라고 하시는 듯싶을 때는 물론 괴로울 수 있습니다.

거기서 화제가 자연스럽게 베키의 이야기로 넘어갔다.

사랑하는 아내, 레베카

"레베카 이야기를 좀 해 주십시오. 두 분은 어디서 만났습니까?"
내가 말했다.

"둘 다 20대 후반이었고 오리건주 유진에서 캠퍼스 사역을 하고
있었습니다. 아내는 그때 작가이자 편집자였고 나는 캠퍼스 사역
자였습니다."

"부인은 어떤 사람입니까?"

"진지합니다. 어쩌면 나처럼 좀 우울질이고요. 수줍음 많고 똑
똑하고 책 좋아하고 통찰력 있고 유머 감각 뛰어나고 매력적입니
다. 피아노도 치고 노래도 잘하고요. 우리는 관심사가 같았어요.
특히 변증에, 그리고 기독교와 문화 예술과의 관계에 관심이 많았
습니다."

"특히 언어를 구사하는 능력이 뛰어나더군요." 내가 그녀의 일
부 저서를 정독한 소감을 밝혔다. 지난 세월 그녀는 결혼과 여성
문제에 관한 책을 여러 권 집필하고 편집했다. 그중에 *The Feminist
Bogeywoman*(페미니스트 도깨비), *Women Caught in the Conflict: The*

Culture War between Traditionalism and Feminism(여성을 둘러싼 싸움: 전통주의와 페미니즘 사이의 문화전쟁), *Discovering Biblical Equality*(성경적 평등의 발견), *Good News for Women: A Biblical Picture of Gender Equality*(여성의 기쁜 소식: 성경적 관점의 성평등) 등이 있다.

"물론입니다. 아내는 품격 있는 작가였고 예리한 편집자였습니다. 내가 쓰던 기사의 짤막한 단락에 아내가 표해 놓고는 여백에 '틀린 문법 하나, 상투적 표현 둘'이라 썼던 일이 기억납니다." 기억은 그의 입가에 미소를 불러왔다. "하지만 그건 최악의 경우였고요. 아내는 늘 내 글을 더 발전시켜 주었습니다."

"어떤 식으로요?"

"명료성, 딱 맞는 단어, 올바른 표현법 등입니다. 아내는 언어를 사랑했습니다. 60단어가 넘는 긴 문장도 품위 있게 구사할 수 있었지요."

"만난 지 얼마나 되어 결혼하셨습니까?"

"막 1년 되었을 때였습니다."

"건강 문제가 터진 건 얼마나 더 지나서였나요?"

"아내가 30대 때 섬유근육통 진단을 받았는데, 그때만 해도 생소한 병이라서 의사들은 속수무책이었습니다. 여러 대체요법을 시도해 봤지만 다 신통치 않았습니다."

나도 아내 곁에서 지켜보았기에 절로 고개가 끄덕여졌다. 처음에는 몸보다 마음의 병으로 본 의사들도 있었다.

"시간이 가면서 아내는 건망증과 혼미한 증세를 보였습니다. 그쯤 되니 치매 초기 단계가 아닌가도 싶었습니다. 가장 난감했던 사건은 아내가 수십 번도 더 다닌 단골 미용실에 갔다가 집에 오는 길을 잃었을 때였습니다. 결국 경찰에 실종 신고까지 했는데, 정말 끔찍한 밤이었습니다."

"그런 일이 또 있었습니까?"

"혼자 치과에 갔다가 진료를 마치고 차에 탔는데 시동을 걸 줄을 몰랐던 적도 있습니다. 내가 가 보니 차에 기어가 걸려 있더군요. 10년이나 탄 우리 차인데 앞 유리 와이퍼를 어떻게 작동하느냐고 내게 물은 적도 있고요. 컴퓨터 작업도 점점 더 어려워졌습니다. 더 사용하기 쉬운 컴퓨터를 새로 사 주기까지 했는데, 아내가 끝내 작동법을 익히지 못하는 바람에 결국 치웠습니다. 이 모두가 일시적 인지 장애인 줄로만 알았는데 계속 더 나빠졌습니다. 한 신경과 의사가 치매와 흡사한 우울증으로 보고 1년간 치료했으나 차도가 없었습니다. 오히려 더 악화되었지요."

진행성 실어증

그러던 중 2014년 밸런타인데이 다음 날 그로타이스는 급성 우울증에 빠진 베키를 급히 응급실로 데려갔다. "아예 침대에서 나오지를 못했습니다. 말도 하지 못했고요. 정신과 의사는 시내 맞은편에 있는 어느 병원의 정신과 병동에 아내를 입원시켰습니다. 아내가 들것에 실려 몸이 묶인 채 옮겨지는데 어찌나 쓸쓸해 보이던지요."

기적인가
우연인가

"얼마나 입원해 있었습니까?"

"다 합해 5주간이었습니다. 나도 거의 날마다 병원을 다녔는데, 정신과 병동에서 멍하고 혼미한 상태로 정처 없이 배회하는 아내를 보노라니 이루 말할 수 없이 슬펐습니다. 결국 아내는 퇴원 서류에 서명조차 할 줄 몰랐습니다. 그때 1차 진행성 실어증이라는 진단을 받았습니다."

"처음 들어 보는 말입니다." 내가 말했다.

"매우 드뭅니다. 실어증에 걸리면 어휘와 특히 명사가 잘 떠오르지 않습니다. 언어를 사랑하는 아내로서는 비극이지요. 오늘 아침에도 아내가 속상해서 아래층으로 내려왔어요. 머리빗을 찾을 수 없는 데다 그 단어조차 떠오르지 않았던 겁니다. 손으로 자기 머리를 가리켜 보이기에 내가 머리빗이냐고 물었더니 그렇대요. 저번 날에는 전화기가 무엇이며 어떻게 사용하는지도 잊었고요."

"진행성이라고 하셨지요?"

"예, 뇌의 전두엽에서 시작되어 뒤쪽으로 퍼집니다. 알츠하이머병과는 반대입니다. 먼저 언어 능력부터 잃고 나서 실행 기능 즉 사안을 분석하고 수행하는 능력을 잃습니다. 이 병의 특히 잔인한 점은 서서히 제정신을 잃어 가면서 본인도 그 과정을 인식한다는 겁니다."

"정말 마음이 아픕니다." 그 말밖에 할 수 없었다.

그로타이스는 고갯짓으로 내 위로를 받아들인 뒤 말을 이었다. "알츠하이머병 환자들은 대개 끝까지 말을 할 수 있습니다. 뭐라고 말하는지 혹 본인이 모를지라도 말입니다. 그런데 아내의 병은 걸리면 처음부터 말을 못합니다. 그리고 대개 발병한 지 5-10년 내에 사망합니다."

"날마다 눈에 띄게 악화되겠군요." 내가 말했다.

"불행히도 그렇습니다. 지금은 입주 간병인이 언제나 베키와 함께합니다. 신발 끈 묶는 일은 반사작용이라 베키가 아직 할 수 있지만 양쪽 신발을 바꾸어 신을 때가 많습니다. 대개는 아내가 하려는 말을 내가 알아차리고 못다 한 말을 이어 줍니다. 하지만 아내가 침울해지면 그마저도 어렵지요. 언어를 그리도 좋아하던 여자의 침실에 이제 책 한 권도 없다니 정말 처참합니다."

뭐라고 할 말이 없었다. 슬픔이 먹구름처럼 내려앉았다. 그로타이스도 한동안 말이 없었다. 다시 입을 뗐을 때는 목소리가 젖어 있었다. "나는 늘 아내의 지성에 감탄했습니다. 나보다 똑똑했거든요. 서류를 정리하다가 아내의 멘사 회원증이 나왔던 일이 기억나네요. 공인된 천재들의 모임 말입니다. 그 회원증을 손에 들고 울었습니다. 맨 밑에 아내의 예쁜 필체로 서명이 되어 있더군요. 그런 아내가 지금은 한 단어도 쓸 수 없고 펜을 잡을 줄도 모릅니다."

"우리는 지금 뭐든 쓰다 버리는 사회에 살고 있습니다. 이혼마저 다반사가 되었지요. 그런데 당신은 그리스도인으로서 문화에 역행하며 헌신을 지켜 왔군요."

그는 어깨를 으쓱해 보였다. "그렇게 볼 수도 있겠지요. 하지만 내가 대단해서는 아닙니다. 끝까지 부부로 남아 아내를 돌보겠다는 결단은 혼인 서약을 교환할 때 이미 내려졌던 겁니다. 기쁠 때나 슬플 때나 건강할 때나 병들 때나 그러기로 했으니까요. 그 의미가 생각보다 깊어졌을 뿐입니다."

속절없는 눈물

나는 그로타이스를 안 지 오래되었으므로 부담 없이 솔직해질 수 있었다. "지칠 대로 지쳐 보입니다."

"지칠 대로 지친 게 맞습니다. 매일의 씨름이거든요. 오래전에 동료 교수의 아내가 암 투병 중에 이런 말을 했답니다. 인간의 육체가 이렇게 많은 고통을 감당해 낼 줄은 몰랐다고요. 글쎄요, 나도 인간의 영혼이 이렇게 많은 정서적 고뇌를 견뎌 낼 수 있을 줄은 몰랐습니다. 어느덧 내가 고난 전문가가 되어 가네요." 그는 엷은 미소를 띠며 덧붙였다. "하나님이 다른 사람을 택하셨더라면 좋았을 텐데."

"하지만 철학자로서 당신은 이 모든 일에서 비롯되는 많은 심층 문제를 고찰할 수 있는 남다른 요건을 갖추었습니다." 내가 말했다.

"지성의 차원에서는 맞는 말이라 봅니다. 그런데 우리가 겪고 있는 일은 다분히 본능의 차원입니다. 나는 지난 몇 년만큼 많이 울어 본 적이 없습니다. 심지어 사람들 앞에서도 말이지요. 문득 안경 알이 얼룩져서 벗어 보면 눈물 자국이에요.

하루는 베키와 둘이 침대에 느긋하게 앉아 그냥 조용한 시간을 함께 누리던 중에 갑자기 내가 울음이 터졌습니다. 그동안 잃어버린 게 많아 우울해졌던 겁니다. 아내가 '무엇이 문제인지 말해 주세요'라고 아주 다정하게 말하기에 내가 '모든 게 문제입니다'라고 했더니 아내가 살짝 웃어요. 그런데 그 반응이 절묘해 보였습니다. 모든이라는 단어가 적절했다는 수긍 같았거든요. 이 치매는 우리 삶의 모든 영역으로 촉수를 뻗고 있습니다."

"베키가 절망할 때면 당신은 무슨 말을 해 줍니까?"

"무슨 말을 하겠습니까? 이생에서 더 나아지리라고 말할 수는 없습니다. 정직한 말이 아닐 테니까요. 본래 우리는 진부한 말이나 너무 쉬운 답은 사양합니다. 그래서 하루 단위로 살아가자고, 삶의 좋은 면을 보자고, 하나님이 당신을 사랑하심을 잊지 말라고 말해 줍니다. '눈물과 저주가 없는 미래의 세상을 생각해 보아요. 당신이 온전한 부활의 몸을 입고 하나님을 대면하여 뵐 그날을'이라고 말해 줍니다."

"그러면 도움이 됩니까?"

"도움이 됩니다. 실제로 오늘 아침에도 내가 결국은 다 잘될 거라고 말했더니 아내가 무슨 뜻이냐고 물어요. 그래서 새 하늘과 새 땅이라고 말해 주었지요."

"그랬더니 어떻게 반응하던가요?"

"환히 웃더군요. 우리는 소망이 있습니다. 그게 지체되고 있을 뿐이지요. 최근에 베키와 둘이 저녁을 먹던 중에 내가 뭉클한 마음에 건배를 제의했습니다."

"건배라니요? 무엇을 위해서지요?" 내가 물었다.

"우리 소망의 근원을 위하여, 죽음 이후의 세상을 위하여 건배했습니다."

애통하는 법을 배우다

나   이 모든 경험은 당신과 하나님의 관계에 어떤 영향을 미쳤습니까?

그로타이스 (깊이 숨을 내쉰 뒤) 애통하는 법을 배웠습니다. 시편에 애통의 시가 60편이나 됩니다. 전도서와 욥기에도 애통이 나오고요. 예수께서도 예루살렘의 불신을 보며 애통하셨지요. 십자가에서는 그분의 애통이 "나의 하나님, 나의 하나님, 어찌하여 나를 버리셨나이까"라는 절규로 터져 나왔습니다(마 27:46; 시 22:1 참조). 예수의 애통이 죄가 아니듯이 우리도 그렇게 애통할 수 있다고 봅니다. 또 그분의 애통이 부활로 응답되었듯이 우리의 애통도 앞으로 응답될 겁니다.

보다시피 하나님의 선한 세상을 죄가 망쳐 놓았으므로 참된 선을 잃어 애통하는 일은 도덕적으로나 영적으로 옳습니다. 나는 성경에 애통이 나와 있어서 감사합니다. 고난을 잘 당하는 법을 배우도록 하나님이 우리를 도우시는 거지요.

나	고난을 잘 당하다니요? 모순어법처럼 들립니다.
그로타이스	사람들이 깜짝 놀랄 만한 말이지요. 고난은 재앙이므로 고난을 잘 당할 수는 없다고들 말하니까요. 하지만 비통한 마음을 인정하고, 마음 내키지 않아도 기도하고, 하나님 앞에 솔직해지고, 감정을 감추지 않으면 고난도 잘 당할 수 있습니다.
나	물론 기복이 따르겠지요.
그로타이스	아주 심합니다. 나도 고난을 늘 잘 당한 건 아닙니다. 가끔 선을 넘어간 적도 있습니다. 이런 일 때문에 하나님이 싫다고 그분께 말하기도 했습니다. 당시의 비통한 마음이 적나라하게 표현된 겁니다. 하지만 하나님을 비난할 마음은 없습니다. 그분께도 흉터가 있습니다. 당신과 나의 죄로 인한 흉터지요. 예수께서 당하신 고난은 당신과 내가 평생 당할 고난보다도 훨씬 많습니다.

나는 하나님의 존재를 의심해 본 적은 없지만 솔직히 그분의 선하심은 몇 번 의심했습니다. *Hating God*(신을 미워함)이라는 책에 보면 버나드 슈와이저(Bernard Schweizer)가 악신론(misotheism)이라 부른 신흥 종교가 나옵니다.[4] 신의 존재는 인정하지만 신을 예배하지 않고 미워하는 집단입니다. 《카라마조프가의 형제들》(*Bratya karamazovy*)에 나오는 이반(Ivan)도 악신론자입니다. 인간의 고난을 줄줄이 늘어놓은 뒤에 그는 신을 미워하는 자신의 입장을 자세히 설명합니다. |

기적인가
우연인가

나 　　　 그런 감정에서 어떻게 헤어나십니까?

그로타이스 　나는 하나님이 완전히 선하지 않다고 생각하기에는 이미 너무 많이 그분을 압니다. 속상할 때 마음 놓고 다 털어놓게 해 주시는 하나님께 감사드립니다. 전도서나 애통의 시편을 읽어 보면 충격적이리만치 솔직하거든요. 내 경우 전체적인 시각을 되찾게 해 주는 방법이 하나 있습니다.

나 　　　 그게 무엇입니까?

그로타이스 　하나님께 화나고 상황 때문에 고통과 고민이 끓어오를 때면 나를 위해 십자가에 달리신 그리스도를 떠올립니다. 그러면 내 영혼이 제자리로 돌아옵니다. 그분은 나를 사랑하셔서 십자가형의 극심한 고통도 견디셨지요. 그러실 의무가 없는데도 그 길을 택하셨습니다. 그래서 그분은 우리의 고난에 동정하시는 정도가 아니라 경험을 통해 공감하십니다. 결국 나는 거기서 위로를 얻습니다.

나 　　　 철학자로서 당신은 세상에 왜 고난이 있느냐는 사람들의 질문에 지적으로 답하는 데 익숙해져 있습니다. 잠시 물러나 순전히 이성적으로 반응한다면, 당신과 비슷한 상황에 처한 사람에게 뭐라고 말해 주겠습니까?

그로타이스 　나는 이를 여러 가능한 세계관의 관점에서 봅니다. 우선 무신론에는 충분한 답이 없습니다. 그 철학대로라면 세상은 무의미하며 삶의 목적이 없습니다. 이슬람교는 인격신을 믿지만 구주를 믿지 않습니다. 범신론에는 인간의 곤경에 관심을 품을 신이 없습니다.

예수를 부처와 비교해 보십시오. 불교의 사성제(四聖諦) 중 첫째는 고제(苦諦)입니다. 선한 세상에 고통도 있다는 정도가 아니라 삶 자체가 고뇌라는 뜻입니다. 이에 부처가 내놓은 답은 세상을 피하여 의식의 변화를 통해 열반에 들어가라는 겁니다. 그러려면 인격체이기를 포기한 채 뭔가 붕 떠오르는 식으로 세상을 벗어나야 합니다. 부활도 없고 구속(救贖)도 없고 구주도 없습니다.

기독교는 아주 다릅니다. 나사로의 무덤 앞에 서신 예수를 생각해 보십시오. 그분은 눈물을 흘리십니다. 나사로의 두 누이동생의 고통에 동화하십니다. 그들은 화가 나 있어요. "예수여, 왜 더 일찍 오지 않으셨나요? 진작 오빠를 고쳐 주셨더라면 오빠가 죽지 않았을 텐데요." 아주 불손하지요. 그런데 예수는 어떻게 하십니까? 나사로를 다시 살리십니다(요 11:1-44 참조). 이 일이 우리에게 주는 메시지는 분명합니다. 미래와 소망과 부활이 있으며 장차 눈물 없는 세상에서 새 몸을 받는다는 겁니다.

나   그래도 악은 기독교에도 도전이 됩니다. 하나님이 온전히 선하시고 전능하신데도 악이 난무하니까요.

그로타이스   악과 고난에 대한 최고의 설명은 기독교에 있습니다. 바로 인류의 타락이지요. 그때부터 세상은 죽음과 부패와 실망으로 병들었습니다. 그러나 그리스도께서 세상 최악

의 일을 겪고 승리하여 지금 아버지의 오른편에 계시므로
나는 장차 부활이 있을 것과 베키와 내가 새 하늘과 새 땅
에 살 것을 압니다. 물론 하나님이 아직 고난과 악을 완전
히 퇴치하지는 않으셨지만, 언젠가는 그렇게 하시리라는
확신이 우리에게 있습니다. 그러니까 무의미한 고난과 불
가해한 고난은 다릅니다.

나   어떻게 다릅니까?

그로타이스 무의미한 고난이란 고난이 더 큰 선을 이루지 않고 아무
런 목적도 없이 그냥 존재한다는 뜻입니다. 불가해한 고
난이란 비록 고난의 목적을 우리가 모를지라도 하나님
의 섭리와 사랑과 전능하심을 믿을 근거가 있다는 뜻입니
다. 우리의 고난이 무의미해 보일지 모르나 그렇지 않습
니다. 요지는 이겁니다. 하나님은 달리는 얻어질 수 없는
더 큰 선을 악을 통해 이루십니다. 우리는 지성에 한계가
있고 본성이 타락한 나머지 이해할 수 없을 뿐입니다.

다시 말해서 우리에게 기독교의 진리를 아는 지식의 틀이
있으나 그 틀 안에는 무지의 사각지대가 많습니다. 하나
님은 능력과 지식과 지혜가 무궁무진하지만 우리는 그렇
지 못합니다. 그러니 우리가 도저히 이해하기 힘든 일도
있음은 당연합니다.

포기하는 기도

나　여전히 기도로 기적을 구하십니까? 계속 하나님께 베키를 초자연적으로 치유해 달라고 기도합니까?

그로타이스　오랫동안 우리는 기도하고 금식하고 또 기도했습니다. 치유와 축사의 은사를 받은 사람들한테도 가 보았고, 치유에 대한 책도 모조리 읽고 그 조언대로 따라 보았습니다. 그러나 요즘은 기적을 구하는 기도는 어쩌다 한 번씩만 합니다. 식사 중인 베키를 가끔 뒤에서 안으며 이마에 손을 대고 "하나님, 이 속에 들어가 고쳐 주시겠습니까?"라고 여쭙기는 합니다. 끔찍하게도 뇌가 조금씩 죽어 가고 있으니까요. 하지만 기도로 기적을 구하는 일은 더는 많지 않습니다.

나　(솔직히 나는 그 말에 놀랐다.) 그러면 뭐라고 기도합니까?

그로타이스　내게 지혜를 주셔서 간병인 노릇에 수반되는 모든 복잡한 일을 잘 처리하게 해 달라고 기도합니다. 아내의 영적 건강을 위해서도 기도하고, 아내에게 다소나마 의미와 행복을 줄 수 있는 방도도 구합니다.

나　그럼 치유의 희망을 잃은 건가요?

그로타이스　전도서에 보면 잃을 때가 있다는 구절이 나옵니다.[5] 처음 진단을 받았을 때는 하나님과 베키를 포기하지 않았으나 얼마 후에는 아내의 치유를 사실상 포기했습니다. 모든 희귀 요법과 대체의학을 내려놓고 최대한 이 서글픈 여정에 오른 아내를 돌보려고 말입니다. 스위스의 정신과 의사 폴 투르니에(Paul Tournier)는 지혜란 저항할 때와 항복할 때를 아는 거라고 말했지요.[6]

나   기독교를 포기하고 싶었던 적도 있습니까?

그로타이스   없습니다. 예수의 가르침이 어렵다며 일부 제자들이 그분을 떠나던 때를 생각합니다. 그때 그분이 열두 제자에게 "너희도 가려느냐"라고 물으시자 베드로가 "주여 영생의 말씀이 주께 있사오니 우리가 누구에게로 가오리이까"라고 대답하지요(요 6:67-68 참조). 그날 베드로가 예수의 가르침을 이해했는지는 모르지만, 그래도 그는 그분의 성품과 기적을 보고 그분을 신뢰합니다. 자주 그 장면을 곰곰 생각합니다. 나는 그리스도인의 자리에서 뒤돌아서기에는 이미 너무 많이 압니다. "주님 뜻대로 살기로 했네. 뒤돌아서지 않겠네"라는 옛 찬송가 가사와 같습니다.

나   당신이 하나님이라면 당연히 베키를 고쳐 주겠습니까?

그로타이스   그건 잘못된 생각입니다. 하나님은 완전하시므로 행동도 완전하십니다. 내가 하나님이라면 나도 완전할 테니 그분과 똑같이 행동할 겁니다. 그분이 왜 이러시는지 우리가 이해하지 못할 수는 있으나 우리라면 더 잘하리라는 판단은 어리석은 생각입니다.

나   (머리를 긁적이며) 하지만 하나님이 어떤 경우에는 치유해 주시고 어떤 경우에는 그렇지 않으시니 우리로서는 애가 탑니다.

그로타이스 예, 외롭고 허망하게 느껴지지요. 하지만 둘 중 어느 경우든 하나님이 영광을 받으십니다. 기적으로 치유되어도 그분께 영광이 되고, 고난을 통해 신실하게 성품이 자라도 그분께 영광이 됩니다.

나 그래도 우리는 하나님이 기적으로 개입해 주시기를 항상 기도해야 하지 않습니까? 포기하는 건 왠지…… (가혹하게 들리지 않도록 나는 적절한 표현을 골랐다.) 글쎄요, 좀 영적이지 못한 것 같거든요.

그로타이스 (다행히 그는 불쾌하게 받아들이지 않았다.) 전혀 그렇지 않습니다. 다시 말하지만 나는 신앙을 포기하는 게 아닙니다. 하나님을 등지거나 베키를 떠나거나 희망을 버리는 것도 아닙니다. 다만 치유를 간구해도 응답되지 않을 때, 때로 가장 바람직한 조치는 포기하는 기도를 드리는 겁니다.

캐서린 마셜(Catherine Marshall)의 책 《기도에의 모험》(*Adventures in Prayer*, 생명의말씀사 역간)에 그런 기도가 나온다. 그녀는 이렇게 썼다. "수용과 체념은 근본적으로 다르다. 포기하는 기도에는 체념이 없다. 체념은 '이게 내 상황이다. 나는 단념하고 이대로 주저앉는다'라고 말한다. 체념은 신 없는 우주의 흙바닥에 누워 최악의 사태에 자신을 방치한다. 수용은 '이게 당장 내 상황인 건 맞다. 나도 현실을 냉철히 직시한다. 하지만 동시에 사랑의 아버지께서 무엇을 보내시든 내 손을 벌려 기꺼이 받아들인다'라고 말한다. 이렇듯 수용은 결코 희망의 문을 닫지 않는다."[7]

그로타이스 겟세마네에서 예수는 아버지께 십자가의 운명을 거두어
달라고 하셨지만 최종 기도는 포기하는 기도였습니다. 그
분은 피하실 수 있는데도 순복하며 자신을 전적으로 아버
지 손에 맡기셨습니다. 무엇이든 아버지께서 예비하신 그
일을 자신도 원하셨습니다. 때로 우리도 치유가 이루어지
지 않을 때면 "주님, 무엇이든 주께서 저를 위해 예비하신
그 일을 저도 원합니다"라고 고백해야 합니다. 당장은 아
주 어렵더라도 말입니다. 어떤 의미에서 이는 순종과 순
복의 기도, 신뢰와 믿음의 기도입니다.

나중에 마셜의 본보기 기도를 통해 알았지만, 만일 무조건 때
를 썼거나 나 자신의 소원을 우상화했거나 내 말대로 해 달라고 하
나님을 조종했거나 그분과 거래를 시도했다면 우리는 자백해야 한
다. 마셜은 이렇게 기도한다. "아버지를 신뢰하고 싶습니다. 제 기
분과 상관없이 제 영혼은 영원히 믿을 만한 진리를 아오니 곧 아버
지께서 제 곁에 계시고, 저를 사랑하시며, 제게 가장 좋은 길을 홀
로 아신다는 사실입니다. 그래서 지금 제 의지의 행위로 이 일을 아
버지께 맡깁니다. 아버지의 뜻이 무엇이든 받아들이겠습니다."[8]

나 ⎯⎯⎯ 포기하는 기도를 드리고 나서 치유에 대한 당신의 태도가 어떻게 바뀌었습니까?

그로타이스 (수염을 쓰다듬으며 잠시 생각하다가 말했다.) 지금은 내가 하나님께 늘 주먹질을 하기보다는 그분 품에서 쉬는 기분입니다.

나 ⎯⎯⎯ 다른 사람들이 치유되었다는 사연을 들으면 기분이 어떻습니까? 기쁘세요, 아니면 혹시 질투가 생기시나요?

그로타이스 솔직히 둘 다입니다. 기적을 경험한 이들과 함께 기뻐하려 하지만 "왜 베키는 안 될까?" 하는 말이 저도 모르게 나옵니다. 하지만 나는 하나님의 길을 다 알지 못하잖아요. 그분은 욥에게 고난을 허락하신 이유를 명확히 답해 주지 않으셨습니다. 대신 그분의 위대하심과 권능을 욥에게 보이시며 그런 그분을 신뢰하라고 하셨습니다. 내가 할 수 있는 최선의 일은 하나님의 사랑과 신실하심을 신뢰하고 또 내 힘닿는 한 고난의 의미를 녹여 내는 겁니다.

확실한 소망

기적의 정의(definition)를 보면, 기적은 평소의 자연 질서를 벗어난다. 세상이 돌아가는 통상적 방식에 대한 초자연적 예외다. 생각보다는 흔하지만 그래도 기적은 비교적 드물다. 대다수 사람에게 돌연한 완치란 없다는 뜻이다. 하지만 그렇다고 하나님이 부재하신다는 뜻은 아니다. 고생에 우리 힘으로 맞서도록 내버려졌다는 뜻도 아니다.

그로타이스 우리가 지켜야 할 선(線)이 있습니다. 극단적 낙천가는 곤란합니다. 만사형통이 아닌데도 태연하게 그런 척해서는 안 됩니다. 누가 내게 어떻게 지내느냐고 물으면 나는 "베키가 치매로 죽어 가고 있지만 별일 아닙니다. 하나님이 결국 고쳐 주실 테니까요"라고 답하며 웃지 않습니다. 그건 진실이 아닙니다. 비탄을 허용하지 않고 애통을 위해 자리를 내지 않는 겁니다.

하지만 동시에 하나님이 결국 고쳐 주심도 맞습니다. 성경 로마서 8장 28절에 약속되어 있듯이 우리가 그분께 신실하다면 하나님은 삶의 역경을 통해서도 선을 이루실 능력과 의지가 있습니다. 이 구절이 아무렇게나 함부로 남용될 때가 있다 보니 진부한 말처럼 들리지요. 물론 역경의 한복판에 있을 때는 여간해서 그렇게 느껴지지도 않고요. 하지만 잊지 말아야 할 게 있습니다.

나 그게 무엇입니까?

그로타이스 이 말씀은 사실입니다! (그는 힘주어 말했다.) 이 땅에서든 죽음 이후의 세상에서든 하나님이 베키의 비참한 상황을 통해 어떤 식으로든 선을 이루실 것을 나는 굳게 믿습니다. 사도 바울도 환난을 통해 소망이 연단됨을 알았습니다(롬 5:3-5 참조). 예수께서 "애통하는 자는 복이 있나니"라고 하섰으므로[9] 나는 하나님이 고난당하는 이들을 장차 일으켜 주실 것을 압니다. 현재보다 나은 미래를 믿습니다.

나   그러니까 우리의 소망은 확실하군요.

그로타이스   물론입니다. 그게 희미해지려 할 때마다 나는 자꾸 변증학으로 돌아갑니다. 그러면 거기에 다음과 같은 확신을 품을 명쾌하고 설득력 있는 이유가 있습니다. 즉 하나님은 존재하시고, 예수는 그분의 유일한 아들이시며, 부활은 실제로 일어난 사건이고, 그리하여 우리를 향한 그분의 약속 즉 소망과 궁극적 치유의 약속도 진실하다는 겁니다. 또 지난 수십 년간 내가 직접 경험해 온 하나님을 돌아보면 그분이 각양각색으로 내게 베푸신 복이 보입니다.

힘들긴 하지만 하나님은 내게 눈물 젖은 눈으로 세상을 보게 해 주셨습니다. 어쩌면 그게 세상을 경험하는 가장 진정한 방식인지도 모르지요. 달리는 배우지 못했을 많은 교훈을 애통이 내게 가르쳐 주었습니다.

나는 책이 빼곡히 들어찬 그의 사무실을 빙 둘러보았다. 거기 로키산맥이 굽어보이는 콜로라도주 프론트레인지에서 그로타이스는 오늘도 강의실에 서서 차세대 교회 지도자들에게 마음을 다하고 목숨을 다하고 뜻(사고, 지성)을 다하고 힘을 다하여 하나님을 사랑하는 법을 가르치고 있다.[10]

그는 상당한 양의 지식도 쌓았지만 이제 그 위에 화룡점정으로

360

기적인가
우연인가

인생 경험이 더해졌다. 비록 아무도 원하지 않을 경험이지만 이를 통해 그는 새로운 깊이, 새로운 이해, 새로운 공감을 터득했다. 베키를 구제할 능력이 자신에게는 없기에 그로타이스는 하나님을 모셔 들였다.

나   교정이 참 아름답습니다. 강의실로 걸어가는 당신을 누군가 부르며 "그로타이스 교수님, 요즘 어떠십니까?"라고 인사하는 장면을 상상해 봅니다. 그런 사람들에게 뭐라고 답하시겠습니까?

그로타이스 그야 물론 사실대로 말하겠지요.

나   사실대로라면…….

그로타이스 밧줄에 매달려 간신히 버티고 있다고요. 그런데 다행히 그 밧줄을 하나님이 엮으셨다고 말입니다.

생각 정리

1. 당신의 삶에 기적을 보여 달라고 하나님께 간구했는데 그 기적이 일어나지 않았던 적이 있는가? 어떤 상황이었는지 말해 보라. 어떻게 반응했는가? 어떤 감정이 들었는가? 이 경험은 당신의 하나님관에 어떤 영향을 미쳤는가?

2. 아내의 치매와 씨름하는 과정에서 더글러스 그로타이스는 하나님의 존재를 의심해 본 적은 없지만 그분의 선하심은 몇 번 의심했다. 당신도 여기에 공감하는가? 만일 그렇다면 당신은 그런 감정을 어떻게 처리하는가? 그로타이스는 또 자신을 위해 십자가에 달리신 예수를 생각하면 "내 영혼이 제자리로 돌아옵니다"라고 덧붙였다. 왜 그렇다고 생각하는가?

3. 그로타이스는 "선하신 하나님이 무슨 일을 이루시려는지 우리가 당장은 모를 수 있습니다. 그러나 기독교의 신빙성과 또 그리스도인으로서 내 40년의 경험으로 미루어 나는 고난에 의미와 목적이 있다고 당당히 믿습니다"라고 고백했다. 당신은 우리가 고난을 당하는 "의미와 목적"이 무엇이라고 생각하는가? 하나님이 그런 경험에서 이끌어 내실 수 있는 선(善)은 무엇인가?

4. 그로타이스는 "고난을 잘 당하는" 법을 배우고 있다고 고백했다. 그건 어떤 모습일까? 죄가 아닌 애통은 어떻게 가능할까? 십자가에서 예수는 "나의 하나님, 나의 하나님, 어찌하여 나를 버리셨나이까"라고 절규하셨다. 그분의 애통은 부활로 응답되었다. 예수의 부활은 왜 우리에게도 궁극적 해답이 되는가?

5. 그로타이스는 "무의미한 고난"과 "불가해한 고난"을 구분했다. 당신이 보기에 이 둘은 어떻게 다른가? 이 구분이 당신에게 도움이 되는가? 어떻게 그런가?

6. 그로타이스가 드린 "포기하는 기도"를 당신은 어떻게 생각하는가? 이런 기도를 드리는 게 바람직할 때는 언제인가? 이 기도를 통해 치유에 대한 태도가 어떻게 바뀌었느냐는 내 질문에 그는 "지금은 내가 하나님께 늘 주먹질을 하기보다는 그분 품에서 쉬는 기분입니다"라고 답했다. 구한 대로 응답되지 않을 때 당신의 감정은 이 둘 중 어느 쪽에 더 가까운가?

기적의 이유, 전부 사랑이었다

애드리언 홀로웨이(Adrian Holloway)는 떨렸다. 아니, 꺼려졌다. 영국의 한 스타디움에서 그는 4천 명이 훌쩍 넘는 청중 앞에 서 있었다. 하나님께 환자들을 치유해 달라는 기도를 난생처음 공적으로 드리려던 참이었다.

그도 나처럼 언론계에서 회의적 시각을 갈고닦은 기자 출신이었다. 십 대 시절에 신앙에 이른 그는 나중에 회의론자들의 도전에 부딪쳤을 때도 더럼대학교에서 학위를 받은 역사학 덕분에 예수의 부활이 엄연한 사실임을 철석같이 확신했다. 신문과 라디오와 텔레비전에 축구 경기를 보도하며 기자로 성공한 그는, 나중에 이를 다 버리고 일생을 바쳐 고국인 영국 전역은 물론이고 해외에도 그리스도의 소망과 은혜의 메시지를 전해 왔다.

하지만 치유를 구하는 공적인 기도는 그에게 불편한 일이었다.

그의 신앙은 감정적이기보다는 이성적이었다. 게다가 이런 신성한 일이라면 하나님도 더 순결하고 거룩한 그릇을 원하실 게 분명했다. 아무도 낫지 않으면 어찌할 것인가? 그러잖아도 아픈 사람들에게 괜히 더 실망만 안겨 줄지도 몰랐다. 생각만 해도 아찔했다.

물론 평소 성경을 두루 섭렵한 그인지라 하나님이 지금도 역사하여 병자들을 치유하신다는 확신은 있었다. 하지만 그건 신학 공부였고 지금은 실전이었다.

때는 2005년의 한여름이고 장소는 노팅엄의 메도우레인이라는 축구 경기장이었다. 영적 호기심에 찬 무리가 인간 사후에 벌어지는 일에 대한 홀로웨이의 메시지를 들으러 모였다. 죄, 구원, 용서, 영원에 대한 성경의 가르침이라면 그도 얼마든지 설명할 자신이 있었다. 하지만 천국에 가기 전에 이 땅에서 질병을 고쳐 달라는 기도는 공식 석상에서 한 번도 해 본 적이 없었다. 그야말로 꺼려진다는 말이 그의 심정에 딱 맞았다.

그는 심호흡을 하고 기도를 드린 뒤 "혹시 치유된 분이 계시면 와서 우리에게 알려 주십시오"라고 말했다. 그쯤 해 두고 이어 전도의 메시지를 전했다. "어떤 일이 벌어질지 전혀 몰랐습니다"라고 그는 내게 말했다.

군중 속에 있던 애비(Abbi)라는 16세 소녀에게 즉시 뭔가 일이 벌어졌다. 병이 나은 게 스스로 느껴졌다. 10년 동안 그녀는 목숨을 위협하는 단백질 알러지로 고생했다. 사과를 먹거나 고무를 만지면 과민성 충격이 촉발되곤 하여 병원에서 소생술을 세 번이나 받아야 했다. 그녀는 매일 약을 먹었고 어디를 가든 응급조치 도구를 가지고 다녔다. 그러다 보니 생활이 극도로 제한되어 대개 집 안에 묶여 지냈다.

애비는 병이 즉각 나았음을 확신한 나머지 얼른 팔목에 라텍스 밴드를 차 보았다. 반응이 없었다. 사촌이 들고 있던 사과도 한 입 먹어 보았다. 역시 반응이 없었다. 말리던 친구들은 못내 당황하여 여차하면 구급차를 부를 태세였다.

행사가 끝날 때쯤 애비는 주사기 두 개와 사과 한 알을 들고 무대로 올라갔다. 그녀의 병이 즉각 완치되었음을 누구나 알 수 있었다. 이는 잠시 흥분했다 스러져 버릴 감정적 반응이 아니었다. 1년 후에 애비는 이렇게 알려 왔다. "지금도 완전히 정상입니다. 그동안 발진이나 가려움증이나 따끔거리는 증세가 한 번도 없었어요. 전혀 없었다니까요. 나는 애비입니다. 알러지로 고생하던 소녀가 아닙니다. 해방되었습니다."

어떤 의미에서 홀로웨이도 해방되었다. 그 뒤로 그는 어디를 가든 거리낌 없이 병 낫기를 구하는 기도를 했다. 하나님은 여러 번 응답하셨다. 우선 기립성빈맥증후군이라는 심장질환으로 걸핏하면 실신하던 애니(Annie)가 있다. 예수의 이름으로 드리는 기도를 받고 나서 증세가 즉시 사라지자 그녀는 눈물을 터뜨렸다. 여러 의료 검사로도 치유 사실을 확인했다. 1년이 지나서도 여전히 건강한데다 임신까지 한 그녀는 "이제 완전히 딴 사람이 되었어요!"라며 감격했다.

기적인가
우연인가

해나(Hannah)는 태어날 때부터 한쪽 귀가 전혀 들리지 않았다. 의료진도 완전한 청각장애로 판정했다. 그런데 기도를 받고 나서 저절로 나았다. 나중에 청각 전문의는 "청력이 전혀 없던 사람이 완전히 잘 들리다니 설명할 수 없는 일입니다"라고 말했다.

다발성 경화증으로 15년째 휠체어 신세를 진 이디(Edie)는 기계 장치의 도움 없이는 말을 할 수 없었고 하루 24시간 간호가 필요했다. 그런데 기도로 건강이 회복되었다. 담당 의사는 홀로웨이에게 보낸 편지에 이렇게 썼다. "완치로 보이는 설명할 수 없는 회복에 나도 깜짝 놀랐습니다."

이런 예는 얼마든지 많다. 홀로웨이는 각 사연을 최대한 확인한다. 당사자의 성품을 살피고, 가능하면 진료 기록부를 확보하고, 사람들의 증언을 녹화한다.

"내게 남는 건 주로 '와!' 하는 감탄입니다." 나와 대화하던 홀로웨이에게서 정말 감탄이 배어 나왔다. "이것이 바로 하나님의 능력이니까요."

"이런 경험을 통해 당신의 삶이 어떻게 달라졌습니까?" 내가 물었다.

그는 잠시 생각한 뒤에 답했다. "성경의 진실성과 신빙성에 대한 확신이 더 굳어졌습니다. 오늘날에도 기꺼이 역사하시는 하나님에 대해서도 그렇고요. 이런 일을 통해 그분의 긍휼을 볼 수 있습니다. 방금 치유해 주신 사람을 그분이 돌보신다는 직접적 증거니까요. 번번이 그분은 이렇게 자신의 능력을 예증하심으로써 복음

앞에 사람들의 마음이 열리게 하십니다."

홀로웨이가 도달한 기적 찬성론의 판결은 이렇다. 지금도 하나님은 병약한 이들에게 생명과 건강을 회복시켜 주시며, 우리 쪽에서 이를 통제하거나 이용하거나 예견하거나 완전히 이해하려는 시도는 어김없이 실패로 끝난다. 그는 말한다. "중병을 앓던 사람이 일순 나았음을 자각하는 순간, 정말 그 기쁨은 이루 말할 수 없습니다. 하지만 그래도 교회에서 장례식은 계속됩니다. 매번 모든 사람이 병이 낫지는 않으니까요."

당신에게 기적이 일어나지 않을 때

네 딸의 아버지인 홀로웨이는 사교적이면서도 겸양을 갖추었다. 내가 그를 처음 접한 건 영국의 라디오 프로그램에서 그가 미국의 회의론자 마이클 셔머와 벌이는 토론을 듣고서였다. 셔머는 끝내 설득되지 않았을지 모르지만(그가 〈스켑틱〉지를 폐간했다는 소식은 듣지 못했다), 내 생각에 많은 청취자들이 증거를 구비한 홀로웨이의 사례들을 통해 이런 결론에 도달했을 것이다. 지금도 하나님이 상처 입은 이들의 삶에 초자연적으로 역사하신다고 말이다.

당연히 셔머는 왜 중보기도를 해도 낫지 않는 사람이 많으냐며 의문을 제기했다. 이는 토론자로서 우위를 점하려고 쓴 수법이 아니라 만성질환에 걸린 아내를 둔 내게도 지극히 정당한 이슈다.

"예수께서도 무조건 치유하신 건 아닙니다." 홀로웨이가 내게 설명했다. "마태복음에 보면 그분이 나사렛에 계실 때 '그들이 믿지 않음으로 말미암아 거기서 많은 능력을 행하지 아니하시니라'라고 했습니다(마 13:58; 막 6:1-6 참조). 제자들은 마태복음 10장에서 병 고치는 권세를 받았으나 일곱 장 뒤로 가면 간질병에 걸린 소년을 고치지 못했습니다(마 17:14-16 참조). 바울도 모든 사람을 치유하지는 않았지요. 성경에 보듯이 그는 병든 드로비모를 밀레도에 두었고(딤후 4:20 참조), 본인도 '육체'의 '가시'에서 끝내 벗어나지 못했습니다(고후 12:7 참조). 이렇듯 매번 모두가 다 낫지 않더라도 놀라서는 안 될 성경적 이유가 있습니다."

그럼에도 이 문제에서 오는 정서적 타격은 여전히 쓰라리다. 얼마 전에 나는 한 블로그에 올라온 외부 게시물을 우연히 접했다. 일어나지 않은 기적에 대한 그녀의 글에는 경험에서 우러난 권위가 서려 있었다.[1]

트리샤 로트 윌리포드(Tricia Lott Williford)의 남편은 병에 걸린 지 열두 시간 만에 사망했다. 졸지에 그녀는 아직 유치원에도 들어가지 않은 두 아이의 편모로 혼자 남았다. *And Life Comes Back: A Wife's Story of Love, Loss, and Hope Reclaimed*(삶은 계속된다: 한 아내의 사랑과 상실과 되찾은 희망 이야기)의 저자인 그녀는 개인적 상심과 응답되지 않은 기도를 자주 주제로 다룬다. 다음은 꾸밈없이 솔직한 그녀의 글이다. "당신에게 주지 않으신 것을 하나님이 남들에게 주실 때면 소외감이 들기 쉽고, 그들에게 베푸신 선을 여간해서 듣고 싶지 않다."

그 책에 낸시 거스리(Nancy Guthrie)의 말도 인용되어 있다. "일부에서 주장하는 강한 믿음의 정의란 하나님께 기적으로 고난을 없애 달라고 전심전력으로 간구한 뒤 그대로 해 주시리라 믿어 의심치 않는 것이다. 그러나 믿음을 측정하는 기준은 하나님을 조종하여 내 뜻을 관철시키는 재간이 아니라, 그분의 뜻에 순복하려는 의지다."[2]

이어지는 윌리포드의 말이다. "사실 확실한 공식은 없으므로 예수께서 언제는 허락하시고 언제는 안 된다고 하실지 알 수 없다. 이게 절대주권의 이면이다. 가부와 조건과 시기와 방법은 다 그분의 소관이다. 그분이 어떻게 결정하실지 우리로서는 알 길이 없다. 믿음의 근거를 특정한 기도 응답에 둘 게 아니라 그분의 신실하심에 두면 된다. 기적은 일시적이지만 예수의 말씀과 가르침은 영생 곧 진정한 삶을 가져다준다. 당신에게 기적이 일어나지 않더라도 그분을 신뢰해야 한다. 안 된다고 하셔도 그분의 살아 계심을 믿어야 한다. 그래야 영생을 얻는다."

그녀는 재혼도 하고 현재 평안하게 살고 있다. 윌리포드가 그간의 고생을 이야기하면 고난 중에 있는 사람들이 거기서 도움을 받는다. 그녀는 고난을 견디는 우리의 능력이 무한에 가까움을 깨달았다. 담대히 소망 가운데 살아간다면 말이다. 고난당하는 이들에게 그녀는 이렇게 조언한다. "당신에게 기적이 일어나지 않을 때면 하나님께 '주님을 신뢰하는 마음이 없지만 신뢰하고 싶습니다'라고 아뢰는 게 소망의 출발점입니다."

기적인가
우연인가

공통분모를 발견하다

이 책을 쓰는 데 필요한 마지막 출장과 자료 수집을 마치고 안락의자에 편히 앉았다. 온갖 서류철이며 참고 도서며 노란색 노트며 인터뷰 녹취록이 내 사무실보다도 더 지저분하게 거실 바닥에 널려 있었다. 기적과 초자연을 발견하러 나섰던 이번 여정을 찬찬히 쭉 되돌아보았다.

우선 어언 1년이 다 된 마이클 셔머와의 인터뷰가 정감 있게 떠올랐다. 우리는 이견이 많았지만 양쪽 다 이에 아랑곳없이 따뜻한 관계로 서로를 대했다. 그는 쉽게 호감을 주는 사람이다. 기적에 대한 반론을 피력할 기회를 그에게 충분히 주어 기뻤다. 사실 알고 보니 우리 사이에 공통분모도 꽤 있었다.

예컨대 셔머의 잡지에 해리엇 홀이라는 은퇴 의사의 일곱 쪽 분량의 기사가 실렸는데, 그녀는 온갖 말을 다해 신이 세상에 개입할 수 있는 가능성을 논박했다.[3] 동의할 수 없는 대목도 많지만 일부 주장에 대해서는 내 생각도 같았다. 예를 들어 그녀는 자연 치유가 발생한다고 했다. 물론이다. 세상에 돌팔이 의사도 있다고 했다. 불행히도 그렇다. 혈액 검사나 엑스레이 판독이나 진단이 틀리게 나올 때도 있다고 했다. 물론이다. 우연의 일치도 존재한다고 했다. 당연하다. 그녀는 또 거짓말할 동기가 확실한 사람도 있다고 했다. 물론이다. 정직한 사람도 정보를 오인할 수 있다고 했다. 지당하다. 인간의 기억이 변할 수도 있다고 했다. 과연 그렇다. 겉보기에만 죽었다가 소생할 수도 있다고 했다. 두말할 필요도 없다. 가짜

만병통치약의 사용 후기쯤 어느 돌팔이라도 내놓을 수 있다고 했다. 물론이다.

모두가 맞는 말이다. 하지만 모든 기적 사건을 그렇게 둘러댈 수 있을까? 미안하지만 아니다. 기적을 믿는다 해서 선정적 대중지의 표지를 장식하는 초자연적 주장까지 모조리 지지할 필요는 없다.

홀에 따르면 목격자는 "악명 높을 정도로 신빙성이 없다." 물론 일부 목격자는 문제가 있을 수 있다. 하지만 감히 짐작하건대 만일 홀의 배우자가 살해된다면 그녀도 법정에서 가해자에 맞서 증언해 줄 아무 목격자라도 원할 것이다.

그녀의 요지는 결국 목격자 진술에 대한 검증의 중요성을 강조해 줄 뿐이다. 즉 증인의 성품, 동기, 편견, 목격한 계기 등을 잘 따져 보아야 한다. 또 가능한 한 다른 확증과 증빙 서류도 확보해야 한다. 이는 변호사, 판사, 기자, 형사, 역사가, 배심원 등 진실을 확실히 알아내려는 사람이라면 누구나 취하는 표준 방법이다.

증거에 설득되다

결국 기적 반대론은 역부족이다. 기적을 반박하려던 철학자 데이비드 흄의 "비참한 실패"로 실제로 그 기초 자체가 허물어졌다. 흄의 저작을 신랄하게 비판한 옥스퍼드 간행의 책 제목에 그 문구가 나온다.[4] 기적을 무너뜨렸다는 흄의 "압도적" 논증은 스스로 무너지고 말았다.

그뿐 아니라 크레이그 키너의 방대한 기적 연구는 깊이로 보나 범위로 보나 설득력이 있다. 회의론자인 한 의사의 말에 나도 동의한다. 그는 키너가 발표한 기적의 사건 중 더러는 자연적 설명이 가능하겠지만 전부가 그렇지는 않다고 인정했다. 전부가 그렇다는 건 전혀 말이 안 된다. 오히려 나는 초자연적 개입이 일어난 신기한 사례가 워낙 많아 감동했다. 모두 신원이 확실한 여러 명의 목격자가 있고 의료진의 증빙 서류까지 첨부된 반면, 거짓말할 동기는 보이지 않았다.

서머가 그토록 자신 있게 극찬했던, 중보기도가 치유에 아무런 효과도 없다고 나타난 임상 연구는 결정적 결함을 드러냈다. 캔디 건터 브라운이 밝혔듯이 그 연구에서 기도를 맡았던 사람들은 비기독교 종파 소속으로, 신의 개입 가능성조차 믿지 않았다. 따라서 10년에 걸쳐 240만 달러나 들여 실시된 이 연구를 통해서는 진정한 기독교적 기도가 치유에 미치는 영향을 전혀 알 수 없다.

반면에 전문가들의 평가를 거친 브라운 자신의 연구에서는 예수를 진실하게 따르는 이들의 안수 기도로 시력과 청력에 즉각 차도가 나타났다. 또한 전문가들의 평가를 거친 다른 여러 연구에서도 기도가 치유에 긍정적 영향을 미친다는 것을 알 수 있다. 기적 찬성론은 많은 연구진을 통해 한 사람의 개인적인 일화에서 논거가 되는 자료로 점점 더 발전하고 있다.

선교사 톰 도일이 들려준 무슬림들의 비범한 꿈은 분명히 한낱 우연의 일치를 넘어선다. 별도의 외적인 자료나 사건으로 확실히 증명할 수 있기 때문이다. 예컨대 꿈속에서만 보았던 특정 인물을 나중에 실제로 만남으로써 진정성이 입증된 꿈이 많이 있다. 이는 우연한 일이 아니라 진기한 사건이다. 초자연적인 일이라 해도 좋다.

근본적 차원에서 내게 어느 때보다도 더욱 깊어진 확신이 있다. 물리학자 마이클 스트라우스가 인터뷰 중에 설명한 우주의 기원과 미세 조정은 초자연적 창조주의 존재를 유력하게 가리켜 보인다.

형사 J. 워너 월리스가 제시한 역사의 사실들도 내게 확신을 주었다. 거기서 매우 설득력 있게 확인되었듯이 나사렛 예수는 하나님의 유일한 아들로 자처하셨을 뿐 아니라 죽음에서 부활하여 이를 입증하셨다. 사실 부활은 신의 존재를 확증해 주는 데서 그치지 않는다. 그리스도의 고난과 죽음과 빈 무덤은 하나님이 왜 기적의 손길로 개개인의 삶에 개입하기 원하시는가 하는 문제에도 답이 된다.

기꺼이 십자가형을 감당하신 예수를 보면 그런 비상한 행동을 통해서라도 개개인을 반항적인 삶의 결과로부터 구해 주시려는 하나님의 마음을 알 수 있다. 우리를 그렇게까지 사랑하시는 분이라면 때로 한 손으로 자연의 세력을 저지하신 채 다른 손으로 고난당하는 이를 기적적으로 치유해 주실 만도 하다. 그렇게 믿는 게 합리적이다.

당신의 최종 판결은 무엇인가

한때 무신론자였던 사람으로서 늘 궁금한 점이 있었다. '회의론자가 기적이 일어났다는 것을 인정하려면 무엇이 필요할까?' 인터뷰 중에 마이클 셔머는 인간의 절단된 팔다리가 도로 돋아난다면 자신에게 설득력이 있겠다고 암시했다.

심지어 해리엇 홀은 그 정도로도 만족하지 못하고 이렇게 말했다. "과학의 발달로 DNA를 자유자재로 부리게 되면 아마 우리도 도마뱀이나 불가사리처럼 잘린 지체가 도로 자라날지도 모른다."

그렇다면 홀이 정하는 믿음의 기준점은 무엇일까? 그녀의 말이다. "닭이 사람처럼 말하고 글을 읽고 체스(chess)의 고수를 이긴다면 어떨까?"

그 정도라면 "평소의 자연 질서를 벗어난" 일, "초자연 세력이 아니고는 설명이 불가능한" 듯한 일이 발생했다고 "잠정적 결론"을 내릴 수도 있다는 것이다. 하지만 이때조차도 차마 그녀의 입에서 기적이라는 단어는 나오지 않았다.

그 글을 읽다가 킥 웃음이 났다. 증거의 기준을 웃기리만치 높이 정하고 싶은 마음이 충분히 이해가 갔다. 한마디로 "기적이란 불가능하다. 군말이 필요 없다. 그러니 어디 증거를 댈 테면 대 보라"는 식이다.

성경에 보듯이 인간은 진리를 억압하고 하나님께 반항하는 성향이 있다. 내 삶에서도 늘 그런 모습을 본다. 무신론자였을 때 나는 기독교가 진리가 아니기를 바랐다. 술에 절고 자아에 도취되어 부도덕하게 살았다. 그런 생활방식이 즐거웠다. 아내가 예수를 먼저 믿고 성품과 가치관이 좋은 쪽으로 바뀌었다. 그게 신기하긴 했지만 나는 이전의 레슬리를 원했다. 예수의 부활이 거짓임을 증명할 수만 있다면 기독교를 논박할 수 있겠다는 생각이 들었다.

그래서 내 호기심을 기독교 신앙의 핵심 사건인 부활에 쏟아부었다. 하지만 만일 선입견을 품고 미리 결론을 내려놓은 상태에서 그 조사에 임한다면 시간낭비일 뿐임을 나는 알았다. 언론학 공부가 내게 가르쳐 준 게 있다면 늘 열린 마음으로 답을 추구하라는 것이다. "사실관계에 얽매여 솔깃한 기삿거리를 놓치지 말라"는 구호는 최악의 삯꾼들이나 따르는 말이다. 로스쿨에서도 나는 증거와 증언을 평가하여 그게 확실한지 부실한지를 분간하는 법을 배웠다.

나는 기독교가 이런 조사를 환영한다는 데 놀랐다. 사도 바울은 말하기를 부활의 기적이 신화나 허구나 오류나 전설이나 동화임을 입증할 수 있다면 신앙을 버려도 좋다고 했다(고전 15:12-19 참조). 복음서에 보고되는 초자연적 사건들은 "옛날 옛적에"로 시작되지 않는다. 오히려 확인 가능한 역사적 맥락 속에서 특이 사항까지 담아 진지하게 표현된다.

그때 2년 가까이 탐색한 끝에 기적에 대한 내 판결에 도달했다. 즉 기적은 대개 신빙성과 설득력이 있으며, 모두 누적되어 그리스도를 강력하게 입증해 준다. 불가항력의 사실에 이끌려 나도 레슬리를 따라 예수를 믿었다. 그 결과로 하나님이 내 삶에 일으키신 일대 혁신을 말하려면 기적이라는 단어가 무색하지 않다.

이 책을 쓰느라고 증거 조사에 투자한 시간은 정말 하나도 아깝지 않다. 하나님이 기적을 행하신다는 내 확신이 결국 더 깊어지고

기적인가
우연인가

굳어졌다. 상소 법원의 표현을 쓰자면 원심 판결이 확정되었다.

마이클 셔머는 행위에 기초한 구원 방식을 의지했는데, 기독교가 진리라면 그 방식은 잘못된 것이다. 인터뷰 중에 그가 했던 말이 기억난다. 부족하게나마 황금률대로 살고자 노력한 자신을 하나님이 가혹하게 심판하리라고는 생각하지 않는다고 했다. 그때 내가 물었다. "선행의 최저 기준이 평생을 다 바쳐 빈민을 섬기고 모든 걸 희생하며 완전히 이타적으로 사는 거라면 어떻게 하겠습니까? 그럼 당신은 기준에 부합할까요?"

그는 주저하며 대답했다. "글쎄요……, 정말 그게 기준은 아닐 겁니다."

오히려 기준은 그보다도 높다. 우리는 완벽해야 한다. 그야말로 어느 누구도 노력으로 이루어 낼 수 없는 일이다. 다행히 하나님이 은혜를 베푸신다. 누구든지 회개와 믿음으로 받기만 하면 그분이 용서와 영생을 값없이 선물로 주신다.[5] 예수의 죽음과 부활은 바로 이를 위한 것이다. 허물과 죄로 인해 마땅히 우리가 받아야 할 형벌을 그분이 대신 치르셨고, 또한 부활하여 우리에게 새 생명을 주어 영원히 그분과 함께 살게 하신다.[6] 이것이야말로 세상에서 가장 값진 기적이다.

그분의 선물을 받아들일지 거절할지 우리 각자가 결단해야 한다. 당신에게 열린 마음과 수용적 자세가 있으리라 믿는다. 잠언에 나오는 다음 약속에서 힘을 얻기를 바란다.

지식을 불러 구하며 명철을 얻으려고 소리를 높이며

은을 구하는 것같이 그것을 구하며

감추어진 보배를 찾는 것같이 그것을 찾으면

여호와 경외하기를 깨달으며 하나님을 알게 되리니(잠 2:3-5).

1. 아픈 사람 앞에서 소리 내어 기도해 본 적이 있는가? 기도하면서 머릿속에
   어떤 생각이 스쳐 갔는가? 얼마나 담대하고 확신 있게 하나님께 구체적으로
   상대를 치유해 달라고 구했는가? 의사의 손길을 주관해 주시거나 약이 잘 듣
   게 해 달라고 기도하는 쪽이 더 편하게 느껴졌는가? 왜 그럴까?

2. 애드리언 홀로웨이가 지적했듯이 예수께서도 사람들을 무조건 치유하신 건
   아니며, 제자들은 병 고치는 권세를 받고 나서도 간질병에 걸린 소년을 고치
   지 못했고, 바울도 육체의 가시에서 끝내 벗어나지 못했다. 홀로웨이는 "이
   렇듯 매번 모두가 다 낫지 않더라도 놀라서는 안 될 성경적 이유가 있습니
   다"라고 말했다. 이런 관점은, 왜 치유를 위해 기도해도 낫지 않는 사람이 많
   은가 하는 의문에 도움이 되는가? 왜 그런가 혹은 왜 그렇지 않은가?

3. 남편을 잃고 어린 두 자녀와 함께 남은 트리샤 로트 윌리포드는 "믿음을 측정하는 기준은 하나님을 조종하여 내 뜻을 관철시키는 재간이 아니라 그분의 뜻에 순복하려는 의지다"라고 말했다. 이 말에 대한 당신의 입장은 무엇인가? 이는 구하던 기적이 일어나지 않을 때 당신의 태도에 어떤 영향을 미칠 수 있는가?

4. 회의론자 해리엇 홀은 닭이 사람처럼 말하고 글을 읽고 체스의 고수를 이긴다면 그제야 "초자연 세력이 아니고는 설명이 불가능한" 일이 발생했다고 "잠정적 결론"을 내리겠다고 했다. 이는 믿음의 기준점으로 삼기에 합리적인 수준인가? 사람이 기적의 증거를 그런 수준으로까지 요구하는 동기는 무엇이겠는가?

5. "기적 반대론은 우리를 설득하기에 역부족이다"라는 것이 리 스트로벨의 결론이다. 당신도 같은 생각인가? 왜 그런지 혹은 왜 동의하지 않는지 설명해 보라. 기적 찬성론은 당신에게 설득력이 있었는가? 이 책을 읽고 나서 당신은 하나님이 지금도 사람들의 삶에 초자연적으로 개입하신다고 확신하는가? 기적 찬성론 쪽으로 당신에게 가장 설득력 있었던 요소는 무엇인가? 이유도 말해 보라.

6. 마이클 서머는 신이 존재한다면 착하게 살려고 노력한 자신을 가혹하게 심판하지 않을 거라고 보았다. 하지만 로마서 3장 23절에 "모든 사람이 죄를 범하였으매 하나님의 영광에 이르지 못하더니"라는 경고가 나온다. 성경에 밝혀져 있듯이 구원이란 우리의 선행으로는 얻을 수 없고 믿음으로 말미암아 은혜의 선물로 받아야만 한다. 로마서 6장 23절에 "죄의 삯은 사망이요 하나님의 은사는 그리스도 예수 우리 주 안에 있는 영생이니라"라고 기록했다. 사람들이 용서와 영생을 선물로 받아들이기가 어려운 이유는 무엇일까? 당신은 이 선물을 받아들인 적이 있는가? 없다면 지금 받아들이지 않겠는가?

감사의 말

표지에는 한 사람 이름만 올라가지만 많은 '공저자'들이 이 책의 내용과 제작에 지대한 공헌을 했다. 당신의 손에 이 책이 들리기까지 원고를 손보아 준 그들 각자의 역할에 깊이 감사한다.

늘 그렇듯이 이번 작업에도 내 친구 마크 미텔버그가 처음부터 끝까지 요긴한 지도와 예리한 편집으로 도와주었다. 초고가 출판사로 전해지기 전에 매번 그가 걸러내며 고견을 보탰다.

내 '사건'(Case) 시리즈 전권의 편집장을 맡은 존더반(Zondervan) 출판사의 존 슬로운은 이번에도 취재와 집필 과정에 늘 격려와 혜안을 아끼지 않았다. 시리즈의 각 권마다 그의 전략적 제안 덕분에 더 나아졌다.

특히 나의 새 교정자 더크 버스마, 톰 딘을 위시한 마케팅 영업팀, 존더밴의 일반도서 발행인 데이비드 모리스, 이 책의 디자인과 제작과 홍보를 맡은 헌신된 동역자들 등 존더반의 전 직원에게도 감사한다.

특별히 레슬리에게 공로를 돌린다. 아내는 기적에 관한 인터뷰를 하기 위해 여러 분야의 전문가들을 찾아 전국을 돌아다니느라 자주 집을 비운 나를 참아 주었다. 물론 인터뷰에 응하여 내게 전문 지식과 개인적 이야기를 들려준 각 분야의 권위자들에게도 감사한다. 결국 작가의 수준은 자신이 청해 듣는 자료원 이상일 수 없다.

무엇보다 기적의 하나님께 감사드린다. 그분은 자아에 도취되어 살아가던 술고래 신문 기자에게 새 생명은 물론 새로운 목적까지 주셨다. 바로 예수 안에 소망이 있음을 세상에 알리는 일이다. 나야말로 기적을 입증하는 증거물 1호라는 생각을 떨칠 수 없다.

심층 탐구를 위한 읽을거리

기적

Belmonte, Kevin. *Miraculous: A Fascinating History of Signs*, Wonders, and Miracles. Nashville: Thomas Nelson, 2012.

Brown, Candy Gunther. *Testing Prayer*. Cambridge, MA: Harvard University Press, 2012.

Earman, John. *Hume's Abject Failure: The Argument against Miracles*. New York: Oxford University Press, 2000.

Geivett, R. Douglas & Gary R. Habermas, *In Defense of Miracles: A Comprehensive Case for God's Action in History*. Downers Grove, IL: InterVarsity, 1997.

Grudem, Wayne A. 편집. *Are Miracles Gifts for Today? Four Views*. Grand Rapids: Zondervan, 1996.

Keener, Craig S. *Miracles: The Credibility of the New Testament Accounts*. 전 2권. Grand Rapids: Baker Academic, 2011.

Larmer, Robert A. *Dialogues on Miracle*. Eugene, OR: Wipf & Stock, 2015.

———. *The Legitimacy of Miracle*. Lanham, MD: Lexington Books, 2014.

Lennox, John C. *Miracles: Is Belief in the Supernatural Irrational?* Cambridge, MA: Veritas Forum, 2013.

Lewis, C. S. *Miracles: A Preliminary Study*. New York: HarperOne, 2001. C. S. 루이스, 《기적: 예비적 연구》(홍성사 역간).

Metaxas, Eric. *Miracles: What They Are, Why They Happen, and How They Can Change Your Life*. New York: Dutton, 2014. 에릭 메택시스, 《미러클》(상상북스 역간).

Stafford, Tim. *Miracles: A Journalist Looks at Modern-Day Experiences of God's Power*. Minneapolis: Bethany House, 2012.

Strobel, Lee. *The Case for Faith*. Grand Rapids: Zondervan, 2000. 리 스트로벨, 《특종! 믿음 사건》(두란노 역간).

Twelftree, Graham H. *Jesus the Miracle Worker: A Historical and Theological Study*. Downers Grove, IL: InterVarsity, 1999.

———. *Paul and the Miraculous: A Historical Reconstruction*. Grand Rapids: Baker Academic, 2013.

복음서와 부활

Bauckham, Richard. *Jesus and the Eyewitnesses: The Gospels as Eyewitness Testimony*. Grand Rapids: Eerdmans, 2008. 리처드 보컴, 《예수와 그 목격자들》(새물결플러스 역간).

Blomberg, Craig L. *Can We Still Believe the Bible? An Evangelical Engagement with Contemporary Questions*. Grand Rapids: Brazos Press, 2014. 크레이그 L. 블롬버그, 《복음주의 성경론》(기독교문서선교회 역간).

────. *The Historical Reliability of the Gospels*. 재판. Downers Grove, IL: InterVarsity Academic, 2007. 크레이그 L. 블롬버그, 《복음서의 역사적 신빙성》(솔로몬 역간).

Copan, Paul & Ronald K. Tacelli 편집. *Jesus' Resurrection: Fact or Figment? A Debate between William Lane Craig and Gerd Lüdemann*. Downers Grove, IL: InterVarsity Academic, 2000.

Craig, William Lane. *The Son Rises: Historical Evidence for the Resurrection of Jesus*. Eugene, OR: Wipf & Stock, 2000.

Evans, Craig A. *Fabricating Jesus: How Modern Scholars Distort the Gospels*. Downers Grove, IL: InterVarsity, 2006. 크레이그 A. 에반스, 《만들어진 예수》(새물결플러스 역간).

Evans, Craig A. & N. T. Wright. *Jesus, the Final Days: What Really Happened*. Louisville, KY: John Knox Press, 2009.

Habermas, Gary R. & Michael R. Licona, *The Case for the Resurrection of Jesus*. Grand Rapids: Kregel, 2004.

Habermas, Gary R. & Antony Flew. *Did the Resurrection Happen? A Conversation with Gary Habermas and Antony Flew*. Downers Grove, IL: InterVarsity, 2009. 앤터니 플루, 게리 하버마스, 《부활 논쟁》(IVP 역간).

Keener, Craig S. *The Historical Jesus of the Gospels*. Grand Rapids: Eerdmans, 2009.

Köstenberger, Andreas J. & Justin Taylor, *The Final Days of Jesus*. Wheaton, IL: Crossway, 2014.

Licona, Michael R. *The Resurrection of Jesus: A New Historiographical Approach*. Downers Grove, IL: IVP Academic, 2010.

────. *Why Are There Differences in the Gospels? What We Can Learn from Ancient Biography*. Oxford: Oxford University Press, 2017.

McDowell, Josh & Sean McDowell. *Evidence That Demands a Verdict: Life-Changing Truth for a Skeptical World*. 개정증보판. Nashville: Thomas Nelson, 2017. 조쉬 맥도웰, 션 맥도웰, 《기독교변증 총서》(순출판사 역간).

Roberts, Mark D. *Can We Trust the Gospels? Investigating the Reliability of Matthew,*

Mark, Luke, and John. Wheaton, IL: Crossway, 2007.

Strobel, Lee. *The Case for Christ*. 개정증보판. Grand Rapids: Zondervan, 2016. 리 스트로벨, 《예수는 역사다》(두란노 역간).

―――. *In Defense of Jesus* (원제 *The Case for the Real Jesus*). Grand Rapids: Zondervan, 2016.

Swinburne, Richard. *The Resurrection of God Incarnate*. Oxford: Oxford Press, 2003.

Wallace, J. Warner. *Cold-Case Christianity: A Homicide Detective Investigates the Claims of the Gospel*. Colorado Springs: David C Cook, 2013. J. 워너 월리스, 《베테랑 형사복음서 난제를 수사하다》(새물결플러스 역간).

Wright, N. T. *The Resurrection of the Son of God*. Minneapolis: Fortress, 2003. N. T. 라이트, 《하나님의 아들의 부활》(크리스천다이제스트 역간).

우주와 지구의 기원과 미세 조정

Bussey, Peter. *Signposts to God: How Modern Physics and Astronomy Point the Way to Belief*. Downers Grove, IL: IVP Academic, 2016.

Craig, William Lane. *Reasonable Faith: Christian Truth and Apologetics*. 제3판. Wheaton, IL: Crossway, 208.

Dembski, William A. *Mere Creation: Science, Faith, and Intelligent Design*. Downers Grove, IL: InterVarsity, 1998.

Gonzalez, Guillermo & Jay Wesley Richards. *The Privileged Planet: How Our Place in the Cosmos Is Designed for Discovery*. Washington, DC: Regnery, 2004.

Lewis, Geraint F. & Luke A. Barnes. *A Fortunate Universe: Life in a Finely Tuned Cosmos*. Cambridge: Cambridge University Press, 2016.

Ross, Hugh. *Improbable Planet: How Earth Became Humanity's Home*. Grand Rapids: Baker, 2016.

―――. *Why the Universe Is the Way It Is*. Grand Rapids: Baker, 2008.

Stobel, Lee. *The Case for a Creator*. Grand Rapids: Zondervan, 2004. 리 스트로벨, 《창조설계의 비밀》(두란노 역간).

Wallace, J. Warner. *God's Crime Scene: A Cold-Case Detective Examines the Evidence for a Divinely Created Universe*. Colorado Springs: David C Cook, 2015.

Ward, Peter & Donald Brownlee. *Rare Earth: Why Complex Life Is Uncommon in the Universe*. New York: Copernicus, 2000.

주

머리말 앞의 인용문

1. "Thomas A. Edison on Immortality: The Great Inventor Declares Immortality of the Soul Improbable," 에드워드 마셜(Edward Marshall)과의 인터뷰, *Columbian Magazine* 3.4 (1911년 1월).

2. Richard Dawkins, *The Blind Watchmaker: Why the Evidence of Evolution Reveals a Universe without Design* (New York: Norton, 1996), 139. 리처드 도킨스, 《눈먼 시계공》(사이언스북스 역간).

3. Stephen Hawking & Leonard Mlodinow, *The Grand Design* (New York: Bantam, 2010), 30. 스티븐 호킹, 레오나르드 믈로디노프, 《위대한 설계》(까치 역간).

4. C. S. Lewis, *God in the Dock: Essays on Theology and Ethics* (Grand Rapids: Eerdmans, 2014), 13. C. S. 루이스, 《피고석의 하나님》(홍성사 역간).

5. Fyodor Dostoyevsky, *The Brothers Karamazov* (New York: New American Library, 1957), 34. 표도르 도스토옙스키, 《카라마조프가의 형제들》.

6. John C. Lennox, *Miracles: Is Belief in the Supernatural Irrational?* (Cambridge, MA: Veritas Forum, 2013), 25. 2012년 레녹스가 하버드대학교 베리타스 포럼에서 같은 제목으로 했던 강연 전문이 이 소책자에 실려 있다.

7. Eric Metaxas, *Miracles: What They Are, Why They Happen, and How They Can Change Your Life* (New York: Dutton, 2014), 16. 에릭 메택시스, 《미러클》(상상북스 역간).

8. G. K. Chesterton, *The Innocence of Father Brown* (London: Cassell, 1911), 2.

머리말. 기적을 기대하거나 구해 본 적 있는가

1. Helen Roseveare, *Living Faith* (Minneapolis: Bethany House, 1980), 44-45. 헬렌 로즈비어, 《살아 있는 믿음》(죠이선교회 역간).

2. 다음 두 책에 나오는 이야기다. Duane Miller, *Speechless* (Houston: Worldwide, 2017). 같은 저자, *Out of the Silence* (Nashville: Thomas Nelson, 1996).

3. NuVoice Ministries, www.nuvoice.org.

4. 다음 여러 기사를 참조하라. Joel Landau, "'Mysterious Voice' Led Utah Cops to Discover Child Who Survived for 14 Hours in Submerged Car after Mom Drowned," *New York Daily News*, 2015년 3월 9일, www.nydailynews.com/news/national/mysterious-voice-leads-police-baby-car-crash-article-1.2142732. Leonard Greene, "Baby Survives Being Trapped 14 Hours in Submerged Car," *New York Post*, 2015

386

년 3월 9일, http://nypost.com/2015/03/09/baby-survives-14-hours-trapped-in-car-submerged-in-icy-river. Billy Hollowell, "Police Can't Explain the Mysterious Voice That They Claim Led Them to the Baby Girl Trapped for 14 Hours in Frigid Waters," *The Blaze*, 2015년 3월 10일, www.theblaze.com/news/2015/03/10/police-cant-explain-the-mysterious-voice-that-they-claim-led-them-to-the-baby-girl-trapped-for-14-hours-in-frigid-waters.

5. Justin Brierley, "Derren Brown: The Miracle Maker Reveals His Christian Past," *Premier Christianity*, 2016년 9월, www.premierchristianity.com/Past-Issues/2016/September-2016/Derren-Brown-The-miracle-maker-reveals-his-Christian-past.

6. Nicholas Kristof, "Am I a Christian, Pastor Timothy Keller?" *New York Times*, 2016년 12월 23일, www.nytimes.com/2016/12/23/opinion/sunday/pastor-am-i-a-christian.html.

7. 이 문제를 잘 분석한 자료로 다음을 참조하라. John Piper, "Are Signs and Wonders for Today?" *Desiring God*, 1990년 2월 25일, www.desiringgod.org/messages/are-signs-and-wonders-for-today.

8. Miller, *Speechless*, 122.

9. 같은 책, 141.

10. 이런 정의와 그 밖의 많은 기술은 다음 책을 참조하라. Michael R. Licona, *The Resurrection of Jesus: A New Historiographical Approach* (Downers Grove, IL: InterVarsity, 2010), 134-136.

11. Richard L. Purtill, "Defining Miracles," 출전: *In Defense of Miracles: A Comprehensive Case for God's Action in History*, R. Douglas Geivett & Gary R. Habermas 편집 (Downers Grove, IL: InterVarsity, 1997), 72.

12. 같은 책, 61-62.

13. Noah Berlatsky, "Is It Immoral to Believe in Miracles?" *Religion Dispatches*, 2016년 12월 22일, www.religiondispatches.org/miracle-myth-review.

14. Timothy McGrew, "Do Miracles Really Violate the Laws of Science?" *Slate*, 날짜 미상, www.slate.com/bigideas/are-miracles-possible/essays-and-opinions/timothy-mcgrew-opinion.

15. 무작위 추출된 대표 표본으로, 미국 성인 천 명이 설문지에 응답했다. 95퍼센트 신뢰도에 표준오차 ±3.1퍼센트포인트이며 응답률은 55퍼센트였다. 조사 시점은 이 책을 준비하던 2015년이다.

16. 미국 정부의 추정치인 2016년도 19세 이상 인구 249,454,440명을 기준으로 했다. 다음 자료를 참조하라. www.census.gov/quickfacts/fact/table/US/.

17. Harriet Hall, "On Miracles," *Skeptic* 19.3 (2014): 18.

18. 유태교신학대학원 종교사회학과에서 HCD Research와 Louis Finkelstein Institute에 의뢰하여 실시한 조사다. 다음 기사를 참조하라. "Science or Miracle? Holiday Season

Survey Reveals Physicians' Views of Faith, Prayer and Miracles," *Business Wire*, 2004 년 12월 20일, www.businesswire.com/news/home/20041220005244/en/Science-Miracle-Holiday-Season-Survey-Reveals-Physicians.

19. 같은 기사.

1. 절실했던 순간, 바라던 기적은 일어나지 않았다

1. Cathy Lynn Grossman, "Richard Dawkins to Atheists Rally: 'Show Contempt' for Faith," *USA Today*, 2012년 3월 24일, http://content.usatoday.com/communities/Religion/post/2012/03/-atheists-richard-dawkins-reason-rally/1.

2. 이런 번역도 있다. "나는 인간의 행동을 조롱하거나 한탄하거나 비난하지 않고 이해하려고 각별히 애써 왔다." Baruch Spinoza, *Tractatus Politicus*, A. H. Gossett 번역 (1667; 재판, London: Bell, 1883). 바뤼흐 스피노자, 《정치학 논고》(서광사 역간). 다음 책에 인용되어 있다. Michael Shermer, *The Mind of the Market: How Biology and Psychology Shape Our Economic Lives* (New York: Holt, 2008), xxiv. 마이클 셔머, 《경제학이 풀지 못한 시장의 비밀》(한국경제신문사 역간).

3. 앨프리드 러셀 월리스가 1861년에 매형 토머스 심스(Thomas Simms)에게 보낸 편지로 다음 책에 인용되어 있다. James Marchant 편집, *Alfred Russel Wallace: Letters and Reminiscence* (1916; 재판, New York: Qontro, 2010), 1:94.

4. 모든 인터뷰는 분량을 고려하여 간단명료하게 다듬었다.

5. Michael Shermer, *How We Believe: Science, Skepticism, and the Search for God*, 재판 (New York: Holt, 2003), 4-5.

6. "하나님은 우리가 기쁠 때는 속삭이시고 우리의 양심에 조용히 말씀하시지만, 우리가 고통 가운데 있을 때는 고함을 치신다. 고통은 귀먹은 세상을 깨우기 위한 하나님의 메가폰이다." C. S. Lewis, *The Problem of Pain* (1940; 재판, New York: HarperCollins, 1996), 91. C. S. 루이스, 《고통의 문제》(홍성사 역간).

7. Richard Dawkins, *River Out of Eden: A Darwinian View of Life* (New York: Basic Books, 1995), 133. 리처드 도킨스, 《에덴의 강》(사이언스북스 역간).

8. 모린은 지금도 하반신이 마비된 상태이며 결혼하여 두 자녀를 두었다.

9. Thomas Paine, *The Age of Reason: The Definitive Edition* (Grand Rapids: Michigan Legal Publishing, 2014), 54. 토머스 페인, 《이성의 시대》(알토란 역간).

2. 기적, 자연법에 위배되므로 일어날 리 없다?

1. 헉슬리는 말했다. "신자들은 자신이 특정 '지식'을 얻었다고, 그러니까 신의 존재 문제를 제법 성공적으로 해결했다고 확신했지만 나는 내가 그렇지 못함을 알았다. 오히려 이 문제가 해결될 수 없다는 확신이 아주 깊었다." Thomas Henry Huxley, *Collected*

기적인가
우연인가

Essays (New York: Appleton, 1894), 237-238.

2. Michael Shermer, *The Believing Brain* (New York: Holt, 2011), 2. 마이클 셔머, 《믿음의 탄생》(지식갤러리 역간).

3. Jerry A. Coyne, *Faith vs. Fact: Why Science and Religion Are Incompatible* (New York: Viking, 2015), 124.

4. Richard L. Purtill, "Defining Miracles," 출전: *In Defense of Miracles: A Comprehensive Case for God's Action in History*, R. Douglas Geivett & Gary R. Habermas 편집 (Downers Grove, IL: InterVarsity, 1997), 72.

5. 미네소타주 로체스터 출신 에릭 스트로벨(Eric Strobel)이 그 역사적 팀에 포워드로 출전했는데 나와 친척 관계는 아니다.

6. Herbert Benson 외, "Study of the Therapeutic Effects on Intercessory Prayer (STEP) in Cardiac Bypass Patients: A Multicenter Randomized Trial of Uncertainty and Certainty of Receiving Intercessory Prayer," *American Heart Journal* 151.4 (2006년 4월): 934-942.

7. 다음 책에 인용된 말이다. Ernest C. Mossner, *The Life of David Hume* (Oxford: Clarendon, 1980), 117.

8. William Edward Morris & Charlotte R. Brown, "David Hume," *Standford Encyclopedia of Philosophy*, https://plato.stanford.edu/entries/hume.

9. Michael Shermer, *Why People Believe Weird Things: Pseudoscience, Superstition, and Other Confusions of Our Time*, 개정판 (New York: Holt, 2002), 45. 마이클 셔머, 《왜 사람들은 이상한 것을 믿는가》(바다출판사 역간).

10. David Hume, *Enquiries Concerning the Human Understanding and Concerning the Principles of Morals*, 재판, L. A. Selby-Bigge 편집 (Oxford: Clarendon, 1902), 116-117, http://oll.libertyfund.org/titles/hume-enquiries-concerning-the-human-understanding-and-concerning-the-principles-of-morals. 데이비드 흄, 《인간의 이해력에 관한 탐구》(지식을만드는지식 역간), 같은 저자, 《도덕에 관하여》(서광사 역간).

11. Graham H. Twelftree, *Jesus the Miracle Worker: A Historical and Theological Study* (Downers Grove, IL: InterVarsity, 1999), 40.

3. 성경 속 기적 사건들, 실화인가 신화인가

1. "예수께서 행하신 일이 이 외에도 많으니 만일 낱낱이 기록된다면 이 세상이라도 이 기록된 책을 두기에 부족할 줄 아노라"(요 21:25).

2. Graham H. Twelftree, *Jesus the Miracle Worker* (Downers Grove, IL: InterVarsity, 1999), 19.

3. Marcus J. Borg, *Jesus: A New Vision* (San Francisco: HarperSanFrancisco, 1987), 61. 마커스 J. 보그, 《예수 새로 보기》(한국신학연구소 역간).

4. 예수가 말했다는 114개 어록으로 이루어진 도마복음은 도마라는 제자와 정작 아무런

연관이 없다. 기록된 시점도 정경인 마태복음, 마가복음, 누가복음, 요한복음보다 한참 늦은 AD 175-200년이다. 다음 책을 참조하라. Lee Strobel, *In Defense of Jesus* (Grand Rapids: Zondervan, 2007), 23-67.

5. 같은 책, 165-198.

6. Tim Callahan, "Did Jesus Exist? What the Evidence Reveals," *Skeptic* 19.1 (2014년 1월).

7. "그리스도께서 다시 살아나신 일이 없으면 너희의 믿음도 헛되고 너희가 여전히 죄 가운데 있을 것이요"(고전 15:17).

8. 마이클 서머의 트위터 게시물, 2016년 8월 31일 오전 9시 1분, http://twitter.com/michaelshermer.

9. Michael Shermer, "Anomalous Events That Can Shake One's Skepticism to the Core," *Scientific American*, 2014년 10월 1일, www.scientificamerican.com/article/anomalous-events-that-can-shake-one-s-skepticism-to-the-core.

5. 선입견과 순환 논리를 벗어나면 증거가 보인다

1. 다음 책을 참조하라. Gary R. Habermas, "The Case for Christ's Resurrection," 출전: *To Everyone an Answer*, Francis J. Beckwith, William Lane Craig, & J. P. Moreland 편집 (Downers Grove, IL: InterVarsity, 2004), 180-198. 다음 책에 따르면 이 신경(the creed)은 "의심의 여지없이 초기 기독교 역사의 가장 오래된 시점으로 거슬러 올라간다." Ulrich Wilckens, *Resurrection: Biblical Testimony to the Resurrection* (Edinburgh: St. Andrews Press, 1977), 2. 울리히 빌켄스, 《부활》(성광문화사 역간).

2. 다음 두 책을 참조하라. Geza Vermes, "The Jesus Notice of Josephus Re-examined," *Journal of Jewish Studies* 38.1 (1987년 봄): 1-10. 같은 저자, *Jesus the Jew: A Historian's Reading of the Gospels* (Minneapolis: Fortress, 1981), 79.

3. Raymond Brown, *The Death of the Messiah* (New York: Doubleday, 1994), 2:144. 레이먼드 브라운, 《메시아의 죽음》(기독교문서선교회 역간).

4. Gerd Theissen & Annette Merz, *The Historical Jesus: A Comprehensive Guide* (Minneapolis: Fortress, 1998), 281. 게르트 타이센, 아네테 메르츠, 《역사적 예수》(다산글방 역간).

5. Larry Shapiro, *The Miracle Myth: Why Belief in the Resurrection and the Supernatural Is Unjustified* (New York: Columbia University Press, 2016), 148, xiv-xv.

6. 다음 책을 참조하라. David Johnson, *Hume, Holism, and Miracles* (Ithaca, NY: Cornell University Press, 1999), 76-78.

7. 다음 책을 참조하라. Mark J. Larson, "Three Centuries of Objections to Biblical Miracles," *Bibliotheca Sacra* 160.637 (2003년 1월): 87.

8. John Earman, *Hume's Abject Failure: The Argument against Miracles* (Oxford: Oxford University Press, 2000), 3.

9. 같은 책, 5.

10. 이어먼의 글로 직접 보자. "흄의 기적 반대론을 비판한다는 이유로 나는 간혹 반대 심문을 받곤 한다. 흄을 공격하는 걸로 보아 틀림없이 기독교를 변증하려는 속셈이 있다는 것이다. 사안의 본질을 흐려 놓는 이런 마녀 사냥은 몹시 불쾌하다. 스스럼없이 내 성향을 밝히거니와 유대-기독교의 유산에 소중한 요소도 많지만 내게 기독교의 신학 교리는 지적으로나 정서적으로 아무런 매력도 없다"(같은 책, viii).

11. Jeffrey Koperski, "Review of John Earman, Hume's Abject Failure: The Argument against Miracles," *Philosophia Christi* 4.2 (2002): 558.

12. Johnson, *Hume, Holism, and Miracles*, 표지 책날개.

13. 같은 책, 4.

14. Keith Ward, "Believing in Miracles," *Zygon* 37.3 (2002년 9월): 742.

15. Jerry A. Coyne, *Faith vs. Fact* (New York: Viking, 2015), 124.

16. 이런 주장에 대한 물리학자 마이클 스트라우스의 반응은 다음 글을 참조하라. "Extraordinary Claims and Extraordinary Evidence," 마이클 스트라우스 박사 블로그, 2017년 5월 21일, www.michaelgstrauss.com/2017/05/extraordinary-claims-and-extraordinary-evidence.html.

6. '이 시대'에도 하나님은 초자연적으로 일하시는가

1. 다음 글을 참조하라. Philip Yancey, "Jesus and Miracles," 필립 얀시 블로그, 2015년 8월 20일, www.philipyancey.com/Jesus-and-miracles.

2. 가드너는 영국 산부인과의사회와 동아프리카 외과의사협회 특별회원이었다. 뉴캐슬어폰타인대학교의 논문 심사위원으로 봉직했고 스코틀랜드 연합자유교단에서 안수를 받았다. 다음 책을 참조하라. Rex Gardner, *Healing Miracles: A Doctor Investigates* (London: Darton, Longman & Todd, 1986), 뒤표지.

3. 같은 책, 202-205.

4. 같은 책, 206.

5. 같은 책, 165.

6. 다음 두 책을 참조하라. Harold P. Adolph, *Today's Decisions, Tomorrow's Destiny* (Spooner, WI: White Birch, 2006), 48-49. Scott J. Kolbaba, MD, *Physicians' Untold Stories* (North Charleston, SC: CreateSpace, 2016), 115-122.

7. 흥미롭게도 웨슬리 스틸버그 주니어(Wesley Steelberg Jr.)라는 그 목사도 그전에 심장질환으로 몇 시간밖에 더 살지 못할 상황에서 치유된 경험이 있었다. Craig S. Keener, *Miracles: The Credibility of the New Testament Accounts* (Grand Rapids: Baker Academic, 2011), 1:431-432.

8. Chauncey W. Crandall IV, MD, *Raising the Dead: A Doctor Encounters the*

Miraculous (New York: FaithWords, 2010), 1-5.

9. 같은 책, 171-173.

10. Robert A. Larmer, *Dialogues on Miracle* (Eugene, OR: Wipf & Stock, 2015), 117-119.

11. J. P. Moreland, *Kingdom Triangle: Recover the Christian Mind, Renovate the Soul, Restore the Spirit's Power* (Grand Rapids: Zondervan, 2007), 168. J. P. 모어랜드, 《하나님 나라의 삼각구도》(복있는 사람 역간).

12. Allan Anderson & Edmond Tang 편집, *Asian and Pentecostal: The Charismatic Face of Christianity in Asia*, 개정판 (Eugene, OR: Wipf & Stock, 2011), 391.

13. Jim Rutz, *Megashift* (Colorado Springs: Empowerment, 2005), 4.

14. "Je voudrais utiliser mon français rudimentaire en parlant avec elle." 이 프랑스어 문장을 활자로 보니 내가 더듬거리며 말할 때보다 한결 낫다.

7. 기도의 효력, 과학적으로 입증 가능할까

1. Paul Copan 외 편집, *Dictionary of Christianity and Science* (Grand Rapids: Zondervan, 2017), 621.

2. Stephen Jay Gould, "Nonoverlapping Magisteria," *Natural History* 106 (1997년 3월): 19.

3. 같은 책, 22. 다음 책도 참조하라. Stephen Jay Gould, *Rocks of Ages: Science and Religion in the Fullness of Life* (New York: Ballantine, 1999).

4. Candy Gunther Brown, *Testing Prayer: Science and Healing* (Cambridge, MA: Harvard University Press, 2012), 7.

5. Mary Jo Meadow & Richard D. Kahoe, *Psychology of Religion: Religion in Individual Lives* (New York: Haper & Row, 1984), 120. 메리 조 메도우 & 리차드 D. 카호, 《종교심리학》(민족사 역간).

6. "예수께서 이르시되 또 기록되었으되 주 너의 하나님을 시험하지 말라 하였느니라 하시니"(마 4:7).

7. 통일교나 유니테리언 유니버설리즘과 혼동해서는 안 된다. 기독교 유니티 스쿨에 대한 자세한 내용은 웹사이트 www.unity.org를 참조하라.

8. Ron Rhodes, *The Challenge of the Cults and New Religions* (Grand Rapids: Zondervan, 2001), 118.

9. Ruth A. Tucker, *Another Gospel: Cults, Alternative Religions, and the New Age Movement* (Grand Rapids: Zondervan, 1989), 189.

10. Ron Rhodes 편집, *Christian Research Newsletter* 5.2 (1994), www.iclnet.org/pub/resources/text/cri/cri-nwsl/web/crn0052a.html.

11. "Unity School of Christianity," *Probe*, 1995년 5월 27일, www.probe.org/unity-school-of-christianity. 이단이라는 단어를 이렇게 신학적 의미로 쓸 때는 비하나 비난

의 의도가 없다. 또 반드시 권위주의나 세뇌나 학대나 비밀주의를 일삼는 분파를 뜻하지도 않는다. 대체 종교의 전문가였던 고 월터 마틴(Walter Martin)은 신학적 이단을 이렇게 정의했다. "'이단'이란 성경의 본질적 교리를 부인하거나 잘못 대변하는 지도자나 일단의 가르침을 중심으로 한 종교적 성격의 단체다"(*The New Cults* [Ventura, CA: Regal, 1980], 16). 또 다른 전문가인 앨런 고미스(Allan Gomes)가 정의한 이단은 "한 지도자나 일단의 지도자들이나 기관이 가르치는 특정한 교리 체계를 받아들이는 자칭 기독교 집단으로, 이 [체계]는 성경 66권이 가르치는 기독교 신앙의 핵심 교리 중 하나 이상을 (명시적으로나 암시적으로) 부인한다"(*Unmasking the Cults* [Grand Rapids: Zondervan, 1995], 7. 앨런 W. 곰즈, 《사교란 무엇인가》, 은성 역간). 이단을 어떻게 정의할 것인가에 대한 논의는 다음 책을 참조하라. Rhodes, *Challenge of the Cults*, 19-35.

12. 1916년부터 1971년까지 사일런트 유니티의 대표였던 메이 롤런드(May Rowland)의 표현을 인용했다. 다음 책을 참조하라. Neal Vahle, *The Unity Movement: Its Evolution and Spiritual Teachings* (Philadelphia: Templeton Foundation Press, 2002), 246-247.

13. Charles Fillmore, *Christian Healing* (Lee's Summit, MO: Unity School of Christianity, 1954), 162. 다음 책에 인용되어 있다. Tucker, *Another Gospel*, 184-185.

14. Myrtle Fillmore, *Myrtle Fillmore's Healing Letters* (Unity Village, MO: Unity Books, 1988), 106.

15. "What Is Affirmative Prayer?" www.unity.org/prayer/what-affirmative-prayer.

16. "Religions," World Factbook, www.cia.gov/library/publications/the-world-factbook/fields/2122.html.

17. Tim Stafford, *Miracles: A Journalist Looks at Modern-Day Experiences of God's Power* (Bloomington, MN: Bethany House, 2012), 150-151.

18. "Comparative Examples of Noise Levels," www.industrialnoisecontrol.com/comparative-noise-examples.htm.

19. "Understanding the Eye Chart," www.pearsoneyecare.com/2013/06/30/understanding-the-eye-chart.

20. Brown, *Testing Prayer*, 217.

21. 같은 책, 214.

8. 왜 기적적 현현이 일어날까

1. Nabeel Qureshi, *Seeking Allah, Finding Jesus: A Devout Muslim Encounters Jesus*, 재판 (Grand Rapids: Zondervan, 2016). 나빌 쿠레쉬, 《알라를 찾다가 예수를 만나다》(새물결플러스 역간). 내 친구 나빌은 2017년에 34세를 일기로 위암으로 사망했다. 그전에 예수에 대한 베스트셀러 책들을 썼고 전 세계를 다니며 기독교 신앙을 전했다.

2. 다음 책을 참조하라. Tom Doyle, *Dreams and Visions: Is Jesus Awakening the Muslim World?* (Nashville: Nelson, 2012), 127. 톰 도일, 《꿈과 환상》(순교자의 소리 역간).

3. Lee Strobel, *The Case for Faith* (Grand Rapids: Zondervan, 2000), 162. 리 스트로벨, 《특종! 믿음 사건》(두란노 역간).

4. Doyle, *Dreams and Visions*, v.

5. Tom Doyle, *Killing Christians: Living the Faith Where It's Not Safe to Believe* (Nashville: W Publishing, 2015), 뒤표지.

6. 도일은 중동 사람들에 대해 말할 때 그들의 신원을 보호하고 잠재적 위험을 막고자 가 명을 쓴다. 이번 장 끝에 나오는 레이첼이라는 이름도 무슬림 친척들과의 갈등을 방지 하기 위해서 쓴 가명이다.

7. 누르의 이야기는 다음 책에 더 자세히 나와 있다. Doyle, *Dreams and Vision*, 3-12. 톰 도일, 《꿈과 환상》(순교자의 소리 역간).

9. 우주에는 시작점이 있다

1. Geraint F. Lewis & Luke A. Barnes, *A Fortunate Universe: Life in a Finely Tuned Cosmos* (Cambridge, UK: Cambridge University Press, 2016), 291.

2. 내가 창조를 "기적"이라는 단어로 지칭할 때는 하나님이 유발하신 놀라운 사건이라는 넓은 의미로 쓰인다. 옥스퍼드 교수 존 C. 레녹스가 지적했듯이 "엄격히 말해서 기적 이란 기존 법칙에 예외가 되는 사건에 국한된다. 따라서 기적에는 정상 질서의 존재가 분명히 전제된다. 정상 질서의 창조 자체를 기적으로 보는 시각은 당연히 논리에 어긋 난다." John C. Lennox, *Gunning for God* (Oxford: Lion, 2011), 167.

3. 다음 책에 인용되어 있다. Lee Strobel, *The Case for Faith* (Grand Rapids: Zondervan, 2000), 60-61. 리 스트로벨, 《특종! 믿음 사건》(두란노 역간).

4. Robert Evans, "Key Scientist Sure 'God Particle' Will Be Found Soon," Reuters Science News, 2008년 4월 7일, www.reuters.com/article/us-science-particle-idUSL0765287220080407. 다음 책도 참조하라. Leon Lederman & Dick Teresi, *God Particle: If the Universe Is the Answer, What Is the Question?* (New York: Dell, 1993). 리 언 레더먼, 딕 테레시, 《신의 입자》(휴머니스트 역간). 이 명칭도 보손 자체와 약간 비슷하 게 정확한 기원을 꼭 집어 말하기 어렵다. 다만 실험물리학자 레더먼은 이렇게 썼다. "이 보손은 현시점 물리학의 핵심이자 물질 구조의 최종 이해에 필수가 되면서도 너무 막연하여, 나는 신의 입자라는 별명을 붙였다. 왜 하필 신의 입자인가? 두 가지 이유에 서다. 첫째, 그 사악한 성격과 발생 비용으로 보아 [비속어 삭제] 입자가 더 적절한 명 칭임에도 출판사 측에서 이를 허락할 리가 없다. 둘째, 훨씬 오래된 다른 책과 조금이 나마 연관성이 있다"(p. 22).

5. 다음 책을 참조하라. Ken Boa & Larry Moody, *I'm Glad You Asked: In-Depth Answers to Difficult Questions about Christianity* (Colorado Springs: David C Cook, 1995).

6. "창세로부터 그의 보이지 아니하는 것들 곧 그의 영원하신 능력과 신성이 그가 만드신 만물에 분명히 보여 알려졌나니 그러므로 그들이 핑계하지 못할지니라."

7. 다음 책에 인용되어 있다. George Gamow, *My World Line: An Informal Autobiography* (New York: Viking, 1970), 44. 조지 가모브, 《조지 가모브》(사이언스북스 역간).

8. Stephen Hawking, *A Brief History of Time*, 개정판 (New York: Bantam, 1998), 146. 스티븐 호킹, 《시간의 역사》(까치 역간).

9. 다음 기사를 참조하라. William Lane Craig & Kevin Harris, "The First Split Second of the Universe," *Reasonable Faith*, 2016년 3월 15일, www.reasonablefaith.org/the-first-split-second-of-the-universe.

10. Arvind Borde, Alan Guth, & Alexander Vilenkin.

11. Michael Martin 편집, *The Cambridge Companion to Atheism* (Cambridge, UK: Cambridge University Press, 2007), 183.

12. William Lane Craig, *On Guard: Defending Your Faith with Reason and Precision* (Colorado Springs: David C Cook, 2010), 70-71.

13. 같은 책, 74.

14. 스트라우스의 부연설명이다. "어떤 과학자들은 양자의 요동을 '원인 없는' 사건이라 칭합니다. 그러나 첫째, 양자역학에 대한 어떤 해석들은 옳을 수 있으나 그때도 모든 사건에는 원인이 필요합니다. 봄(Bohm)의 해석이 그런 경우입니다. 둘째, 이런 '원인 없는' 사건은 확률론적으로라도 물리 법칙을 따릅니다. 정확한 법칙대로 일어나는 일이 '원인 없는' 사건입니까? 셋째, 이런 사건도 시공의 구조 내에서 발생합니다. 역시 사건 발생에 요구되는 필수 기초입니다. 넷째, 우리는 양자역학 파동함수를 해석하는 법을 정말 모릅니다. 우리가 할 수 있는 일이라곤 측정뿐이며, 그런 측정은 알려진 법칙을 정확히 따릅니다. 원인 없는 사건을 주장할 때 쓰이는 게 측정까지의 파동함수 과정인데, 그게 정말 어떻게 작용하는지 우리는 모릅니다. 물론 이상의 논증이 논박 불가한 것은 아닙니다. 하지만 시공의 물리 법칙에 제한받는 사건을 명백한 해석법조차 모르는 수학으로 설명하면서 참으로 '원인 없는' 사건이라 주장하는 건 내 생각에 정말 무리입니다."

15. Craig, *On Guard*, 91-92.

16. Alexander Vilenkin, *Many Worlds in One: The Search for Other Universes* (New York: Hill and Wang, 2006), 176.

10. 기막힌 정확성, 하나님 말고는 설명할 길이 없다

1. "Christopher Hitchens Makes a Shocking Confession," www.youtube.com/watch?v=E9TMwfkDwIY.

2. 케임브리지의 천체물리학자 게라인트 F. 루이스와 케임브리지에서 수학한 시드니천문학연구소의 박사후 연구원 루크 A. 반즈는 "미세 조정이 논박되었다"는 주장에 "그렇지 않다"고 대응했다. 반즈는 이 주제에 대한 과학 문헌을 조사하여 그 분야에서 발표된 200편이 넘는 논문의 결론을 요약했다. 이들은 공저한 책에 "결론적으로 생명체에

적합한 우주의 미세 조정은 물리학자들의 검증을 충분히 통과했다"라고 썼다. 또 "일단의 종교 신자들이 아전인수 격으로 물리학을 강탈하여 미세 조정을 날조한 게 아니다"라고 덧붙인 뒤 오히려 "물리학을 통해 미세 조정에 대한 우리의 이해가 공고해진 경향이 있다"라고 말했다. Geraint F. Lewis & Luke A. Barnes, *A Fortunate Universe: Life in a Finely Tuned Cosmos* (Cambridge, UK: Cambridge University Press, 2016), 241-242.

3. 물리학으로 학위를 받은 기독교 변증가 대니얼 배큰(Daniel Bakken)이 한 말이다.

4. Paul Davies, *The Edge of Infinity* (New York: Simon & Schuster, 1982), 90.

5. Hugh Ross, *The Creator and the Cosmos: How the Greatest Scientific Discoveries of the Century Reveal God* (Colorado Springs: NavPress, 1995), 117.

6. Roger Penrose, *The Emperor's New Mind* (Oxford: Oxford University Press, 1989), 344. 로저 펜로즈, 《황제의 새 마음》(이화여자대학교출판부 역간).

7. Paul Davies, *The Cosmic Blueprint* (New York: Simon & Schuster, 1988), 203. 폴 데이비스, 《우주의 청사진》(범양사 역간).

8. Edward Harrison, *Masks of the Universe: Changing Ideas on the Nature of the Universe* (New York: Macmillan, 1985), 252.

9. Peter D. Ward & Donald Brownlee, *Rare Earth: Why Complex Life Is Uncommon in the Universe* (New York: Copernicus, 2000), 220. 판구조론의 중요성에 대한 탁월한 논의는 191-220쪽을 참조하라.

10. Hugh Ross, "Probability for Life on Earth," *Reasons to Believe*, 2004년 4월 1일, www.reasons.org/articles/probability-for-life-on-earth. 다음 책도 참조하라. Hugh Ross, *Improbable Planet: How Earth Became Humanity's Home* (Grand Rapids: Baker, 2016).

11. John D. Barrow & Frank J. Tipler, *The Anthropic Cosmological Principle* (Oxford: Oxford University Press, 1996).

12. 다음 책에 인용되어 있다. Lewis & Barnes, *A Fortunate Universe*, 355.

13. 다음 책에 인용되어 있다. Lee Strobel, *The Case for Faith* (Grand Rapids: Zondervan, 2000), 78. 리 스트로벨, 《특종! 믿음 사건》(두란노 역간).

14. 다음 책에 인용되어 있다. Lee Strobel, *The Case for a Creator* (Grand Rapids: Zondervan, 2004), 136. 리 스트로벨, 《창조 설계의 비밀》(두란노 역간).

15. 다음 책에 인용되어 있다. Lewis & Barnes, *A Fortunate Universe*, 서문.

16. John Horgan, "Cosmic Clowning: Stephen Hawking's 'New' Theory of Everything Is the Same Old Crap," *Scientific American* 블로그 게시물, 2010년 9월 13일, https://blogs.scientificamerican.com/cross-check/cosmic-clowning-stephen-hawkings-new-theory-of-everything-is-the-same-old-crap.

17. 스트라우스는 "게다가 설령 다중우주론이 사실로 밝혀진다 해도 오히려 창조주의 존재를 더 뒷받침해 줄 뿐입니다"라고 덧붙였다. 왜 그럴까? 그의 설명이다. "보드-구스-빌렌킨 이론이 가리켜 보이는 시작점에 창조주가 필요하듯이 끈 이론의 다중 차원에

도 창조주가 존재해야만 합니다. 그렇다면 창조주가 우리의 4차원 내에서는 기적을 쉽사리 행할 수 있다는 뜻이 됩니다. 사실 다른 우주나 다중 차원이 발견될수록 어떤 의미에서 창조주의 필연적 비중은 더 커집니다. '무한한 신이라면 우주를 몇 개나 창조할까?'라는 질문이 정당해지니까요."

18. John Polkinghorne, *Science and Theology* (Minneapolis: Fortress, 1998), 38. 존 폴킹혼, 《과학으로 신학하기》(모시는사람들 역간).

19. Richard Swinburne, *Is There a God?* (Oxford: Oxford University Press, 1995), 68.

20. John Leslie, *Universes* (New York: Routledge, 1989), 198.

21. 다음 책에 인용되어 있다. Strobel, *Case for a Creator*, 109. 리 스트로벨, 《창조 설계의 비밀》(두란노 역간).

22. 다음 책에 인용되어 있다. Strobel, *Case for Faith*, 77. 리 스트로벨, 《특종! 믿음 사건》(두란노 역간).

23. 다음 책에 인용되어 있다. Paul Copan 외 편집, *Dictionary of Christianity and Science* (Grand Rapids: Zondervan, 2017), 66.

24. "이는 내 생각이 너희의 생각과 다르며 내 길은 너희의 길과 다름이니라 여호와의 말씀이니라 이는 하늘이 땅보다 높음같이 내 길은 너희의 길보다 높으며 내 생각은 너희의 생각보다 높음이니라"(사 55:8-9).

11. 가장 값진 기적, 죄인이 영생을 얻다

1. 다음 자료를 참조하라. Richard Whitehead, "Forensic Statement Analysis: Deception Detection," Law Enforcement Learning, 날짜 미상, www.lawenforcementlearning.com/course/forensic-statement-analysis.

2. 본래는 이런 말이다. "꾸준히 지적해야 할 사실이거니와 기독교란 하나의 진술인데 이 진술이 거짓이라면 하나도 중요하지 않고 참이라면 무한히 중요하다." C. S. Lewis, *God in the Dock: Essays on Theology and Ethics* (1970; 재판, Grand Rapids: Eerdmans, 2014), 102. C. S. 루이스, 《피고석의 하나님》(홍성사 역간).

3. Simon Greenleaf, *The Testimony of the Evangelists: The Gospels Examined by the Rules of Evidence* (Grand Rapids: Baker, 1984), 134.

4. Michael R. Licona, *Why Are There Differences in the Gospels?: What We Can Learn from Ancient Biography* (Oxford: Oxford University Press, 2017).

5. 사도 요한은 자신을 "예수께서 사랑하시던 제자"라 칭한다.

6. "또 우리와 함께한 자 중에 두어 사람이 무덤에 가 과연 여자들이 말한 바와 같음을 보았으나 예수는 보지 못하였느니라 하거늘"(눅 24:24).

7. 리코나의 말은 다음 자료에서 인용했다. "Why Are There Differences in the Gospels? An Interview with Micahel R. Licona," Bible Gateway, 2017년 6월 27일, www.

biblegateway.com/blog/2017/06/why-are-there-differences-in-the-gospels-an-interview-with-michael-r-licona.

8. 다음 두 책을 참조하라. J. J. Blunt, *Undesigned Coincidences in the Writings of Both the Old and New Testament: An Argument of Their Veracity* (1847; 재판, London: Forgotten Books, 2017). Lydia McGrew, *Hidden in Plain View: Undesigned Coincidences in the Gospels and Acts* (Chillicothe, OH: DeWard, 2017).

9. 코란 수라 4:157-158에 이런 말이 나온다. "그들은 '우리가 알라의 사도요 마리아의 아들인 그리스도 예수를 죽였노라'고 (자랑스레) 말하지만 그들은 그를 죽이지 않았고 십자가에 처형하지도 않았도다. 단지 그들에게 그렇게 보였을 뿐이며, 이에 의견을 달리하는 자들은 의심이 가득하여 (확실한) 지식 없이 추측을 따르는 것뿐이라. 정녕코 그들은 그를 죽이지 않았도다. 알라께서 그(예수)를 오르게 하였으니 알라는 권능과 지혜로 충만하심이라."

10. 요세푸스, 타키투스(Tacitus), 마라 바 세라피온(Mara bar Serapion), 루키아노스(Lucian), 탈무드.

11. Gary R. Habermas & Michael R. Licona, *The Case for the Resurrection of Jesus* (Grand Rapids: Kregel, 2004).

12. Bart Ehrman, *How Jesus Became God: The Exaltation of a Jewish Preacher from Galilee* (New York: HarperOne, 2014), 7, 157. 바트 어만, 《예수는 어떻게 신이 되었나》(갈라파고스 역간).

13. Craig A. Evans, "Getting the Burial Traditions and Evidences Right," 출전: Michael F. Bird 외 편집, *How God Became Jesus: The Real Origins of Belief in Jesus' Divine Nature* (Grand Rapids: Zondervan, 2014), 73. 마이클 F. 버드, 크레이그 A. 에반스, 사이먼 J. 게더콜, 찰스 E. 힐, 크리스 틸링, 《하나님은 어떻게 예수가 되셨나?》(좋은씨앗 역간).

14. 같은 책, 76.

15. 같은 책, 89.

16. 같은 책, 93.

17. 윌리스는 또 2007년 작 다큐멘터리 〈잃어버린 예수의 무덤〉을 지적했는데, 이 영화는 예수의 가족묘가 발견되었고 그 안에 아람어로 "요셉의 아들 예수"라 표시된 납골실도 있다고 주장했다. 이후에 학자들은 이 영화의 신빙성에 이의를 제기했다. 그런데 윌리스의 말처럼 당시에 회의론자들은 이 영화를 받아들이는 모순을 범했다. "대개 회의론자들은 예수가 무덤에 장사되었다는 사실을 부정합니다. 물론 그러다 예수의 무덤이 있다는 주장이 자기네한테 유리해지면 입장을 바꾸지요. 하지만 그 양쪽은 공존할 수 없습니다."

18. Jodi Magness, "Jesus' Tomb: What Did It Look Like?" 출전: *Where Christianity Was Born*, Hershel Shanks 편집 (Washington, DC: Biblical Archaeology Society, 2006), 224.

19. 사도행전, 로마의 클레멘트(Clement), 폴리캅(Polycarp), 이그나티우스(Ignatius), 고린도의 디오니시우스(Dionysius, 유세비우스가 인용함), 테르툴리아누스(Tertullian), 오리겐(Origen).

20. 다음 책을 참조하라. Sean McDowell, *The Fate of the Apostles: Examining the Martyrdom Accounts of the Closest Followers of Jesus* (New York: Routledge, 2016).

21. 다음 책을 참조하라. Lee Strobel, *The Case for Christ* (Grand Rapids: Zondervan, 1998), 187-201. 리 스트로벨, 《예수는 역사다》(두란노 역간).

22. 다음 책을 참조하라. Stan Telchin, *Betrayed!* (Grand Rapids: Chosen, 1982). 스탠 텔친, 《배신자》(홍성사 역간).

12. 현대 복음주의, 왜 기적을 불편해하는가

1. 인터뷰 중에 아르미니우스주의자의 정의를 물었더니 올슨은 이렇게 답했다. "아르미니우스주의자란 하나님이 구원을 베푸시되 이를 받아들이거나 거부할 자유 의지도 우리에게 주신다고 믿는 개신교 신자를 말합니다. 그분이 이 결정을 대신해 주지는 않으시지만 결정할 능력은 우리 자신에게 있지 않고 그분이 주십니다." 이어 그는 "자칭 아르미니우스주의자가 아니어도 이 기준에 부합하는 사람이면 나는 누구나 아르미니우스주의자로 봅니다"라고 덧붙였다.

2. Stanley Hauerwas & William H. Willimon, "Embarassed by God's Presence," *Christian Century* 102 (1985년 1월 30일): 98-100.

3. 같은 기사, 100.

4. 같은 기사, 100.

5. 같은 기사, 100.

6. 그때 건강을 잃었던 일과 내가 거기서 배운 영적 교훈을 더 자세히 보려면 다음 책을 참조하라. Lee Strobel, *The Case for Grace* (Grand Rapids: Zondervan, 2016), 163-170. 리 스트로벨, 《은혜, 은혜, 하나님의 은혜》(두란노 역간).

13. 그토록 기다려도 하나님이 침묵하실 때

1. Douglas Groothuis, *Walking through Twilight: A Wife's Illness—A Philosopher's Lament* (Downers Grove, IL: InterVarsity, 2017).

2. James F. Sennett & Douglas Groothuis, *In Defense of Natural Theology: A Post-Humean Assessment* (Downers Grove, IL: IVP Academic, 2005). 이 책의 논제는 이렇다. "자연신학은 현대 철학에 멀쩡히 건재하다. 흄이 이 신학을 논박했다지만 이는 신화이며 진작 폭로되었어야 했다"(p. 15).

3. 다음 책에서 내가 보스턴대학의 철학자 피터 크리프트(Peter Kreeft)를 인터뷰한 내용을 참조하라. Lee Strobel, *The Case for Faith* (Grand Rapids: Zondervan, 2000), 30-54. 리 스트로벨, 《특종! 믿음 사건》(두란노 역간).

4. Bernard Schweizer, *Hating God: The Untold Story of Misotheism* (Oxford: Oxford

University Press, 2010).

5. "범사에 기한이 있고 천하만사가 다 때가 있나니 …… 찾을 때가 있고 잃을 때가 있으며"(전 3:1,6).

6. 다음 책을 참조하라. Paul Tournier, *To Resist or to Surrender* (Eugene, OR: Wipf & Stock, 1964).

7. Catherine Marshall, *Adventures in Prayer* (New York: Ballantine, 1975), 62-63. 캐서린 마셜, 《기도에의 모험》(생명의말씀사 역간).

8. 같은 책, 70-71.

9. "애통하는 자는 복이 있나니 그들이 위로를 받을 것임이요"(마 5:4).

10. "네 마음을 다하고 목숨을 다하고 뜻을 다하고 힘을 다하여 주 너의 하나님을 사랑하라 하신 것이요"(막 12:30).

맺음말. 기적의 이유, 전부 사랑이었다

1. Tricia Lott Williford, "When Everyone Else Is Getting Their Miracle: How to Deal with Feeling Overlooked," 앤 보스캠프 블로그, 2017년 7월 10일, www.annvoskamp.com/2017/07/when-everyone-else-is-getting-their-miracle-how-to-deal-with-feeling-overlooked.

2. Nancy Guthrie, *Hearing Jesus Speak into Your Sorrow* (Carol Stream, IL: Tyndale, 2009), 19.

3. Harriet Hall, "On Miracles," *Skeptic* 19.3 (2014): 17-23. 이번 장에 나오는 홀의 말은 모두 이 기사에서 인용했다.

4. John Earman, *Hume's Abject Failure: The Argument against Miracles* (Oxford: Oxford University Press, 2000).

5. "너희는 그 은혜에 의하여 믿음으로 말미암아 구원을 받았으니 이것은 너희에게서 난 것이 아니요 하나님의 선물이라 행위에서 난 것이 아니니 이는 누구든지 자랑하지 못하게 함이라"(엡 2:8-9).

6. "모든 사람이 죄를 범하였으매 하나님의 영광에 이르지 못하더니"(롬 3:23). "우리가 아직 죄인 되었을 때에 그리스도께서 우리를 위하여 죽으심으로 하나님께서 우리에 대한 자기의 사랑을 확증하셨느니라"(5:8). "죄의 삯은 사망이요 하나님의 은사는 그리스도 예수 우리 주 안에 있는 영생이니라"(6:23). "네가 만일 네 입으로 예수를 주로 시인하며 또 하나님께서 그를 죽은 자 가운데서 살리신 것을 네 마음에 믿으면 구원을 받으리라 사람이 마음으로 믿어 의에 이르고 입으로 시인하여 구원에 이르느니라"(10:9-10). "누구든지 주의 이름을 부르는 자는 구원을 받으리라"(13절).